装备制造业与生产性服务业
互动融合发展机理、机制及政策研究

——以东北地区为例

■ 张　昊 李庆雪 于金闯 刘丽娜　著

经济管理出版社
ECONOMY & MANAGEMENT PUBLISHING HOUSE

图书在版编目（CIP）数据

装备制造业与生产性服务业互动融合发展机理、机制及政策研究：以东北地区为例 / 张昊等著 . —北京：经济管理出版社，2021.11

ISBN 978-7-5096-8262-3

Ⅰ. ①装… Ⅱ. ①张… Ⅲ. ①装备制造业—产业发展—研究—中国 ②生产服务—服务业—产业发展—研究—中国 Ⅳ. ① F426.4 ② F726.9

中国版本图书馆 CIP 数据核字（2021）第 231783 号

组稿编辑：张丽原
责任编辑：王光艳　杨　娜
责任印制：黄章平
责任校对：董杉珊

出版发行：经济管理出版社
　　　　　（北京市海淀区北蜂窝 8 号中雅大厦 A 座 11 层 100038）
网　　址：www.E-mp.com.cn
电　　话：（010）51915602
印　　刷：河北华商印刷有限公司
经　　销：新华书店
开　　本：720mm×1000mm/16
印　　张：15
字　　数：262 千字
版　　次：2021 年 11 月第 1 版　　2021 年 11 月第 1 次印刷
书　　号：ISBN 978-7-5096-8262-3
定　　价：78.00 元

前　言

　　装备制造业是制造业的核心，是实现一个国家现代化的必备基础，担负着社会生产力发展的重要任务，更是一个国家国际竞争力的重要体现。现今，我国装备制造业仍然处于全球价值链的低端位置，发展生产性服务业是推进装备制造业结构调整和优化的最优路径选择。在此背景下，我国以满足经济社会发展和国防建设对重大技术装备的需求为目标，坚实走中国特色新型工业化道路。在全球价值链的背景下，国际产业不断转移和再分工，实现我国装备制造业与生产性服务业的互动融合发展，能够逐步缩小与发达国家的差距。对装备制造业与生产性服务业互动融合的运行机制和政策体系进行研究，对于完善产业融合理论体系，和政策体系，提升我国装备制造业竞争力，促进装备制造业产业升级，提升我国装备制造业在全球价值链上的位置，以及促进生产性服务业规模性发展，具有重要的理论意义和现实意义。

　　本书基于耗散结构理论揭示了装备制造业与生产性服务业融合运行机理和政策作用机理，构建了产业融合的动力机制、组织机制、评价与调节机制和保障机制；对产业融合政策构成提出假设并进行检验，在此基础上对两产业互动融合政策体系制度进行具体设计，构建了产业融合政策模拟 SD 模型，并探究了产业融合政策的实施与保障；对东北地区装备制造业与生产性服务业融合运行机制和政策进行了实证研究，并提出相应的机制调节策略和政策实施建议。本书共九章。

　　第一章、第二章及第三章主要为绪论和机理分析。

　　第一章对装备制造业与生产性服务业互动融合的研究背景进行阐释，揭示装备制造业与生产性服务业互动融合研究的目的及意义，梳理装备制造业与生产性服务业互动融合相关文献并进行文献综述，以及设计全书的研究内容、说明各部分的研究方法。

　　第二章对装备制造业与生产性服务业互动融合的相关概念进行界定，揭示产业融合的发展趋势，分析产业融合的目标、参与主体、环境，构建两产业互动融合模型，以及基于耗散结构理论揭示两产业互动融合的运行机理，并据此设计两产业互动融合运行机制框架。

第三章阐述政府与市场的关系和政府与产业融合的关系，并揭示政府对产业融合的作用方式。在此基础上对产业融合政策的基础进行分析，包括互动融合政策内涵、目标、环境、功能、构成及匹配等，进而揭示融合政策的作用机理。

第四章、第五章、第六章及第七章主要为产业融合运行机制研究。

第四章在分析产业融合系统动力机制内涵与特征的基础上，揭示产业融合的动力源构成，构建互动融合动力模型，运用结构方程对各动力源作用进行检验，阐述互动融合的动力作用，并构建动力机制模型。

第五章首先揭示产业融合系统的网络组织结构，运用社会网络分析方法构建产业融合组织社会网络模型，对产业融合的组织社会网络进行测度，并揭示产业融合的组织主导者、组织方式，进而构建产业融合组织机制模型。

第六章构建产业融合评价与调节机制，揭示产业融合评价与调节机制运行路径；构建产业融合运行状态评价指标体系，建立产业融合运行信息的物元矩阵；基于信息熵权物元可拓模型方法，设计产业融合运行状态评价模型，并从技术调节、组织调节、资源调节三方面设计产业融合的调节机制。以东北地区装备制造业与生产性服务业融合为实证研究对象，分析互动融合运行机制现状，分别对辽宁省、吉林省和黑龙江省的两产业融合运行状态进行评价，并且提出产业融合机制调节策略。

第七章从信息化保障、运行资源支持和政策保障三方面构建产业融合保障机制。

第八章、第九章主要为产业融合政策体系研究。

第八章从产业组织政策、产业结构政策、产业布局政策、产业技术政策、产业发展政策等方面提出产业融合政策对产业融合的影响假设，构建结构方程模型，对相关假设进行检验，并对各潜变量之间的关系进行研究。

第九章阐述产业融合政策模拟的目的及原则，通过模拟方法的选择和比较，构建产业融合政策模拟 SD 模型，并对模型的量纲一致性、极端条件、灵敏度进行检验。以东北地区装备制造业与生产性服务业为实证研究对象，基于政策文献量化法对东北地区两产业融合政策进行发文时序分析和发文单位分析，探究东北地区两产业互动融合政策现状，并对东北地区产业融合政策进行模拟。在此基础上构建了东北地区互动融合政策体系，提出了政策的实施保障策略。

本书是黑龙江省哲学社会科学基金青年项目（19JYC122、19GLC164）、黑龙江省博士后基金项目一等资助（LBH–Z19011、LBH–Z19012）、黑龙江省普通本科高等学校青年创新人才培养计划（UNPYSCT–2020201、UNPYSCT–2020202）

的研究成果之一。本书由张昊确定撰写思路并拟定编写框架，由张昊、李庆雪主要撰写，于金闯、刘丽娜参与撰写。全书分九章，共计262千字，其中：张昊主要撰写第一、三、八、九章，参与撰写第二、六章，共计完成105千字；李庆雪主要撰写第二、四、五、六、七章，共计完成105千字；于金闯参与撰写第四、五、六、七章，共计52千字；刘丽娜参与撰写第四、五、六、七章；由张昊负责全书的统撰与定稿。

在项目研究和本书的撰写过程中，相关研究学者的研究思想和理论成果给予我们许多启发和借鉴，政府相关部门和相关企业人员给予我们极大的支持，在此一并表示感谢！产业互动融合的研究具有重要理论和现实意义，任重而道远。因笔者时间和能力有限，书中难免存在不足和疏漏，敬请同行专家和读者不吝指正。

张　昊

2021 年 10 月

目 录

第一章

绪　论

第一节　研究背景

装备制造业（Equipment Manufacturing Industry，EMI）是制造业的核心组成部分，是为国防建设和国民经济提供生产技术装备的基础行业。中华人民共和国成立以来，我国的制造业，特别是装备制造业得到了长足发展，已经形成具有一定技术水平和规模的产业体系，但与美国、日本等发达国家相比还有一定的差距。目前在全球价值链上，我国装备制造业的总体地位偏低，规模大但竞争优势弱，存在缺乏自主创新能力、大多数产品技术含量低、基础制造技术落后等问题（林桂军、何武，2015）。现今中国装备制造业仍然处于全球价值链低端位置，作为"世界工厂"的竞争优势正受到来自其他发展中国家以更低成本为优势的激烈竞争。生产性服务业（Producer Services Industry，PSI）是为其提供相关配套的服务业，贯穿于装备制造业企业生产的上游、中游和下游等诸多环节。装备制造业所内含的技术、知识和人力资本，来源于生产性服务业对其的中间投入（刘志彪，2006）。在知识经济和经济全球化条件下，发展生产性服务业是推进装备制造业结构调整和优化的最优路径选择。

在此背景下，我国坚持走中国特色新型工业化道路，加快新一代信息技术与制造业融合，以满足经济社会发展和国防建设对重大技术装备的需求。由此，装备制造业与生产性服务业互动融合成为必然趋势。深刻探究装备制造业与生产性服务业互动融合运行机理、实现机制和政策等相关问题，对装备制造业与生产性服务业互动融合发展具有重要理论意义和现实意义。

第二节　研究目的和意义

一、研究目的

本书的研究目的在于，通过对装备制造业与生产性服务业互动融合机理的揭示，构建装备制造业与生产性服务业互动融合机制。同时，分析并模拟装备制造业与生产性服务业融合政策，揭示两产业互动融合政策对两产业互动融合发展的影响。最终通过互动融合机制保障和政策支撑，实现产业互动融合高质量发展。

二、研究意义

本书研究的理论意义主要体现在两个方面：一方面，本书以两产业互动融合为基础，研究涵盖两产业互动融合的目标、参与主体及环境等，并基于耗散结构理论揭示两产业互动融合的运行机理，有利于丰富并完善产业融合理论；另一方面，本书分析政府与产业融合的关系，以及产业融合政策的内涵、目标、环境、功能、构成和匹配等，在此基础上揭示融合政策的作用机理，有利于丰富和完善产业融合政策理论。

一方面，本书构建装备制造业和生产性服务业互动融合动力机制、组织机制、评价与调节机制和保障机制，能够为装备制造业和生产性服务业互动融合发展提供实践借鉴；另一方面，本书实证了产业组织政策、产业结构政策、产业布局政策、产业技术政策、产业发展政策对产业融合的影响，并对区域两产业融合政策进行模拟，考察两产业融合政策实施效果，能够为设计和改进装备制造业与生产性服务业互动融合政策提供参考建议。

第三节　国内外研究现状及评述

一、全球价值链背景下装备制造业研究现状

1. 基于全球价值链的装备制造业研究现状

装备制造业是为国民经济和国防建设提供生产技术装备的制造业，是制造业的核心组成部分，是国民经济发展特别是工业发展的基础。中国的产业分

类标准与国际产业分类标准（ISIC）及国际贸易分类标准（SITC）还不统一。我国所界定的"装备制造业"，相当于国际产业分类标准的382除电气外机械制造业，383电气机械制造业，384运输设备制造业，385科学、测量、控制、光学设备制造业。相当于美国1994年北美产业分类标准（NAICS）的35工业机械及设备制造业、36电子及其他电气设备制造业、37运输设备制造业、38仪器及相关设备制造业。相当于欧洲国家的"资本货物制造业"。

　　贺俊（2006）对装备制造工业的发展和中国由制造业基地向制造业中心转变进行分析，得出需求导向的创新战略是装备制造工业在全球价值链中竞争的优势，并且对中国装备工业的发展提出可行的战略、对策。陈爱贞（2008）基于全球价值链的竞争视角分析中国装备制造业自主创新的必要性，提出三点建议，其中包括构建开放式自主创新、形成创新的放大机制及增强价值链的"环节"优势。王群（2009）结合产业经济学等理论，以全球价值链视角提出由"嵌入价值链"向"主导价值链"发展的战略模式，构建蔓延式和突破式的辽宁装备制造业发展模式框架，并且提出了相应的政策建议。张艳辉（2010）通过构建生产函数对电子及通信设备业进行研究，依据全球价值链理论对产业升级路径进行分析，并提出长三角的产业升级策略。林凤霞（2011）通过分析制约我国装备制造业向价值链高端跃升的主要因素，并研究在价值链上跃升的动力，最终提出有效促进装备制造业向高端跃升的对策建议。陶锋等（2011）基于全球价值链的知识溢出效应对代工制造业升级模式进行研究，以装备制造业为例，分析三种知识溢出效应为OEM（Original Entrusted Manufacture）企业提供的成长机会，提出促进制造业升级的三种模式。陈爱贞和刘志彪（2011）通过分析我国装备制造业在全球价值链上的地位变化，得出中间投入层次低且间接消耗资源和能源较多及垂直分工的外泄效应显著是影响我国装备制造业在全球价值链上攀升的主要原因，进而提出价值链资源整合、延伸国内价值链及促进国内价值链与全球价值链衔接的价值链创新方式。刘宇（2012）以全球价值链为基础，分析汽车装备产业升级的机理，提出汽车装备产业的升级路径，并以江西小蓝车为典型案例实地调研，提出有针对性的升级对策。

**　2. 基于全球价值链的生产性服务业研究现状**

　　在我国，生产性服务业是指为保持工业生产过程的连续性、促进工业技术进步和产业升级，以及提高生产效率提供保障服务的服务行业。它是与制造业直接相关的配套服务业，是从制造业内部生产服务部门独立而发展起来的新兴产业。按照我国产业分类标准，生产性服务业可分为交通运输及仓储业、邮政业、信息传输计算机及软件业、金融业、租赁和商务服务业、研究与试验发展业以及综合技术服务业七大类。

Jones 和 Kierzkowski（2005）构建了基于价值链的"分解—再合作"服务投入框架，并认为基于该框架不同国家之间进行的生产性服务贸易会不断增长，从而提升生产效率。江静和刘志彪（2009）在对生产性服务业与制造业全球价值链地位攀升作用机理进行分析的基础上，对长三角地区 2000~2007 年面板数据进行分析得出，生产性服务业发展能够正向促进制造业全球价值链位置的攀升，但不同地区的影响程度不同。顾国达（2010）运用投入产出法对我国生产性服务贸易发展现状进行分析指出，我国服务贸易中的生产性服务投入偏低，但有较大发展，全球价值链融入程度不够。秦升（2012）分析认为，生产性服务业改变了原有的分工水平和分工结构，使全球价值链分解成全球制造链和全球服务链两条产业价值链条，并指出我国应制定相关政策保障生产性服务业健康发展。白清（2015）基于全球价值链视角分析了生产性服务业对制造业升级的促进机制，即生产性服务业外包提升制造业核心竞争力、生产性服务业集聚促进制造业规模收益递增、价值链融合提升制造业附加值以及高级要素投入提高制造业创新能力。袁中华和詹浩勇（2016）分析指出，生产性服务业的集聚与知识分工的内生互动，能够促进专业化市场的形成以及技术创新，为国家价值链的形成奠定良好的基础。王爽（2016）通过对我国生产性服务贸易情况进行分析发现，我国生产性服务贸易存在贸易逆差持续扩大、国际竞争力较弱、服务贸易开放程度不足、服务外包程度不高、高端要素供给不足、体制机制障碍等问题，并提出了相关发展建议。马野青等（2017）研究发现，相比于外商直接投资，生产性服务业以及配套生产能力的提高更能显著提升我国制造业全球价值链地位，尤其是劳动和资本密集型制造业，并提出了发展我国生产性服务业的对策建议。仲志源等（2018）通过研究发现不同种类的生产性服务业对我国制造业全球价值链的提升作用不同，其中运输、信息、金融以及房地产这四种生产性服务业能够显著提升我国制造业在全球价值链当中的位置，而运输业的作用更为突出。杨仁发和刘纯彬（2011）通过研究全球价值链下的生产性服务投入对制造业国际竞争力的提升作用发现，生产性服务投入对提升我国制造业国际竞争力有显著作用，且交通运输仓储和邮政、金融等生产性服务投入通过科技创新中介效应间接提升我国制造业国际竞争力。

二、装备制造业与生产性服务业互动融合运行研究现状

1. 制造业与生产性服务业互动融合运行

关于制造业与生产性服务业的互动发展，学者们的研究归纳起来可分为四类：需求遵从论、供给主导论、互动论及融合论。其中，互动论最能体现

两产业间发展的现实关系，融合论则是两产业未来的发展趋势。互动与融合是制造业与生产性服务业两产业间发展的不同阶段，也是学者们研究的重点。互动关系研究包括多个方面。Coffey 和 Bailly（1992）研究生产性服务业在后福特式柔性生产体系中作为制造业的中间投入，其与制造业之间存在着密集的前后向关联。Juleff-Tranter（1996）、Guerrieri 和 Meliciani（2005）都认为生产性服务业是依靠制造业发展的，并且发展情况受制造业发展水平所影响。Hills（1999）研究发现，本国制造业的国际竞争力强弱与生产性服务业的使用情况成正比，与生产性服务业互动越多的制造业其国际竞争力越强。Francios（1990）提出，制造业与生产性服务业实际是一种彼此需要、互相作用的互补关系。顾乃华等（2006）对我国经济的转型期运用理论分析及面板数据进行实证研究，得出发展生产性服务业有利于提高我国制造业竞争力的结论。邱灵等（2008）以北京市为研究区域，运用相关分析、变异系数及投入产出模型等方法对生产性服务业与制造业的关联与空间分布进行研究。刘书瀚等（2010）对制造业与生产性服务业的关联关系进行分析，指出两产业间呈现明显的互动关系。肖文等（2011）以浙江省为研究案例，分析两产业间的互动及作用机制，研究结果表明生产性服务业对制造业的作用效果渗透于生产的各个环节，但对制造业的支撑效应相对薄弱，而制造业对生产性服务业的贡献大多产生在生产的最终环节，且对生产性服务业的拉动效应显著。朱火弟和谷莹（2014）分析重庆市生产性服务业与制造业互动关系，结果显示当前重庆市生产性服务业与制造业互动关系薄弱，文献为促进两产业发展提出了相应的对策、建议。葛彩虹和季必发（2014）以杭州为例，对生产性物流服务业与制造业互动发展进行实证研究，提出专业化及模式化的对策建议。制造业与生产性服务业互动机理研究的成果也较多。Cohen 和 Zysman（1988）研究结果显示，生产性服务业的发展源于制造业在生产中日益扩大的服务需求。Markusen（1989）运用 D-S 模型，使用生产性服务业作为中间产品，分析其促进制造业发展的内在机理。Park（1994）通过依赖度测量太平洋地区包括中国、日本、韩国等八个国家的制造业和生产性服务业之间的关系。Park 和 Chan（2006）认为制造业与生产性服务业之间是互动关系，但生产性服务业对制造业的依赖程度更高。冯泰文和孙林岩（2009）对我国制造业与服务业的互动进行分析，找出实现其互动融合的关键因素并进行分析，指出制造业与服务业互动融合是我国经济发展的客观需求。高传胜（2008）基于中国投入产出数据的实证研究，指出生产性服务业通过人力和知识资本的提升、专业化分工、降低交易成本及增强自主研发创新优势等有利方式对制造业产业升级进行支撑。彭本红和冯良清（2010）应用共生理论对现代物流业与制造业的共生机理进行研究，并提出两者协同共生发展的四条路径。对于制造业与生产性服务业的融合，Stull 和 Madden（1990）认为生产性服务业通过向制造业的各个环节渗透，使得两产业间的界限开始变得模糊，两者有明显的融合趋势。Melo（2010）指出协同化与模块化的发展方式有利于制造业与服务业的融合发展。Ulaga 和 Reinartz（2011）在对制造业与服务业融合的关键因素进行研究时，分析了四种资源的整合及五种能力的培养对融合的影响作用。Kucza 和 Gebauer（2011）以制造业企业服务化为融合的一种形式，并研究其实现的四种模式。王朝阳和夏杰长（2008）分析京津冀地区产业的不同特点，进而对京津冀地区制造业与服务业融合进行研究。陆小成（2009）鉴于对交互性学习平台的研究，提出生产性服务业与制造业的知识链模型融合形式。童洁等（2010）对制造业与生产性服务业融合的三种模式进行研究，并且对三种模式的典型案例进行分析。李美云（2011）以价值链的视角对制造业与生产性服务业融合进行研究，分析融合的四种类型：价值链纵向延伸、价值链横向拓展、价值链活动虚拟及价值网式融合。周志丹（2012）从信息服务业与制造业相互支撑的角度，分析其在价值链上的融合过程，并且提出有效促进两产业融合发展的对策。李文秀和夏杰长（2012）提出制造业和服务业融合的三种方式，并研究制造业与服务业以自主创新为基础的融合路径。何哲和孙林岩（2012）研究制造业与生产性服务业融合的模式，对服务型制造的概念进行阐述，并针对我国目前情况提出应着重发展以服务为导向的服务型制造融合模式。姚小远（2014）研究制造业与服务业融合的另一种融合模式即制造业服务化，并对制造业与服务业融合发展的路径进行分析。

2. 装备制造业与生产性服务业互动融合运行机理

Gebauer 等（2010）以 Kon 和 IBM 装备制造业企业为研究对象，研究结果表明服务给制造业带来的价值增加明显，服务业务在制造业中所占比重加强，同时为不同类型的服务提出了不同的发展战略。魏江和周丹（2010）以乐清低压电器装备制造业产业链为例，从产业链的视角对生产性服务业与制造业的互动机理进行研究，提出制造业采取归核化、服务化和剥离化，生产性服务业采取服务工业化、协作联盟等策略的方式，可以促进两产业互动发展。邱爱莲等（2014）采用多元回归法研究辽宁省生产性服务业与装备制造业的互动发展，表明辽宁省的生产性服务业对装备制造业竞争力的提升有明显作用。于斌斌和胡汉辉（2014）在研究装备制造业与生产性服务业关系时提出两者间存在着"互惠效应"，是相互依赖、相互促进、相互渗透和相互融合的。綦良群和李庆雪（2017）对装备制造业、生产性服务业、政府进行多主体博弈分析，明确装备制造业进行服务业化、生产性服务业参与服务化、政府实施促进服务化为博弈演化的唯一演化策略。Sun（2010）基于全球价值链整合的视角，以手机装备制造业为研究对象，研究表明新兴经济体国家通过对市场营销和R&D的重视，能够有效提升创新能力，实现由 OEM 和 ODM（Original Design Manufacturer）向服务型装备制造业模式转变的价值链攀升。Gebauer 等（2010）以汽车装备制造业企业如通用、大众等为研究对象，指出实现制造业服务化是装备制造业与生产性服务业融合的重要形式，对制造业及服务业的发展均具有重要意义。吉海涛（2014）在研究辽宁装备制造业创新发展时指出，装备制造业与生产性服务业协同创新发展的新思路是辽宁装备制造业未来发展的方向。徐索菲（2014）对长三角制造业与服务业发展进行研究，指出东北地区装备制造业与生产性服务业互动融合是现代经济发展的必然趋势，并提出促进东北地区装备制造业与生产性服务业发展的战略举措。Sturgeon 等（2008）以北美地区汽车装备制造业为研究对象，基于全球价值链视角对全球汽车产业与包括生产性服务业在内的其他关联产业的互动发展情况进行分析，指出将汽车装备自身部分职能外包给价值链上的上游、下游企业，有利于汽车产业在全球市场的发展。Starosta（2010）以全球价值链为背景，研究电子制造业与服务业的互动发展，提出以服务外包为基础的"模块化制造"及"交钥匙生产网络"的发展趋势。姚战琪（2014）以全球价值链为背景，研究制造业与生产性服务业融合的表现形式，以台湾宏达电子通讯装备制造业为例分析其将"生产导向"转变为"营销导向"的成功模式，诠释了生产性服务业与装备制造业的融合新模式。汪应洛（2010）提出"服务型制造"模式，同时对装备制造业与生产性服务业互动融合发展的创新模式即"服务型制造"进行论述，明确了两产业发展的关系，并为两产业融合发展提出政策建议和战略实施建议。陈晓峰（2012）对生产性服务业与制造业互动融合的程度及特征进行研究，实证分析南通装备制造业与生产性服务业存在的互动融合关系，但两者仍处于较低水平，可采取多维度构建两产业融合的相关对策体系。王春芝等（2011）基于制造业服务化的视角，以大连装备制造业为研究对象，分析其在服务化转型中的问题，并且对发展策略进行设计。孙林岩等（2011）以陕西鼓风机集团（简称"陕鼓"）为例分析装备制造业企业与服务业融合的新模式"服务型制造"，为企业转型提供可靠借鉴和真实依据。赵勇等（2012）也以陕鼓为研究对象，分析中国装备制造业服务化驱动力的主要内容，并且提出服务化保障的主要内容，即公司战略、组织结构和技术研发。刘卓聪（2012）提出制造业与生产性服务业融合发展是必然趋势，以湖北汽车制造业等行业为例，研究其融合发展的现状和问题，提出了两产业融合发展的对策思路。贺正楚和吴艳（2013）运用投入产出法分析我国特别是苏湘陕生产性服务业与计算机及其他电子设备制造业、通信设备等新兴产业互动与融合发展状况并进行测度，实证结果显示两产业的融合力度较弱，故为实现"中国制造"向"中国创造"的转变，应积极为两产业互动与融合发展创造有利条件。楚明钦（2015）基于长三角及全国投入产出表，分析上海装备制造业与生产性服务业的融合程度，表明上海不但拥有先进的装备制造业，还拥有先进的生产性服务业，但两者的融合程度不高，因此针对此种情况提出了合理化发展方式，增强长三角地区的服务功能，以促进两产业融合发展。

3. 装备制造业与生产性服务业互动融合运行动力

关于制造业与生产性服务业互动融合的动力来源，学者们已经有了一定的研究成果。植草益（2001）提出技术进步和产业规制的放松是产业融合的主要动力。于刃刚和李玉红（2003）提出技术创新、企业跨产业并购、战略联盟组建和政府经济性规制放松是产业融合的动力。杨仁发和刘纯彬（2011）在研究制造业与生产性服务业融合动力时提出，融合的基本动力来源于产业间价值链高度相关，融合的内在动力是技术创新，融合的外在动力是政府经济性规制的放松。关于装备制造业与生产性服务业互动融合动力研究方面，Leiponen（2012）通过对芬兰制造业与服务业的发展分析，明确两产业间研发效率的差异为制造业与服务业互动融合提供了驱动力。李坤（2014）提出高技术为装备制造业与现代服务业延伸融合提供动力，并能够提高装备制造业的核心竞争力。贺正楚和吴艳（2013）在对生产性服务业与战略性新兴产业融合问题的研究中提出，政府在宏观方面的支持能够汇聚资本、技术等资源，创造良好的制度环境，为生产性服务业与战略性新兴产业融合起到引导作用。汤德森（2015）从互联网渗透方向出发，研究制造业与服务业产业融合发展机制，并且分析了驱动产业融合的动力，提出互联网和再生能源融合、互联网乘数效应、技术创新是融合的驱动力。

4. 装备制造业与生产性服务业互动融合运行影响因素

曲婉等（2012）以戴姆勒商务汽车为例，提出制造企业服务转型的影响因素模型，发现服务创新、客户需求、技术进步及宏观环境等因素在制造业服务转型中发挥着重要的作用。肖挺等（2014）提出人力资本投资、信息技术引入及客户关系是制造业企业服务化创新的影响因素，并以我国中东部81家企业数据为样本进行了实证验证。郭本红等（2016）基于扎根理论针对比亚迪、华为、IBM等装备制造业企业进行研究，揭示服务型制造项目（即以生产商、服务商及顾客为核心的众多参与主体构成的社会网络）的影响机理，明确了项目利益相关者和项目相关保障两方面的影响因素，具体包括利益相容性、信任水平、合作强度、项目实施、项目合作环境及项目绩效等。王绒等（2017）以陕鼓为研究对象，揭示组织内部影响制造企业服务化战略的关键因素，包括服务导向的组织文化、组织结构、组织能力、人员配置、产品服务流程与考评设计。刘奕等（2017）指出生产性服务业集聚与制造业的协同是一个动态的系统，通过成本剩余和收益剩余的分析，揭示生产性服务业集聚与制造业升级促进融合的内在联系，阐释了社会创新体系、综合交易成本、需求规模和要素禀赋、政策环境对生产性服务业与制造业产业升级的影响。

5. 装备制造业与生产性服务业互动融合系统研究现状

Macchi（2013）基于CMMI思想，对意大利某电气机械及器材装备制造业企业与生产性服务业互动融合系统的运行成熟度进行了评估，以期对其当前设备维护服务能力提供改进依据，结果表明当前互动融合系统运行成熟度仍然较低。徐建中等（2014）构建了装备制造业协同创新系统，系统主体包括装备制造企业、高校、科研院所、中介服务机构等，并基于博弈论对系统主体间的协同关系进行分析。寿涌毅（2016）以杭州某装备制造企业为例，对其制造服务化系统进行分析，明确在系统演化的过程中，需要不断进行价值链的重构，以实现企业的服务化转型。张勇（2016）通过建立制造企业、服务企业和终端用户之间的三阶段博弈模型，分析构建了制造服务系统及其演化过程，并应用对抗博弈和合作博弈分别确定制造服务系统的方案价格及制造服务系统价值分配问题。令狐克睿和简兆权（2017）以苹果手机、洛克汽车、陕鼓等装备制造企业为例，揭示制造业服务生态系统，包括宏观层、中观层及微观层，同时明确制造业服务生态系统包括制造企业和研发、物流、营销、售后等生产性服务业企业及顾客。

三、国内外研究现状评述

根据全球价值链背景下装备制造业与生产性服务业研究现状可知，目前我国装备制造业在全球价值链上的位置较低，亟待改变其现状，实现产业升级，完成我国装备制造业在全球价值链上的跃迁。而生产性服务业源自于制造业部门，依靠制造业发展的同时又能够有效推动制造业在全球价值链上的地位攀升。目前我国生产性服务业发展规模不够、质量不高，贸易水平较发达国家落后，是制约生产性服务业自身发展以及我国制造业全球价值链攀升的关键所在。通过学者们的研究不难发现，实现装备制造业产业升级关键在于发展模式的改变，需求导向、自主创新等与生产性服务业相关的发展模式被越来越多的学者关注。本书对装备制造业与生产性服务业互动融合运行研究现状分析发现，国内外学者的相关研究主要集中在以下四个方面：第一，关于对装备制造业与生产性服务业互动融合的必然趋势、互动融合的意义及互动融合形式等方面的研究，研究表明装备制造业与生产性服务业是彼此依赖、共同发展的协作关系，生产性服务业有利于装备制造业生产率的提高、生产成本的降低、自主研发能力的提高等；第二，关于装备制造业与生产性服务业互动融合运行动力方面的研究，学者们普遍认为技术和产业规制等是两产业互动融合的动力；第三，关于装备制造业与生产性服务业互动融合运行影响因素的研究，国内外学者主要从技术、资源、组织等方面阐述互动融合运行的影响因素；第四，学者们关于装备制造业与生产性服务业互动融合系统的研究主要集中在对系统组成及系统各主体关系等方面。

国内外学者的研究成果对本书研究装备制造业与生产性服务业互动融合相关问题具有重要、丰富的借鉴意义，但通过对现有的两产业互动融合发展的研究成果分析可知，当前国内外学者的研究领域主要集中在两产业互动融合动力及影响因素等方面，鲜有关于两产业互动融合机制问题的研究，对两产业互动融合政策问题的研究也显不足，而两产业互动融合机制和政策是保障和支撑装备制造业与生产性服务业互动融合的关键。

据此，本书构建装备制造业与生产性服务业互动融合机制，分析并模拟装备制造业与生产性服务业互动融合政策，这对于完善相关理论研究不足，促进装备制造业与生产性服务业互动融合发展具有重要的理论和现实意义。

第四节　主要研究内容与研究方法

一、主要研究内容

本书的研究内容主要包括以下九个方面：

1. 装备制造业与生产性服务业互动融合及其运行机理分析

阐述装备制造业、生产性服务业内涵特征，界定产业融合概念，在此基础上揭示两产业互动融合发展趋势；从互动融合目标、互动融合参与主体、互动融合环境等方面进行分析，并建立互动融合匹配模型；基于耗散结构理论，分析互动融合的耗散结构条件，揭示互动融合演化过程，分析互动融合的熵流，在此基础上构建包括动力机制、组织机制、评价与调节机制及保障机制为主要内容的互动融合运行机制框架。

2. 装备制造业与生产性服务业互动融合动力机制

揭示互动融合动力源构成，包括政府推动力、技术支撑力、需求拉动力、企业带动力四个方面；设计互动融合动力模型，运用 SEM（Structural Equation Modeling）方法进行实证检验；揭示各动力源的驱动效果；阐述互动融合动力的作用；设计互动融合的动力协同机制。

3. 装备制造业与生产性服务业互动融合组织机制

揭示互动融合的网络组织结构，运用社会网络分析方法，构建互动融合组织社会网络模型，并对互动融合组织社会网络进行测度；揭示互动融合的组织主导者、组织方式，设计互动融合组织机制模型。

4. 装备制造业与生产性服务业互动融合评价与调节机制

对互动融合评价与调节机制进行设计，揭示互动融合评价与调节路径，设计互动融合信息评价指标体系，建立互动融合运行状态评价的物元矩阵；基于信息熵权物元可拓模型方法，设计互动融合运行评价模型；从技术因素调节、结构因素调节、资源因素调节方面设计互动融合的调节机制。

5. 装备制造业与生产性服务业互动融合保障机制

从互动融合信息化保障、资源支持、政策保障方面分析互动融合保障机制。分析互动融合信息化内涵和目标，构建互动融合信息化平台；明确互动融合运行资源，分析互动融合资源整合和资源分配方式；从互动融合运行财政政策、金融政策、科技政策三个方面分析互动融合政策保障。

6. 装备制造业与生产性服务业互动融合政策构成假设检验

理论分析装备制造业与生产性服务业互动融合政策，提出两产业互动融合组织政策、产业结构政策、产业布局政策、产业技术政策和产业发展政策假设，并运用 SEM 进行实证检验。

7. 装备制造业与生产性服务业互动融合政策模拟

阐述产业融合政策模拟的目的、原则和基础，在此基础上构建两产业互动融合政策模拟的 SD 模型，并对模型进行检验。据此分析不同政策组合的政策实施力度，观察模拟值和实际值以及不同力度模拟值之间的差别，分析不同政策组合以及不同力度的政策作用效果。

8. 装备制造业与生产性服务业互动融合运行评价与调节机制：以东北地区为例

分析东北地区装备制造业与生产性服务业互动融合运行机制现状，基于前文构建和选择的两产业互动融合运行评价指标体系及方法，对东北地区装备制造业与生产性服务业互动融合运行状态进行评价，并基于评价结果提出东北地区装备制造业与生产性服务业互动融合机制调节策略。

9. 装备制造业与生产性服务业互动融合政策设计：以东北地区为例

以东北地区装备制造业与生产性服务业为实证研究对象，基于政策文献量化法对东北地区两个产业融合政策进行发文时序分析和发文单位分析，探究东北地区两产业互动融合政策现状，并对东北地区产业融合政策进行模拟。在此基础上构建东北地区互动融合政策体系，并提出政策的实施保障策略。

二、研究方法

本书运用的理论方法包括文献分析、理论分析、实证研究、归纳与演绎以及数学建模等，对两产业互动融合运行机制进行研究：

（1）基于文献分析的方法，对两产业互动融合的相关概念进行界定，运用耗散结构理论构建两产业互动融合运行机制框架。

（2）基于结构方程理论模型，确定互动融合系统动力源动力作用效果，运用协同学理论设计互动融合动力机制。

（3）运用社会网络分析理论，构建互动融合系统组织社会网络模型，并测度互动融合系统组织网络现状。

（4）运用信息熵和物元可拓模型理论，建立互动融合信息评价指标体系，构建运行状态评价模型，提出判断系统运行状态及运行状态质量的分析方法。

（5）运用信息理论、政策理论等构建互动融合系统运行保障机制。

（6）运用SEM，对装备制造业与生产性服务业互动融合政策相关假设进行实证分析。

（7）运用系统动力学方法，模拟装备制造业与生产性服务业互动融合政策的作用效果。

（8）运用信息熵和物元可拓模型理论与方法，对东北地区装备制造业与生产性服务业互动融合运行进行综合评价。

（9）基于政策文献量化法对东北地区两个产业融合政策进行发文时序分析和发文单位分析，运用系统动力学方法对东北地区装备制造业与生产性服务业互动融合政策进行模拟。

第二章

装备制造业与生产性服务业互动融合及其运行机理分析

在对相关概念进行界定的基础上，分析装备制造业、生产性服务业的需求，揭示两产业互动融合的发展趋势，同时基于耗散结构理论，分析互动融合的耗散结构条件，揭示互动融合演化过程，分析互动融合的熵流，在此基础上构建互动融合运行机制框架。

第一节 装备制造业与生产性服务业互动融合相关概念及特征

一、装备制造业概念及特征

1. 装备制造业内涵

装备制造业又称装备工业，中央经济工作会议在1998年首次提出"装备制造业"这个概念，是我国独有称谓。国际组织及世界其他国家并没有"装备制造业"一词。对于装备制造业的概念学界尚无统一定义，屈贤明（2000）认为，装备制造业是为国防建设和国民经济发展提供装备的制造业的总称。汪应洛（2010）提出"装备制造业承担着为国民经济各行业和国防建设提供技术装备的重任，决定着产业竞争力的强弱，关系到整个国民经济运行的质量"。《中国装备制造业发展报告（2019）》中将装备制造业定义为为国民经济各部门进行简单再生产和扩大再生产提供生产工具的生产制造业部门。2009年颁布的《装备制造业调整和振兴规划》中指出，装备制造业是为国民经济各行业提供技术装备的战略性产业。《2013—2014年中国装备工业发展蓝皮书》中认为装备制造业是为国防建设和国民经济发展提供技术装备的产业。按照装备功能划分，装备制造业主要包括重要的基础机械、重要的机械电子元件及重大成套技术装备。重要的基础机械涵盖了柔性制造单元、柔性制造系统、工业机器人以及大规模集成电路等；重要的机械电子元件包括先进的液压、启动、道具、微电子及自动化控制系统等；重要成套技术装备包括国民经济各部门、科学技术以及军工所需的成套设备，如化工成套设备、先进交通运输设备、大型环保设备等。装备制造业具有将科学技术和知识转化为生产力的能力，技术装备是科研成果的潜在价值转变为现实价值的重要途径，产品附加价值大且出口贸易的利益巨大，已经成为世界贸易的主导商品。装备制造业是制造业的核心组成部分，是国民经济发展的基础。装备制造业的分类在各个时期也有所不同，随着社会经济及经济全球化的发展，为了使我国各行业分类更加规范、与国际趋同并实现标准化发展，我国分别于1994年、2002年、2011年及2017年修改了国民经济行业分类，在新的分类下，装备制造业包含九大类，分别为金属制品业，通用装备制造业，专用装备制造业，汽车制造业，铁路、船舶、航空航天和其他运输设备制造业，电气机械和器材制造业，计算机、通信和其他电子设备制造业，仪器仪表制造业，其他制造业。

2. 装备制造业特征

作为现代化的基础、国家综合实力的体现，装备制造业具有一般制造业及其他行业所不具备的特征，具体表现在以下三方面：第一，资本、技术密集。资本密集是指装备制造业企业需要投入大量的财力用于生产。装备制造业的生产范围从生产通用类装备如工程、农业机械等，到生产基础类装备如机床等，再到生产成套类装备如化工、煤化工成套设备等，投资金额动辄上亿，至于更高级的安全保障类装备以及高技术关键装备如军事、航空航天等装备，投资规模往往达到数十亿元、上百亿元。技术密集是指其在生产制造的过程中对技术要素的要求远超于其他行业，如数控机床、电子芯片、大型科学仪器、航空航天装备等行业，这些行业技术含量高、组织过程复杂，在科研水平、技术能力、知识产权等方面有相当高的要求。第二，带动作用强。装备制造业涉及众多行业，且行业之间的联系较为紧密。如装备制造行业的重要零部件之一发动机，其生产制造就需要冶金、材料、机械加工、装配、橡胶等各行业在产业链的上中下游进行配合才能实现。因此，装备制造业的发展对我国非装备制造部门及整个工业经济增长具有显著的带动作用（孙晓华、田晓芳，2011）。第三，技术、产品更新速度快。随着全球科技水平日益提高，技术装备作为科技进步的物化形式是不断推陈出新的，特别是我国提出要加快工业化与信息化的融合，大力发展智能制造，其中技术装备更新速度较快的代表产业有机器人配套设备、自动化生产线、智能检测等，这意味着我国装备制造行业必须加快技术研发和创新，缩小与国际同行业的发展差距。

二、生产性服务业概念及特征

1. 生产性服务业内涵

最早对生产性服务业的分类是从服务的对象是否是最终消费者的角度进行的，美国经济学家 Greenfield 在研究服务业分类时，提出了生产性服务业的概念。Browning 和 Singleman（1975）认为生产性服务业包括法律、保险、金融等服务，是为客户提供专门性服务的行业。Daniels（1985）认为生产性服务业是知识密集型并且为客户提供专业性服务的行业，包括金融、法律、工商服务及保险等专业服务。Howells 和 Green（1986）提出生产性服务业应包括金融、保险、银行以及其他商业性的服务、科学类服务及职业类服务，例如市场研究及广告、法律、会计等。Coffey 和 Bailly（1992）在此之上提出补充，他们认为生产性服务业除了企业广告、管理咨询、会计等服务外，还包括工程服务。还有学者从服务功能的角度对生产性服务业进行定义。Coffey（1992）认为生产性服务业是中间投入，不是直接用于消费和产生效用的。我国学者对于生产性服务业概念的争议较小，均认为其可作为一种中间投入，是为生产过程服务的，并指出生产性服务业作为专业的以人力资本和知识资本为服务的提供者，具有促进生产专业化及扩大知识密集型生产的特点。《国民经济和社会发展第十一个五年规划纲要》中对其进行分类时指出，生产性服务业包括交通运输业、现代物流业、金融服务业、信息服务业和商务服务业五类服务业。根据国内外学者对生产性服务业的研究，生产性服务业并不为消费者提供直接的服务，而是以人力及知识资本贯穿于生产的各个环节向制造业提供直接的配套服务，进而保障工业生产过程的连续性。国家统计局发布的《生产性服务业分类（2015）》中明确生产性服务业的范围包括为生产活动提供的研发设计与其他技术服务、货物运输仓储和邮政快递服务、信息服务、金融服务、节能与环保服务、生产性租赁服务、商务服务、人力资源管理与培训服务、批发经纪代理服务、生产性支持服务。

2. 生产性服务业特征

生产性服务业作为服务业的一种，除了具有服务业本身所具备的非实物性、不可储存性及生产消费同时性等特征以外，还具有以下区别于其他服务业的特征：第一，中间投入性。中间投入是企业在生产过程中消耗和转换的所有非固定资产的货物和服务的价值，生产性服务业作为中间投入，是作为一种生产成本计入企业所提供的产品或服务的过程中的。第二，人力、知识资本密集性。相较于一般服务业，生产性服务业所提供的诸如研发设计、信息、金融及商务服务等，均具有高度创新性并能带来高附加值，这要求从业人员不仅要掌握知识技术，而且还要根据社会发展和客户要求对这些知识技术加以应用和延伸，对人力和技术资本的要求极高。第三，产业关联性。从我国目前情况来看，生产性服务业各行业对于装备制造业及其他行业的前向关联和后向关联都较为明显，其中生产性租赁服务、商务服务及其他技术服务的前后向带动作用较强，货物运输仓储和邮政快递服务、批发经纪代理业务及金融服务等具有较为明显的前向带动作用。第四，异质性。异质性主要指生产性服务业能够根据所服务对象的要求提供定制化服务，满足市场上的差异化需求。生产性服务业所能提供的定制服务发展空间很大，例如为制造企业设计客户交互平台、设计针对生产过程的金融服务等，利用生产性服务业的异质性，企业能够在市场竞争中充分发挥自身优势，增强其竞争优势。

三、装备制造业与生产性服务业互动融合概念

1. 产业融合内涵

由于各国学者分别从不同角度对产业融合进行研究，因此当前学术界对于产业融合的定义尚未达成一致。从技术视角来看，1963年美国出现了产业融合一词，Rosenberg 在对机械设备产业演化的研究中发现了技术扩散现象，并指出这种现象就是"技术融合"。Greenstein 和 Khanna（1997）研究印刷、计算机和广播技术的技术融合，用三个重叠的圆的交叉部分表示以上三个产业的技术融合，并认为在此部分出现的创新最多、产业成长最快。此后一些学者对技术融合进行了界定，认为技术融合是不同产业共享知识和技术基础的过程。随着数字技术的发展，一些学者开始从数字融合的角度界定产业融合，Yoffie（1996）认为产业融合是通过数字技术整合两个独立的产业，并提出替代性融合和互补性融合两种分类。从产业演变的视角来看，产业融合是按照"技术融合—产品融合—市场融合—产业融合"这一发展过程而实现的。其中一部分学者认为产业融合是原本分立的产业，为了适应发展而发生的边界模糊或行业间壁垒模糊甚至消失的现象（周振华，2002；Lind，2005；于刃刚、李玉红，2003）。另一部分学者认为产业融合是由于技术革新和放松管制，导致企业间的竞合关系出现变化，进而模糊了产业边界（Malhotra，2001；植草益，2001）。还有一部分学者认为产业融合是不同产业或行业之间的交叉渗透，最终融为一体，形成一个新产业的动态变化过程（厉无畏、王慧敏，2002；聂子龙，2003；何立胜、李世新，2004）。随着经济全球化发展，产业融合已经成为产业发展实现的一种现实选择，产业融合不但可以有效提高生产效率，还能促进竞争力的提升，有助于推动区域一体化发展。对于产业融合的概念，不同学者有着不同的看法，学者们进一步从产业融合过程、产业组织结构、产业发

展等不同角度对产业融合进行分析，主要包括以下几类：

（1）从产业融合过程角度，产业融合是从技术融合到产品融合，再到市场融合，最后形成产业融合的过程。

（2）从产业组织结构角度，由于产品功能不断增加且日趋复杂，导致提供产品的机构或公司组织之间的边界变得模糊，并且不断进行交错，由产品功能融合导致组织形式的融合。

（3）从产业发展的角度，不同产业在其技术不断创新的基础上，技术间相互交叉、渗透，逐步形成新产业形态的动态发展过程。

为了方便下文对于装备制造业与生产性服务业互动融合的研究，本书选择从产业演变的视角对产业融合进行界定，产业融合是由于放松管制和技术进步，原本互相独立的产业进行相互交叉和渗透，产业间边界逐渐出现模糊甚至消失，并产生了"1+1>2"的经济效应和产业效应。

2. 装备制造业与生产性服务业互动融合

装备制造业是制造业的重要组成部分，关于制造业与生产性服务业的关系，顾乃华等（2006）对制造业与生产性服务业的关系进行了总结，即生产性服务业依附于制造业发展，生产性服务业供给不足制约制造业发展，制造业与生产性服务业彼此之间互动关联，制造业与生产性服务业边界模糊趋于融合。楚明钦（2015）提出制造业与生产性服务业的四种关系，分别是生产性服务业依附于制造业发展、生产性服务业支撑制造业发展、制造业与生产性服务业是互动关联、制造业与生产性服务业边界模糊趋于融合。张维今和李凯（2015）提出装备制造业与生产性服务业的融合并不是简单的生产链上的分工与合作状态的转换，是装备制造业与生产性服务业在一定因素的推动下形成的彼此交叉，并且在发展过程中产生了新的内容，是在产业边界模糊的条件下，呈现出具备双方特征的高级、新型的产业形态，两产业互动融合的过程实际就是两产业通过技术渗透进行产业间的延伸，最后进行产业内部的重组过程。王玉玲（2017）提出装备制造业与生产性服务业之间的关系是动态变化的，在生产性服务业发展早期，会随着制造业的需求体现出"需求遵从"的特点，当生产性服务业实现规模化发展时，与制造业之间又会形成"供给主导"的局面，随着两者发展水平和层次的提升，制造业与生产性服务业的耦合度提高，由此实现互动融合发展。装备制造业与生产性服务业互动融合的过程实际就是两产业通过技术渗透，进行产业间的延伸，最后进行产业内部的重组过程。基于学者们对装备制造业与生产性服务业互动融合的研究，本书认为装备制造业与生产性服务业互动融合可界定为在技术创新的基础上，装备制造业与生产性服务业产业边界逐渐模糊，两产业出现彼此交叉，并且产生新的具有两产业特点的产品，进而形成新型产业形态的过程。需要注意的是，新的融合型产业并不意味着原有两产业中某一产业的消失，而更多的是装备制造业与生产性服务业的延伸，结合两产业的独有特征，形成具有两产业优势、特点的新型产业。

第二节　装备制造业与生产性服务业需求及发展趋势分析

一、装备制造业需求分析

根据迈克尔·波特的价值链理论，企业的价值链活动由主要活动和辅助活动组成，其中无论在什么行业，主要活动都可大致总结为五个类型，即入厂物流、运营、出厂物流、营销和销售以及服务，辅助活动则包括企业基础设施、人力资源管理、技术发展和购买，各辅助活动之间相互支持，共同为主要活动提供辅助性支持。然而对于不同行业甚至不同企业，并不是价值链上所有活动的重要性都处于同一地位，根据自身行业性质或企业战略，可结合自身需求对价值链活动进行调整。对于装备制造业企业来说，入厂物流和出厂物流环节基本包含材料处理、仓储、车辆调度等，在此环节装备制造业企业需要专业的装卸搬运、仓储、货物运输等服务，这些服务主要通过辅助活动中的购买来实现；运营活动包含生产制造、装配、设备维护及测试等，属于装备制造业的核心环节，在这一过程中，装备制造业需要大量且专业的技术支持，如产品技术的研发和设计、软件开发等信息技术服务、部件安装和调试等，这些技术服务能够帮助装备制造业企业提高产品精度，缩小我国装备产品与发达国家的技术差距，而这些服务主要通过技术发展来实现；营销和销售包括通常的报价及渠道选择等，装备制造业企业更需要注重自身的品牌建设，利用品牌推广服务增加自身产品的影响力，提高自身产品的附加值；在服务环节，装备制造业企业需要专业的设备安装及维修、配套零部件提供、设备调试等服务，这是装备制造业企业提升产品附加值的重要环节，依靠这些附加服务，装备制造业企业能够有效提升产品及服务的质量，在市场竞争中实现差异化发展。

当对装备制造业企业的价值链分析扩大到整个装备制造业时，价值链思想就从装备制造业企业内部活动的分析扩大到企业间的活动关系分析。国内一些学者从价值链角度对产业链进行了定义，认为产业链是企业内部和企业之间为生产最终交易的产品或服务而经历从原材料到最终消费阶段的价值创造活动过程。我国装备制造产品之所以在国际上长期处于低端位置，其中一个重要原因就是大多数企业仅满足加工制造带来的短期、快速获利，而未将眼光放在中高端制造上。对于整个装备制造行业来说，要想改变现状，需要对自身资源进行充分整合，采取行业间分工的形式，将不具备竞争优势的环节如物流、研发、科技成果转化、营销、品牌建设、售后服务、保险等环节与生产性服务业进行合作，专注于核心制造业务，加强装备制造业上下游企业之间的合作，从而降低生产成本，提高我国装备制造业核心竞争力。

二、生产性服务业供给分析

生产性服务业区别于普通服务业之处在于，它仅为生产制造的过程提供服务，是专业化分工深化的结果。根据上文关于生产性服务业的分析，《生产性服务业统计分类（2019）》内所包含的研发设计、运输仓储、信息、金融及商务等服务贯穿于装备制造业生产制造的全过程，能够为装备制造业提供完备的辅助支持。

在装备制造业企业的入厂物流和出厂物流环节，货物运输、仓储和邮政快递服务业能够为其提供专业的第三方物流及仓储服务，包括原材料的及时供给、包装、入库检验、临时仓储等。在此环节信息技术服务还可以为装备制造业提供开放式电子商务快递配送信息平台和社会化仓储设施网络服务，使物流环节更加开放透明。在装备制造业企业的核心运营环节，生产性服务业可为其提供研发设计服务，依靠其专业的研发团队和技术设备，能够规避技术研发所带来的巨大风险，减少中小型装备制造业企业生产成本；通过提供科技成果转化服务，可使装备制造业的新产品、新技术加速实现规模化生产，提高我国装备制造业企业核心竞争力；通过提供技术代理、技术转让、知识产权质押、无形资产评估等知识产权及相关法律服务，能够为我国装备制造业提供较为规范的研发环境，并在一定程度上扩大中小型装备制造业企业的融资渠道；通过提供生产性租赁服务，可以加快中小规模装备制造业企业设备更新的速度；通过提供担保、信托、风险评估、资本市场融资等各类金融服务，可帮助装备制造业企业降低融资成本，减小运营风险；通过提供检验检测认证标准计量服务，在装备产品生产制造过程中对其进行第三方检验，有利于我国装备产品加快实现标准化发展，缩小与发达国家的差距。在装备制造业企业的营销和销售环节，电子商务综合平台及品牌建设服务可通过平台信息整合扩大装备制造业企业的销售渠道；品牌建设服务可扩大装备制造业企业知名度，提高产品附加值。最后，在装备制造业企业的服务环节，生产性服务业可为其提供设备及零部件的回收利用、机械设备修理和售后等服务外包，与装备制造业实现互动发展，为企业减少运营成本。

三、装备制造业与生产性服务业互动融合趋势分析

1. 装备制造业与生产性服务业关联发展

基于价值链视角的装备制造业与生产性服务业关联关系特点明显，可以清晰地体现出两产业之间的关系。价值链是迈克尔·波特教授于1985年提出的，他认为，每一个企业都是在设计、生产、销售、运输其产品的过程中进行种种活动的集合体，所有这些活动可以用一个价值链来表示。而价值创造可以分为基本活动和辅助活动两类，内部后勤、生产作业、市场以及销售都属于基本活动，技术、采购、人力资源管理等则是辅助类活动范畴。在装备制造业与生产性服务业发展过程中，生产性服务业的作用也可以利用价值链的分析方法来分析，亦可分为两类：一类是贯穿于装备制造业基本活动的支持性活动，可以促进生产的规模经济发展，有效降低其生产成本，例如物流、客户关系管理系统等生产性服务业；另一类则是与装备制造业的生产经营不直接相关，但能够有效提高其产品的附加值，亦可以提升装备制造业的资源配置效率，例如研发、人力资源管理、市场营销以及财务、法律服务等辅助性生产性服务业。因此，装备制造业与生产性服务业的价值链关系如图2-1所示。

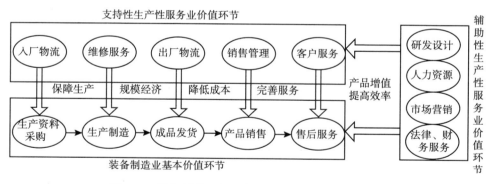

图2-1 装备制造业与生产性服务业关联价值链模型

2. 装备制造业与生产性服务业互动发展

伴随着生产性服务业的发展，两产业不再是简单的关联关系，而形成了对于两产业都举足轻重的互动关系。在两产业互动关系中，存在着装备制造业对生产性服务业的拉动，也存在着生产性服务业对装备制造业的支撑。

关于装备制造业对生产性服务业的拉动，社会分工理论提出，分工与经济增长之间的互动作用十分清晰。现代行业之所以分工细致，都是由于分工带来的经济效应。生产性服务业的支撑作用，可以通过微观经济学进行解释。《企

业的性质》是罗纳德·科斯的著作，他提出影响企业活动的关键因素是市场的边界、企业的边界以及交易费用等。随着社会的发展，分工逐渐深化，这两种产业之间的合作会随之增加，分工带来的边际收益的增加将会大于合作产生的交易费用，这种结果进一步促进了分工的加剧。依靠生产性服务业对其的投入，装备制造业的效率得到大幅度的提升。装备制造业将自身的部分环节外包出去，是对其自身进行整合的最有利方式。生产性服务业的支撑，能够改善制造业内部服务部门效率较低、专业化水平不高等问题，还能够直接作用于产品的创新以及降低成本，缓解装备制造业由于服务水平欠佳带来的服务问题。生产性服务业通过作用于装备制造业的设计研发环节、服务环节等高附加值环节，更有效地增强装备制造业的竞争力。

3. 装备制造业与生产性服务业融合发展

伴随着社会基础科学的发展，通信和信息流通环境得到很大改善，并且对于企业来说市场竞争日益激烈，核心竞争能力和企业产出产品的差异化显得越来越重要。两产业互动融合更成为当下发展的趋势，服务化和制造化成为装备制造业和生产性服务业的选择。企业间的自发改变行为使得两产业的关系出现质的变化，界限变得不再清晰可见，甚至已重叠模糊，呈现出产业融合趋势。与此同时，生产性服务业为扩大自身规模，向装备制造业全产业链环节进行嵌入，并且通过其拥有中间投入的特性，对金融、管理、开发、设计、创新、运输、广告、售后等各个环节进行作用，使得其在装备制造业产业中所占比重不断提升，相互之间形成了紧密的融合发展态势。

第三节　装备制造业与生产性服务业
互动融合的系统分析

装备制造业与生产性服务业互动融合的过程中包含了若干参与主体，并且各主体间进行着相互作用，共同影响装备制造业与生产性服务业互动融合。因此，对两产业互动融合进行系统分析，可以为互动融合运行机理及运行机制研究奠定理论基础。

一、互动融合目标

两产业互动融合的目标包括互动融合的实现即新业态形成、提高产业竞争力及增强互动融合效益，如图 2-2 所示。

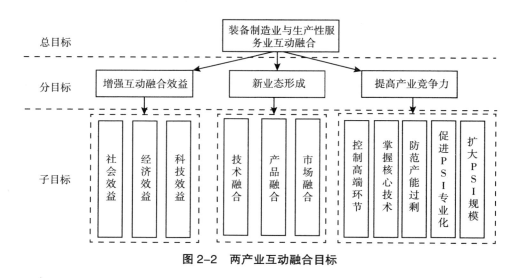

图 2-2　两产业互动融合目标

1. 新业态形成

新业态形成是两产业互动融合的目标之一，互动融合目标的实现通过技术融合、产品融合、市场融合三项子目标完成。关于技术融合，装备制造业与生产性服务业在产业边界处经常会发生技术创新，但此时的技术创新大多都是随机性事件，而通过互动融合自组织性及技术融合目标的驱动，边界处技术创新具有明确的目的性、意识性，使得技术创新所得的技术不但适用于技术创新产业本身，也适用于其关联产业，两产业不断取得通用的产业技术，从而实现两产业之间的技术融合。关于产品融合，用户是市场需求的主体，伴随着经济全球化，用户对产品的要求也在不断提高，无论是装备产品还是服务产品都是为用户提供使用价值，用户在选择时不会单纯选择装备或者服务，而会选择符合自身要求的"装备＋服务"所提供的总价值。装备制造业产品大多是成套的复杂产品，用户在选择装备产品的同时必须同时拥有配套的服务支持，而分立的装备制造业与生产性服务业使得用户在选择装备与服务时成本明显上升，所以用户更期待"装备＋服务"一站式、低成本的产品服务。关于市场融合，在融合型产品市场的需求不断增加的情况下，融合型产品的市场逐渐被固定而形成稳定的融合型产品市场，完成市场融合。

2. 提高产业竞争力

提高产业竞争力是两产业互动融合的分目标，由控制高端环节、掌握核心技术、防范产能过剩和促进生产性服务业专业化、扩大生产性服务业规模五个子目标构成。关于控制高端环节，装备制造业的各个价值链环节的附加值是完全不同的，呈"U"形分布，两端的附加价值高的环节称为高端环节。我国装备制造业目前核心竞争力不强，很大一部分附加价值高的环节，掌握在外资企业手中。促进两产业互动融合发展，利用生产性服务业专业化优势，控制价值链的高端环节，是提升装备制造业国际竞争力的关键。关于掌握核心技术，与高端环节的境遇相同，我国装备制造业的核心技术有相当一部分掌握在外资企业手中，导致我国装备制造业的发展长期被外资企业"卡脖子"。核心技术是知识密集型装备制造业发展的核心，有效利用两产业技术创新，掌握核心技术和关键零部件，是提高产业竞争力的又一重要因素。关于防范产能过剩，我国装备制造业呈现出中低端产能过剩情况，有效改善装备制造业中低端产能过剩，要提高中低端企业素质、兼并重组、淘汰落后产能，以促使中低端装备制造业形成良好的市场氛围。同时，积极发展高端装备制造业，强化技术创新及对高端环节的掌控，出台相应政策进行扶持。这样能够真正解决中低端产能过剩、高端发展不足的情况。关于促进生产性服务业专业化、扩大生产性服务业规模，生产性服务业是以知识资本及人力资本作为投入产品，引入生产制造环节的服务行业，人力资本和知识资本的专业化程度是生产性服务业行业发展水平和专业化的重要体现，而目前生产性服务业已经成为发达国家经济结构中增速最快的部门，在经济合作与发展组织国家，生产性服务业的增加值占到了 GDP 的 1/3 以上，说明无论在规模还是专业化程度上，西方发达国家生产性服务业的发展都要比我国占有优势。在规模经济效应和学习效应的不断释放之下，装备制造业企业外部化的比重越来越大，进一步促进了生产性服务业的规模发展。生产性服务业的专业化程度越高，装备制造业行业发展得越好，进而又促进生产性服务业的发展，形成了良性的循环机制。生产性服务业专业化、规模化的发展为两产业互动融合发展打下了坚实的基础。

3. 增强互动融合效益

关于社会效益，一方面，装备制造业的发展是一个国家综合国力的直接体现，关系国家的军事国防安全；另一方面，装备制造业属于劳动密集型产业，目前我国装备制造业从业人员数量占到工业从业总人数的 20% 以上，而生产性服务业是为装备制造业顺利生产制造服务的行业，相关的服务业从业人数众多。两产业互动融合，不但能够保障国家安全，还能够更好地带动社会从业人员数量的增加，为形成安全稳定的社会氛围做出重要贡献。关于经济效益，一方面，装备制造业占全国工业经济指标的比重在 20% 以上，产品的出口额占全国外贸出口总额的比重在 25% 以上，装备制造业年增长率为 17%，高于我国 GDP 年增长率，充分体现了装备制造业是带动经济快速增长的必要条件；另一方面，我国的经济增长方式从粗放型向集约型转变，经济增长方式的集约化是注重效率和质量，不再盲目追求产量和速度。经济发展集约化取决于技术的进步和先进、高效的技术装备，装备制造业是为国民经济和国防建设提供装备的行业，具有极强的带动性和广泛的波及面，装备制造业技术水平不仅决定了各产业的竞争力，还直接影响我国经济增长方式向集约化转变的速度。由前文可知，生产性服务业在西方发达国家经济发展中占据重要地位，产业互动融合可以促进产业的发展，进而带动经济的发展。关于科技效益，产业互动融合一方面促进科技创新，另一方面可以促进科技转化。产业互动融合能够促进科技创新，促使技术研发的大量投入，使其紧密跟随世界前沿制造技术，重点发展具有自主知识产权的核心技术，利用产学研一体化体制，促进科技创新发展。装备制造业是科学技术和知识转化为生产力的行业，技术装备就是技术的载体，可以将科研成果直接转化为生产力。生产性服务业提供专业化的服务，在研发、设计等环节为满足装备制造业先进技术的要求，将先进的科学技术应用到产业互动融合的环节中，促进了科技的转化。产业互动融合发展，有效地促进了科技创新和科技转化，进而提高了科技效益。

二、互动融合参与主体

产业互动融合由互动融合主体要素和互动融合支持性要素组成。产业互动融合的参与主体并不是相互独立的，而是彼此之间相互联系、共同作用进而形成的有机整体。

1. 装备制造业与生产性服务业互动融合主体要素

（1）装备制造业。

装备制造业占据着产业互动融合的核心地位：第一，装备制造业在我国工业发展中所占比重较高，是国民经济的支柱产业；第二，其掌握着信息技术、空间技术、核技术等先进技术；第三，其发展规模远大于生产性服务业。据此，在互动融合中，装备制造业不但是互动融合的推动者，而且是互动融合的实行者，也是互动融合的受益者。

（2）生产性服务业。

生产性服务业在产业互动融合中也处于重要位置。由于生产性服务业产业的特殊性，即它是与制造业相关的配套服务业，通过嵌入装备制造业生产的上、中、下游，进而实现两产业的互动融合，所以在互动融合中，生产性服务业大多是以被融合对象出现，并且生产性服务业是以人力资本和知识资本作为投入品，进而将专业化的人力与知识资本引进到装备制造业当中，是互动融合的关键环节。因此，生产性服务业在互动融合中是互动融合的支撑者。

2. 装备制造业与生产性服务业互动融合支持性要素

两产业互动融合不但有互动融合主体要素，还包含着互动融合的支持性要素，具体包括政府、行业协会、中介机构及科研院所与高等院校、用户等。

（1）用户。

装备制造业与生产性服务业的用户具有特殊性，两产业的产品都不是以最终消费者为目标用户。装备制造业不同于一般制造业，其是为一般制造业提供生产技术装备的行业，装备制造业的用户主要是普通制造业生产者。然而装备制造业在少数情况下的用户也包括终端消费者，例如交通装备制造业的用户同时包含着制造业生产者和最终消费者；生产性服务业的用户是制造业生产者，并不向最终消费者提供直接、独立的服务。在全球价值链的背景下，用户也发生了巨大的变化，作为制造业生产者用户其对产品的定制化及个性化的要求远比普通消费者要求的要高。面对用户需求的显著变化，两产业必然要做出及时适应的调整，提供从装备到服务并存的融合型产品，进而推动了两产业互动融合。

（2）政府。

在两产业互动融合中，政府是支持性要素中最为重要的部分。一方面，政府支持性要素具有直接作用。首先，政府制定的相关产业政策直接影响两产业的发展水平，决定着两产业互动融合主体要素的发展；其次，政府制定的两产业规制，直接关系到两产业间的竞争机制作用和两产业的进入壁垒高低，两产业间竞争机制的发挥和进入壁垒降低是两产业进行融合的必要条件。另一方面，政府对两产业互动融合具有调节作用，政府可以通过其调节功能，在资金、信息等多方面引导两产业进行互动融合。政府通过构建适宜两产业互动融合发展的政治环境及经济环境可以进一步对两产业的互动融合进行调节。

（3）行业协会与中介机构。

行业协会是政府与装备制造业企业、生产性服务业企业之间的桥梁。行业协会向政府传达两产业互动融合的共同需求，与此同时，行业协会还将协助政府制定互动融合相关产业政策及法律法规等。除此之外，行业协会通过信息、教育、培训等方面服务为两产业融合提供帮助，在两产业互动融合发展过程中遇到问题时行业协会可以提供咨询服务，进而促进两产业的互动融合。此外，行业协会还能够提供行业国内外发展基础调查，针对行业发展面对的问题提出可行性建议、出版刊物等，对装备制造业与生产性服务业的互动融合发展起到借鉴、参考与指导的作用。中介机构指依法通过专业知识和技术服务，向委托方提供公正性、代理性、信息技术服务性等的中介服务机构。装备制造业与生产性服务业互动融合中的中介机构，如金融中介机构可以将其从资金盈余单位吸收的资金提供给装备制造企业与生产性服务企业融合发展，改善融合过程中的资金投入问题，还可以为装备制造业企业与各类生产性服务企业联结搭建桥梁，增强两产业之间的信息对称性，减小因信息沟通不畅而对两产业互动融合产生的影响。

（4）科研院所与高等院校。

科研院所和高等院校等生产与传播知识和技术的专业机构为两产业互动融合提供必要的知识、技术等，知识和技术的先进性是促进装备制造业与生产性服务业互动融合的先决条件，拥有强大的知识技术资源可以有力地保障两产业互动融合。

三、互动融合环境分析

两产业互动融合环境与互动融合的发展直接相关，因此利用宏观分析法对两产业互动融合环境进行分析，包括互动融合的政治环境、经济环境、社会环境和技术环境。

政治环境是一个国家或者地区在一定时期内政治的大背景，政治对企业的相关活动发展具有重大的影响。改革开放以后我国政治环境具有高度的稳定性，装备制造业与生产性服务业在发展的过程中获得了政府制定的多项有利性政策支持，形成了良好的装备制造业与生产性服务业互动融合的政治氛围。经济环境指国民经济发展的总体状况，包括国际与国内经济发展的趋势及经济形势和企业面临的竞争环境与产业环境。我国建立了社会主义市场经济体制，宏观调控体系日趋完善，并向着成熟的社会主义市场经济体制发展，经济发展水平处于长期稳定并且不断提升的状态，经济总量已经跃居世界第二，这些为两产业互动融合发展奠定了坚实有力的基础。两产业互动融合的社会环境，也是互动融合相关的社会物质、精神条件等的总和。随着我国改革开放的逐步深化推进，法制化进程不断加快，市场经济步入正轨，教育水平发展迅速，市场多元化已经形成，为两产业互动融合发展提供了良好的社会氛围。技术环境指社会技术的总水平及变化趋势。科技是全球化的驱动力，也是企业竞争的优势，当前我国经济稳健增长，在很大程度上促进了重大技术的发明及科技的创新，并且已经取得了大量的创新成果，整体科技氛围浓厚，为两产业互动融合发展提供了技术层面的支撑。

四、互动融合模型

两产业互动融合是互动融合目标、要素及环境的有机组合，两产业互动融合模型主要包括以下部分：第一，两产业互动融合的目标对指引互动融合发展方向具有战略性的作用，两产业互动融合总目标就是促进两产业互动融合发展，分目标具体包括新业态形成、提高产业竞争力、增强互动融合效益；第二，两产业互动融合包括互动融合主体要素和支持性要素，主体要素为装备制造业和生产性服务业，支持性要素包括政府、行业协会、中介机构、科研院所、高等院校、用户等，两产业互动融合中各要素相互作用、彼此影响，共同影响两产业互动融合；第三，两产业互动融合环境包括政治环境、经济环境、社会环境及技术环境。两产业互动融合是复杂的开放系统，与外界存在着物质、信息以及能量等的交换，因此互动融合环境与互动融合的发展密不可分，互动融合发展与互动融合环境是双向的影响关系，彼此能够产生影响。

装备制造业与生产性服务业互动融合模型以两产业互动融合的分析为基础，考虑两产业互动融合具有开放性，并且与系统外不断地进行交流和置换，故两产业的互动融合与外部间存在物质流、信息流、知识流、能量流、资金流。具体模型如图 2-3 所示。

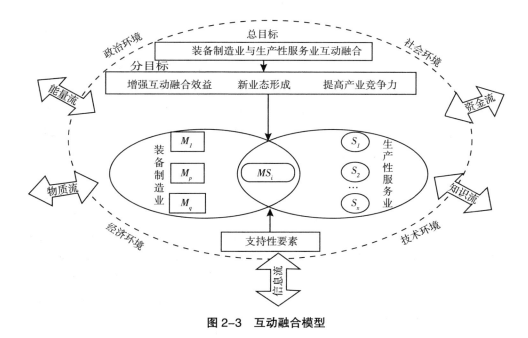

图 2-3　互动融合模型

第四节　基于耗散结构的
互动融合运行机理分析

一、互动融合条件及其耗散结构的条件分析

1. 互动融合条件分析

伴随着经济的发展，近年来装备制造业的利润不仅来自于生产规模及产量，更多来自于装备制造业产品附加的服务。装备制造业为满足顾客需求，以提供服务为核心思想，以为顾客提供一体化方案为方式，不断追求更高的利润和发展空间，形成装备制造业与生产性服务业互动融合的新型产业形式。对装备制造业与生产性服务业互动融合的条件进行分析，主要包括生产性服务业专业化发展、政府管制放松、技术创新及技术扩散、融合型产品的市场需求等。

（1）生产性服务业专业化发展。

装备制造业与生产性服务业互动融合发展是生产性服务业不断向装备制造业价值链环节渗透和延伸的结果。生产性服务业专业化的发展，使生产性服务业成为装备制造业最重要的价值增加点，贯穿装备制造业生产的整个价值链条。专业化发展的生产性服务业通过研发服务、信息咨询等环节对装备价值链的上游进行渗透，将装备制造业的生产和技术资源进行合理的优化配置，增强装备制造业的创新能力、提升装备制造业的市场竞争力。专业化的生产性服务业还能够通过装备制造业价值链下游的物流服务、销售服务、售后服务等环节对装备制造业价值链进行延伸，帮助装备制造业企业降低制造成本，扩大装备制造业销售市场，提升装备制造业产品竞争力。这种具有专业化能力的生产性服务业对装备制造业价值链的渗透及延伸是装备制造业与生产性服务业互动融合的必要条件。生产性服务业是从制造部门脱离出来的，但还必须依附于装备制造业进行发展，与装备制造业相比属于后发行业，两者有明显的地位差距，在互动融合发展过程中容易出现收益比例差距，影响生产性服务业互动融合的积极性。在这种发展基础不平等的情况下，生产性服务业通过自身专业化的发展，形成了完善的研发、咨询、销售、物流、售后及管理、金融、法律等服务系统，使生产性服务业具备了与装备制造业平等的互动融合发展基础。生产性服务业专业化发展，使装备制造业与生产性服务业在互动融合中占据同等地

位，为装备制造业与生产性服务业互动融合发展提供有利条件。

（2）政府合理化经济性规制。

经济性规制是规制经济学的核心内容，是政府对企业进入与退出、定价等方面的约束，主要目的是防止资源利用低效和确保企业发展的公平性。信息时代，装备制造业与生产性服务业的发展有了巨大变化，政府的经济性规制与装备制造业和生产性服务业的发展有些脱节，体现为监管政策滞后，生产性服务业准入条件过高、发展规制程度过大，与日新月异的装备制造业与生产性服务业互动融合发展存在不匹配的情况，限制了装备制造业与生产性服务业的互动融合发展。目前，我国生产性服务业由于受到政府经济性规制而发展受到抑制，在生产性服务业与装备制造业互动融合过程中产业间壁垒过高。政府需要适时对经济性规制进行合理化调整，以适应时代发展的变化，为装备制造业与生产性服务业互动融合提供高效的引导促进及监督服务。政府合理化经济性规制包括减少对装备制造业和生产性服务业发展不利的规制，增加对产业发展的必要激励机制。合理化经济性规制，能够降低生产性服务业的进入壁垒，为生产性服务业提供更多的机遇，显著降低生产性服务业的进入成本，促进生产性服务业与装备制造业在价值链上各个环节的有效互动，逐渐完成装备制造业与生产性服务业的互动融合发展。发达国家的产业互动融合经验表明，政府在产业互动融合发展中起到重要的作用。政府在装备制造业与生产性服务业互动融合过程中，结合装备制造业与生产性服务业的发展趋势，通过制度及要素的供给，联合行业协会及中介机构为装备制造业与生产性服务业提供更多的互动协作机遇，同时提高监管效率、防范产业关联风险，为装备制造业与生产性服务业互动融合提供必要的发展条件。

（3）技术创新及技术扩散的实现。

装备制造业与生产性服务业都是以知识、技术为支撑的行业，技术处于整个装备制造业与生产性服务业价值链的前端，是装备制造业与生产性服务业发展的决定性要素。技术创新是在现有知识和物质环境下，改进或创造新的方法、元素、路径、环境等中的某一方面，并获得优异的效果的行为。技术扩散是在技术进步和技术创新之后发生的，舒尔茨指出没有技术扩散，技术创新将不存在经济影响。随着信息技术的发展，各种技术创新被广泛地应用在装备制造业与生产性服务业发展中，技术扩散使技术创新在装备制造业与生产性服务业之间转移，形成装备制造业与生产性服务业都具有的相同技术，模糊了装备制造业与生产性服务业之间的产业界限，带动装备制造业与生产性服务业互动融合的发生。技术扩散能促使技术创新在更大范围内产生经济效益和社会效益，推进装备制造业技术进步和产业结构优化，促进国民经济发展。

技术为装备制造业与生产性服务业提供了有效的互动融合通道，特别是网络技术及信息技术的发展有效促进了装备制造业与生产性服务业发展。如装备制造业企业上海通用汽车公司与生产性服务业企业安吉星信息服务有限公司在网络技术及信息技术发展的条件下，合作开发汽车后服务市场，提供汽车安全信息，包括道路援助、远程车辆控制、逐项道路导航等，通过这种扩展服务实现了产品的增值，加大了上海通用汽车的产品竞争力，形成装备制造产品新的利润增长点。技术创新及技术扩散的实现，为装备制造业产品增加更多的价值增值环节，大大提高了装备制造业与生产性服务业互动融合的积极性。

（4）融合型产品市场需求扩大。

消费需求指消费者对商品或以劳务形式存在的产品的需求和欲望。当商品经济处于不发达时期时，消费者的消费领域狭窄，满足程度受到限制。随着经济不断发展，整个社会的整体财富不断提升，消费者对产品的需求更加多样化。装备制造业属于知识、技术与劳动密集型产业，其用户对产品的需求变化比普通消费者表现得更为显著，体现为对知识和技术的更新速度要求更快，对产品的个性化、一体化服务需求更加明显。市场需求是动态变化的，每一次市场需求的变化都会引起装备制造业与生产性服务业关系的改变。经济发展初期，消费者对装备制造业产品的需求还停留在对其数量及基本功能的要求上，不需要独立的生产性服务业，装备制造企业能通过自身生产的方式满足市场需求。但随着市场需求的不断变化，20 世纪 50 年代以后，伴随着工业化进程的发展壮大，装备制造业市场需求发生改变，消费者对产品销售方式、销售地点等相关方面都有了更多的要求，消费者希望可以得到更加快速、低价且方便的服务。此时，生产性服务业得以发展，但装备制造业与生产性服务业之间还处于简单的分工合作阶段。同样，随着信息技术和互联网技术的不断发展成熟，装备制造业市场需求再一次发生剧烈变化，消费者对装备制造业产品的要求不断提高，消费者更注重装备产品的个性化、定制化及一体化服务，还对装备产品从创意、生产到销售、售后的各个环节的服务性提出更全面的要求。"装备 + 服务"的市场需求显现明显，并且市场对"装备 + 服务"的融合型产品需求也在不断扩大，在市场竞争日益深化的阶段，我国装备制造业普遍存在装备产品差异化小的共性，而且面临无法满足市场"装备 + 服务"的需求的情况。在融合型产品市场需求不断扩大的条件下，装备制造业与生产性服务业为迎合市场变化，不断提高自身竞争力，转变为装备制造业与生产性服务业理念融合，在发挥互动融合优势的同时，形成更具竞争力的新型产业形态。

2. 互动融合耗散结构条件分析

I.Ilya Prigogine（普里戈金）1969 年在一次"理论物理学和生物学"的国际会议上正式提出耗散结构这一概念。耗散结构是一个远离平衡态并且需要满足开放系统的条件，当外界变化达到特定阈值，系统通过外界物质及能量的不断交换，会从无序状态转化为有序状态，此时远离平衡态，具有稳定有序结构的系统称为耗散结构。两产业互动融合运行过程中包含多个要素的相互作用，装备制造业与生产性服务业互动融合属于开放的系统，是典型的耗散结构，互动融合运行符合耗散结构运行特征。

（1）互动融合的非平衡性。

远离平衡态是系统向有序化发展的前提，两产业互动融合的过程是远离平衡态的。在两产业互动融合过程中，无论是装备制造业还是生产性服务业，在其行业性质、功能和目标之间都存在不同之处，又或者是在互动融合过程中起到辅助作用的政府、行业协会、中介机构、科研院所、高等院校、用户等要素之间更是体现出不同的性质和功能。在互动融合过程中，各要素之间存在巨大差异，在技术、知识、功能等方面均存在差异性和互补性。互动融合要素之间的差异性促使知识、技术、信息等在各要素之间流动，使装备制造业与生产性服务业互动融合一直处于远离平衡态的状态。"非平衡是有序之源"，是互动融合形成耗散结构的条件之一。

（2）互动融合的非线性作用。

根据普里戈金的观点，线性系统根本就不能够形成耗散结构，非线性相互作用的系统才有可能演化为有序的耗散结构，非线性耦合是耗散结构形成的条件之一。装备制造业与生产性服务业在互动融合过程中存在着非线性耦合作用，互动融合中存在多重的非线性作用关系。一方面，两产业之间存在非线性的复杂作用关系，形成两产业相互需求、相互作用、不断叠加、循环增强的互动融合作用；另一方面，政府、行业协会、中介机构、科研院所、高等院校、用户与装备制造业、生产性服务业之间同样都存在复杂的非线性作用。通过政府等机构对两产业的作用，从资金、人力、信息、技术、需求等众多方面给予支撑，对两产业的发展起到引导、支撑的作用，同时形成复杂的合作关系。这些复杂的作用关系，形成了两产业互动融合的非线性作用，推动了两产业互动融合的发展，各要素之间的非线性作用是互动融合形成有序耗散结构的重要条件。

（3）互动融合的开放性。

开放系统必须能够与周围环境进行能量、物质、信息等的交换，系统开放性是系统成为耗散结构的必要条件。在两产业互动融合过程中，单纯依靠互动融合中各要素的作用是不能够满足互动融合运行需要的，必须与外界进行交换，才能满足互动融合运行发展的需求。无论是对互动融合的输入还是互动融合向外部环境的输出，如果形成封闭的状态，那么将造成互动融合人才、资金、技术的短缺和障碍，形成"一潭死水"，导致互动融合无法正常运行。在两产业互动融合运行过程中，无论是起主导作用的装备制造业，还是依附于装备制造业发展的生产性服务业，或者是辅助互动融合的各要素，都在持续不断地同外界进行人才、资金、技术、信息等的交换，促使两产业互动融合的顺利运行，两产业互动融合属于典型的开放系统。

（4）互动融合的涨落现象。

普里戈金在对耗散结构分析时指出，涨落是系统形成耗散结构的触发器，通过涨落现象影响整个系统的运动状态。两产业互动融合过程具有涨落现象，互动融合过程的系统动力学方程可以表示为：

$$\frac{\mathrm{d}X}{\mathrm{d}t} = f(x, \lambda) \qquad （2-1）$$

其中，X 代表互动融合过程系统的运行状态，λ 为互动融合运行过程的控制参量。当 λ 发生变化后，X 也会随着发生改变，装备制造业与生产性服务业互动融合运行状态会出现涨落现象，如图 2-4 所示。

在图 2-4 中，每一个点都代表着互动融合过程中系统的一种可能的状态：当互动融合的控制参量在 λ_0 与 λ_1 之间时，系统状态处于近平衡线性区；当系

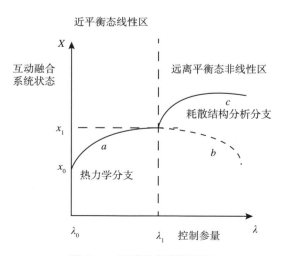

图 2-4　互动融合涨落现象

统状态控制参量大于 λ_1 时，互动融合系统状态处于远离平衡态非线性区。x_0 代表互动融合的平衡状态，当 x_0 的数值，也就是偏离程度较小时，即 $x_0 \leqslant x_1$，互动融合系统处于近平衡态曲线 a；当互动融合的控制参量小于 λ_1 时，称为热力学分支。在这种情况下，如果互动融合没有较强的外在条件刺激，那么互动融合的状态趋向于无序状态。而当 x_0 即偏离程度向着（x_1，λ_1）临界点运动时，互动融合系统的状态逐渐偏离初始值，从热力学分支 a 向 b 运动，此时在虚线表示的曲线 b 上互动融合的状态是极不稳定的，只要受到互动融合内部微小的变化就会改变其状态，互动融合的微小涨落此时会被放大，使得互动融合状态从曲线 b 向曲线 c 跃迁。曲线 c 代表这个热力学的某个稳定分支，当 $\lambda \geqslant \lambda_1$ 时，稳定曲线 c 上的任一点对应着互动融合状态的某种有序结构，此时形成稳定有序的结构特征，成为耗散结构。在两产业互动融合过程中，通过装备制造业发展的需求、政府对生产性服务业的合理性规制、技术发展水平的提高以及市场的融合型需求等涨落的影响，才能使互动融合向着远离平衡态运动、形成稳定有序的、有利于两产业互动融合的方向发展。

装备制造业与生产性服务业互动融合属于复杂系统，与外界进行信息、能量的交换，是典型的开放系统，并且各要素间存在着复杂的非线性作用，远离平衡态，具有涨落作用，满足耗散结构条件，因此属于耗散结构。

二、基于耗散结构理论的互动融合运行过程分析

1. 两产业互动融合发展分析

装备制造业与生产性服务业互动融合过程是向顾客提供的商品由单纯的物质产品向"制造＋服务"的一体化效用转变的过程。在装备制造业与生产性服务业互动融合的过程中，装备制造业企业不再是只提供制造的产品，生产性服务业企业也不是只提供纯粹的生产性服务，两者通过定制型生产、顾客一体化解决方案等形式获得更多的"装备＋服务"利润。

20 世纪 50 年代以后，工业化进程速度大大加快，工业得以发展壮大。装备制造业作为制造业的核心组成部分，在这一时期发展迅速，在装备制造业发展的过程中产生大量的中间需求，为生产性服务业的发展提供了机遇，生产性服务业不断发展，成为具有专业化特征的生产性服务行业，并且分布在整个产业链条之上，包括调研、研发、采购、管理、销售及售后等多个环节。

伴随着信息技术的发展，装备制造业企业为了适应市场需求的变化不断地将装备制造业内部的服务活动外包出去。生产性服务业凭借自身发展的优势，承接装备制造业的外包活动，实现生产性服务业对装备制造业生产的促进、优化作用，装备制造业与生产性服务业互动协作关系如图 2-5 所示。

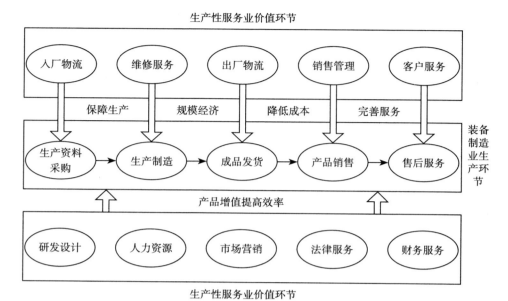

图 2-5　装备制造业与生产性服务业互动协作关系

　　随着生产性服务业的发展，生产性服务业对于装备制造业外包的承包能力逐步加强，装备制造业与生产性服务业表现出一种相互交叉、相互渗透的互动融合形式，此时装备制造业与生产性服务业为深度协作时期，装备制造业与生产性服务业的各项活动不再是清晰可分，而是紧密相连。装备制造业与生产性服务业互动融合是一个深度协作的过程，这与装备制造业和生产性服务业之间表现出的强烈的相互依赖关系直接相关。对于装备制造业企业而言，生产性服务业提供的包括研发、采购、物流、销售等，已成为连接装备制造业生产的"黏合剂"，例如生产性服务业提供的营销服务能够将客户信息直接进行反馈，是装备制造业获取客户信息的直接途径，通过对客户需求信息的收集，能够为装备制造业发展指引方向。装备制造业依赖于生产性服务业为其输送各项知识信息，体现了装备制造业对生产性服务业的依赖性。生产性服务业作为向装备制造业企业提供直接服务的行业，其自身发展受到装备制造业的影响，也体现了生产性服务业对于装备制造业的依赖性。

　　在装备制造业与生产性服务业深度协作时期，不同于两产业关联发展时期，表现为两产业间的组织关系的明显变化。装备制造业与生产性服务业在关联发展时期的契约制被装备制造业与生产性服务业企业间形成的动态企业联盟所取代。现代信息技术的发展进步，为实现模块化发展奠定了基础。模块化分工不同于传统生产工序，传统生产的线性分工向立体或者平面网络分工形式转变。装备制造业与生产性服务业通过动态网络联盟形式，能够更加有效地促进资源分配和利用，保障装备制造业与生产性服务业深度协作的运行。装备制造业与生产性服务业深度协作动态联盟网络如图2-6所示。

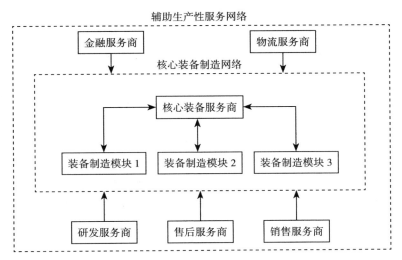

图2-6　装备制造业与生产性服务业动态联盟网络

　　生产性服务业对于装备制造业日益深化的渗透，促使装备制造业企业不但凭借生产性服务业实现技术的改造，还通过生产性服务业的现代服务理念蜕变成新型装备制造企业。正如生产性服务业最初的产生是产业分工的结果，在高度分化基础上的装备制造业与生产性服务业产业互动融合所带来的是利益的更大化。装备制造业企业从单纯地制造装备产品到以服务为导向的运营模式的转变，使装备制造业企业不但是物质产品的制造者，同时还兼具着为顾客提供功能服务，模糊了装备制造业企业与生产性服务业企业的边界，形成装备制造业与生产性服务业理念融合——服务型装备制造。服务型装备制造业是装备制造业与生产性服务业互动融合的最高形态，是通过将双方的价值观和理念充分地互动融合，创造新型生产经营模式，从而更好地应对复杂、多变的市场需求。装备制造业与生产性服务业理念融合改变了原有装备制造业企业"制造—销售"的生产经营模式，形成以顾客感知为中心的一体化解决方案，为顾客提供产品及以产品为载体的服务。装备制造业企业IBM公司，通过整合企业资源，改变原有的单独经营装备生产的模式，通过提供硬件、软件、服务的集合，为顾客提供一体化解决方案。陕西鼓风机集团（陕鼓）主要生产冶金、石油及化工等专业领域透平机械，从2001年开始通过调整组织结构、业务流程等，形成

"技术＋管理＋服务"的新型经营管理模式，成为向顾客提供机械和系统问题解决方案以及系统服务的专业化企业。

装备制造业与生产性服务业理念融合是生产性服务业的扩展、是装备制造业的深化，装备制造业与生产性服务业理念融合发展是经济社会组织制度结构和运作模式的根本性转变的结果，在此过程中装备制造的生产方式将会彻底改变，工业发展水平将会进一步地提升。

2. 基于耗散结构理论的互动融合运行过程阶段分析

基于以上分析，装备制造业与生产性服务业互动融合过程具备其发展的规律，当其发展到特定时期时，互动融合的运行方式会与实际情况发生冲突。此时，就要求互动融合改变其运行方式，使互动融合发展进入新的阶段。随着时间的推移，两产业互动融合关系及环境也在发生变化，装备制造业与生产性服务业的关系，或者互动融合中其他要素之间的关系会呈现出特定时期的阶段性特征。依据装备制造业与生产性服务业的特征，本书将装备制造业与生产性服务业互动融合过程分为技术融合、产品融合、市场融合三个阶段。

（1）技术融合期。

装备制造业与生产性服务业互动融合是一个复杂的、开放的、远离平衡态的系统。在互动融合发展的过程中包含多个要素，包括装备制造业、生产性服务业以及政府、行业协会、中介机构、科研院所、高等院校和用户等。在装备制造业与生产性服务业互动融合发展的技术融合阶段之前，系统处于无序混乱的状态。当互动融合系统处于技术融合期时，各要素之间不断进行着相互作用，各要素自身也不断进行催化循环，互动融合系统从无序向低级有序方向转变。

在全球价值链和信息时代的背景下，技术的发展和更迭速度之快令人应接不暇。装备制造业是知识密集型的产业，对知识、技术的要求非常高，装备制造业为提高自身竞争优势，会选择与专业生产性服务业进行互动融合，以谋求技术的先进性。两产业的互动融合形成期从两产业的技术融合开始，装备制造业与生产性服务业技术融合指科技创新在装备制造业和生产性服务业两产业间进行扩散的现象，其使得装备制造业与生产性服务业产业间的界限逐渐模糊，并逐渐形成装备制造业与生产性服务业共同的技术平台。传统的装备制造业技术创新是以装备制造业行业作为核心研发者的，但伴随着经济全球化，技术的创新与更替越来越快，装备制造业面对的技术研发方面的问题错综复杂，单一依靠装备制造业企业大而全的发展模式已经无法完成装备制造业对高新技术的发展需要。装备制造业单一产业技术进步越来越依赖于生产性服务业对其的技术渗透，装备制造业与生产性服务业间的技术流动使得装备制造业降低了经营风险并减少了制造成本。生产性服务业具有的知识密集、技术密集的特性，成为装备制造业获取知识及技术的重要途径，生产性服务业与装备制造业间的技术联系越来越紧密，进而打破原有的单一产业技术创新的行为，形成装备制造业与生产性服务业间的技术融合。

由于装备制造业与生产性服务业互动融合的开放性，其与外界环境进行着输入、输出作用。在互动融合的技术融合期，互动融合内部的要素相互作用形成涨落，互动融合内部行业协会、科研院所、高等院校等发挥其沟通协调、技术支撑的职能，有效提升了生产性服务业技术水平及技术创新能力，同时政府提供了适宜技术融合发展的政策。装备制造业不再依靠单一产业技术进步，而越来越依赖于生产性服务业对其的技术渗透，这些互动融合内部要素的非线性作用，以及互动融合系统外部技术环境、经济环境的变化，通过与互动融合开放性系统进行输入与输出，导致互动融合系统出现涨落现象。互动融合系统的涨落促使互动融合系统不断地调整及变化来适应整体环境和发展要求。

（2）产品融合期。

在经历两产业互动融合的技术融合期后，通过互动融合系统与外界不断地输入、输出，互动融合系统内各要素协作加剧，有序性增强，形成互动融合的产品融合期。此时，装备制造业互动融合系统复杂性增大，互动融合逐渐发展成为低级有序状态。装备制造业与生产性服务业产品融合期指在技术融合的基础上，用户对产品提出了更高的要求，在技术和用户需求的双重作用、刺激下，形成互动融合的涨落现象，而互动融合系统内的涨落现象和各要素自我催化和交叉循环加剧，形成两产业不同产品功能的整合，用同一产品的形式实现装备制造业与生产性服务业产品的不同功能，实现产品融合，从而实现互动融合的低级有序状态。

需要指出的是，在装备制造业与生产性服务业产品融合中，由于装备制造业在价值链上的核心位置、生产性服务业在价值链上的离散化特点，装备制造业与生产性服务业的产品融合多以装备制造业作为融合主体出现。以汽车装备制造业为例，汽车电子是通过技术融合再到产品融合而催生出的具有前景的新兴产业，汽车电子是车体汽车电子控制装置和车载汽车电子控制装置的总称。车体汽车电子控制装置是和车上机械系统配合使用的，包括电子燃油喷射系统、防滑控制、电子动力转向等，车载汽车电子控制装置与汽车本身无直接关系，是在汽车环境下使用的电子装置，如导航系统、汽车信息系统、车载通信系统等。汽车电子不但提高原有汽车装备制造的机械系统的安全性、可操作性以及提高汽车技术、降低制造成本，而且开发了汽车的舒适功能、娱乐功能等。汽车装备制造业在发展汽车电子的过程中面临众多的挑战，如电子系统的开发、软硬件的结合等。生产性服务业在此过程中提供专业的软件设计、高级调试、硬件描述、硬件设计、硬件调试等，设计成套完整的导航系统、娱乐系统、通信系统等。汽车电子是装备制造业与生产性服务业产品融合的产物，是技术融合和用户需求的体现。装备制造业与生产性服务业的技术融合丰富了原有产品的内容和形式，引发装备制造业与生产性服务业的产品融合。

（3）市场融合期。

在互动融合过程经历了技术融合、产品融合后，互动融合系统内各要素关联协作得更加紧密，互动融合系统伴随着政府对市场融合提供政策支持，高等院校、行业协会、中介机构等提供融合型市场交易所需的技术资源与交易金融资源，用户需求的进一步增加以及外部经济环境形成涨落现象的变化，使系统内各要素形成了高级的有序现象，融合型产品的市场规模逐步得以扩大。互动融合的有序运行，促使两产业的融合型产品市场拥有更大的发展空间，不仅市场范围得到扩大，而且规模也发生明显改变，逐渐形成固定的市场交易，完成装备制造业的市场融合。

在装备制造业与生产性服务业互动融合的自组织演化过程中，每个时期都有可能出现逆转的现象，如技术融合期、产品融合期、市场融合期中的某个时刻，都可能由于互动融合内部或者外部产生的微小扰动而发生突变，致使原有周期终止，或者突变到新的周期，或者回到上一个演化周期。例如，当装备制造业与生产性服务业互动融合演化到产品融合期时，可能由于外部经济环境或者内部用户的需求改变产生的扰动，直接使互动融合运行达到产品融合状态的临界值，迫使从产品融合期回到上一时期互动融合的技术融合期，甚至可能直接终止了互动融合的运行，使两产业重新回到简单的关联发展。在互动融合演化的过程中，也可能会出现从某一时期跨越中间时期，直接跃迁到更高时期的现象。

装备制造业与生产性服务业互动融合经历了一系列的互动融合过程后，会形成新的融合型产业。新的融合型产业并不意味着装备制造业与生产性服务业的消失，而是装备制造业与生产性服务业的延伸，通过两产业的独有特征，形成具有两产业优势、特点的新型产业。在互动融合的过程中，装备制造业、生产性服务业的产业竞争力以及综合优势得到增强，促进两产业创新发展。本书对两产业互动融合运行的研究，以互动融合过程为主要研究内容，研究促进两产业互动融合的运行机制。基于耗散结构理论的装备制造业与生产性服务业互动融合过程如图2-7所示。

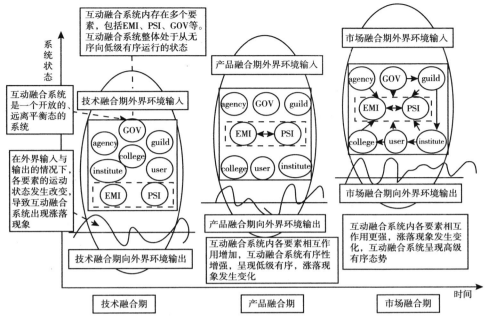

图 2-7　基于耗散结构的互动融合运行过程

三、互动融合运行熵流分析

根据耗散结构理论和熵理论可知，系统中熵的构成分析是耗散结构理论的重要组成部分。熵这一概念由德国物理学家克劳修斯于 1865 年首次提出，熵理论是耗散结构理论产生的前提，并且由于其能够在不同领域对不同系统运行的共性进行描述，被广泛使用在不同学科的系统研究中。普里戈金等对熵在系统无序、有序转化过程中的作用进行了详尽的研究。在非开放情况下，系统本身是孤立的，系统正熵增大，系统状态不确定性程度高，系统处于平衡态，不利于演化的发生；而当系统与外界保持开放状态时，系统负熵增加，系统处于非平衡态，演化有序程度增大，形成稳定的耗散结构。当系统处在最大熵状态运行时，系统处于混乱无序的状态，效率低下，只有通过降低熵值，促使其在低熵状态下运行，才能够提高系统运行效率，改善系统运行状态。开放系统的熵由两部分组成，即正熵（d_iS）和负熵（d_eS）。

两产业互动融合运行正是由于其与环境的不断交流，促使互动融合系统内部出现了不平衡的现象，导致互动融合系统内部各要素之间相互作用，促使互动融合系统内部形成了一定的结构、秩序、功能，克服了互动融合正熵的增加，形成了互动融合的演化发展。互动融合运行的正熵产生于互动融合的内部，内部不断产生的冲突、矛盾形成互动融合的正熵，正熵持续不断地增加是互动融合运行不稳定甚至无法正常运行的根本原因。互动融合负熵的引入，能够抵消互动融合正熵带来的影响，从而维持互动融合的运行。在互动融合过程中，正熵的产生是互动融合运行的必然结果，只要互动融合运行发展，就一定存在发展过程中的冲突正熵。互动融合中的负熵与正熵的产生方式却是截然不同的，互动融合中的负熵不能够自发产生，需要对负熵进行引入，形成互动融合内的负熵流，进而抵消互动融合内的正熵，保持互动融合的有序进行。

装备制造业与生产性服务业互动融合属于耗散结构，满足耗散结构条件。互动融合运行中的动力能够促使产业边际技术创新、产业间的技术扩散及转移、互动融合型产品的产生等，使互动融合系统处于明显的剧烈变化之中，更加剧了互动融合系统内部的非平衡性，为互动融合系统形成耗散结构创造了必要条件；在互动融合运行中通过互动融合内组织的作用，进一步促进要素的相互合作，形成循环形式的复杂增长模式，各要素相互关联、互相作用的非线性关系为耗散结构的非线性作用条件；互动融合运行中评价与调节作用完成了互动融合与外界环境的输入，同时还将互动融合的产出与外界环境进行交换，维持着互动融合的开放性特征；互动融合运行中的保障作用可以从信息、资源、政策等环境出发，形成对互动融合系统有力的刺激，进而产生系统内部运行涨落发生的契机，为涨落现象的形成提供基础的支撑，为互动融合营造形成涨落的外部环境，促进互动融合系统有效涨落现象的发生。在满足了耗散结构条件的基础上，互动融合运行还需要负熵足够大的条件，互动融合才会演化为动态稳定有序的耗散结构。根据装备制造业与生产性服务业互动融合的耗散结构形成条件以及互动融合运行过程的分析，本书将装备制造业与生产性服务业互动融合运行熵分为动力熵、组织熵、调节熵、保障熵。

1. 互动融合运行动力熵

任何事物、行为的发展运行都需要在动力的支配下完成，互动融合的动力是其运行的基础。动力熵不仅包括对装备制造业与生产性服务业互动融合发展的原始驱动作用，还包括在两产业互动融合运行过程中的动力合理组合运用，以及如何在互动融合过程中保持长效的动力作用，这些都是两产业互动融合运行动力熵研究的主要内容。

动力是装备制造业与生产性服务业互动融合形成的基础，也是互动融合进行自组织演化满足非平衡条件的必要元素。装备制造业与生产性服务业互动融合驱动力不足，或者互动融合驱动力来源不稳定，以及各动力不能进行协调匹配等，都是形成互动融合动力正熵的原因。形成互动融合动力负熵，可以有效改变动力正熵给互动融合带来的危害。互动融合动力负熵包括以下四个方面：第一，政府对互动融合的推动；第二，技术对互动融合的支撑力；第三，需求对互动融合的拉动力；第四，企业对互动融合的带动力。

2. 互动融合运行组织熵

互动融合的组织熵体现的是互动融合各参与主体之间的协同合作关系，当互动融合各参与主体表现出合作困难、信息沟通不畅时，互动融合的正熵处于优势状态，不利于互动融合的自组织演化，更无法完成两产业的互动融合。当互动融合各参与主体表现为彼此信任，拥有共同的目标，能够很好地尽心协作时，互动融合的负熵处于优势状态，能够促进互动融合参与主体的非线性作用，有利于互动融合的发展。

在装备制造业与生产性服务业互动融合的过程中有多个主体共同参与，主体间的利益分配不公、追求的目标不一致或者主体的价值观不同，都会形成互动融合组织正熵累计。在多个主体参与下的互动融合中，互动融合整体容易出现混乱无序，这是组织正熵的又一体现。与互动融合组织正熵相反，互动融合主体间形成的良好沟通、彼此信任以及组织运行制度、规则的完善，都能增加组织负熵，促进两产业互动融合。

3. 互动融合运行调节熵

在两产业互动融合运行中不可避免地会受到多方因素的影响，调节作用能够对所受影响进行干预，也可以通过调节作用使互动融合与外界环境相接触，连通互动融合内部与外部环境。在进行调节作用之前，要先对受到的影响进行评价。当受到的影响阻碍了两产业进行互动融合时，就需要对影响进行调节。当互动融合信息收集时效性差、信息收集不全面、对互动融合受到的影响评价模糊、调节方向方式存在缺陷时，都会增加调节正熵。相反，信息收集渠道的畅通、评价指标体系的科学性、关于互动融合阻碍的调节等都是调节负熵，能够有效中和调节正熵的危害。

4. 互动融合运行保障熵

互动融合的保障作用可以从多个方面对互动融合运行进行支持，包括信息环境、资源环境和政策环境等。互动融合的保障熵同样由保障正熵和保障负熵组成。只有当保障负熵大于保障正熵时，互动融合的保障作用才能得以实现，完成对互动融合的刺激，形成互动融合中的涨落，有利于互动融合耗散结构的演化，促进互动融合的运行。保障正熵体现为：互动融合相关的信息化环境缺失，互动融合相关人才、资金等资源不足，不利于两产业互动融合的政策等。互动融合的保障负熵体现为：多样化的信息化平台构建，合理的资源整合与资源分配，互动融合相关政策的建立等。

第五节　互动融合运行机制框架设计

基于耗散结构理论对装备制造业与生产性服务业互动融合运行机理的分析，构建装备制造业与生产性服务业互动融合耗散结构与其运行机制的关系，如图2-8所示。

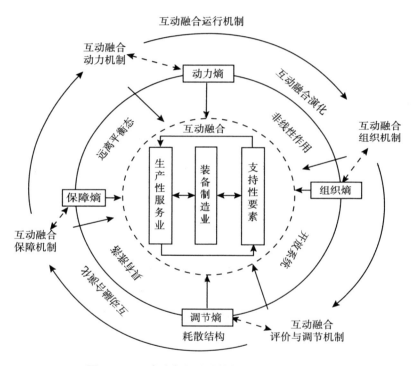

图2-8　互动融合耗散结构与运行机制的关系

装备制造业与生产性服务业互动融合在远离平衡态、具有非线性作用、满足开放系统、具有涨落的条件下，可以形成耗散结构。在耗散结构中必须不断与外界环境交换形成负熵，并且在低熵的作用下向着有序的方向演化发展。在两产业互动融合中，存在着互动融合动力熵、组织熵、调节熵、保障熵对其进行作用，增加两产业负熵的作用，能够保持互动融合在低熵下运行，并进行互动融合的演化，形成耗散结构。两产业互动融合的演化过程实质也是互动融合运行的过程，通过互动融合的动力熵、组织熵、调节熵、保障熵构建互动融合的运行机制，包括动力机制、组织机制、评价与调节机制、保障机制。设计装备制造业与生产性服务业互动融合系统运行机制研究框架，如图2-9所示。

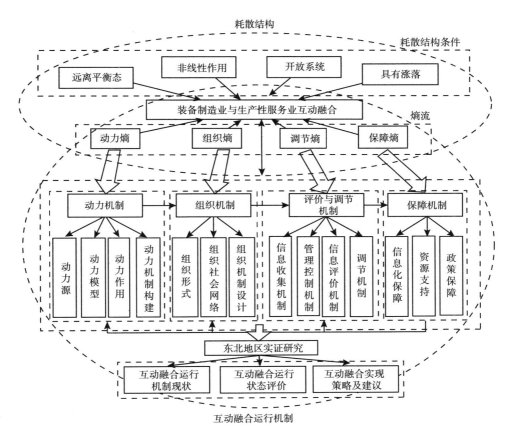

图2-9　互动融合运行机制框架

根据耗散结构理论、熵理论，在对装备制造业与生产性服务业互动融合的熵流分析的基础上，根据动力熵、组织熵、调节熵、保障熵的正熵与负熵内容，对两产业互动融合运行机制的具体内容进行构建。

本章小结

本章在描述装备制造业、生产性服务业内涵特征与界定产业融合概念的基础上，分析了装备制造业的需求和生产性服务业的供给，揭示了两产业互动融合发展趋势；从互动融合目标、互动融合要素、互动融合环境方面对两产业互动融合进行系统的分析，并构建互动融合模型；根据耗散结构理论对互动融合机理进行分析，分析互动融合的耗散结构条件，同时基于耗散结构理论揭示互动融合的运行过程，并分析互动融合的熵流。在此基础上构建装备制造业与生产性服务业互动融合运行机制框架。

第三章

装备制造业与生产性服务业互动融合政策作用机理

第一节 政府与两产业互动融合的关系

一、政府与市场的关系

如何正确处理政府与市场的关系问题，历来是学术界和国家所关注的重要问题之一。自古典经济学派创始人亚当·斯密于 1776 年出版《国富论》以来，市场这只"看不见的手"是资源配置的唯一力量这一观点便被学术界所推崇，在完全竞争市场上，仅依靠市场自身的调节功能就能实现资源的最优配置，无须国家及政府对其进行外力干预。一些学者如李嘉图、萨伊等对古典经济学理论进行了丰富和补充，此后相当长的一段时间内，古典经济学成为西方主要资本主义国家经济社会发展的主流指导思想。

然而，在公共资源、分配领域、外部性较强的领域频频出现的市场失灵使得越来越多的学者开始重新思考市场与政府之间的关系，对在市场失灵情况下，政府需不需要发挥作用、发挥哪些作用以及如何正确发挥作用等问题。1920 年庇古在其著作《福利经济学》中证明了社会财富分配的帕累托最优解，即其必须依赖政府的作用才能实现，单凭市场的作用是远远不够的。1929 年由美国开始，爆发了资本主义经济史上最持久、最深刻、最严重的世界经济危机，彻底暴露了自由放任市场的弊端。在此背景下，凯恩斯于 1936 年发表了《就业、利息和货币通论》，他认为市场机制存在天然缺陷，在市场无法有效配置资源的时候政府应根据需求对经济实行干预，开创了政府干预市场的先河。然而凯恩斯主义实质上是一种短期经济理论，长期实行存在明显的缺陷，其最明显的弊端在 20 世纪 70 年代爆发，即政府过度刺激市场需求使得经济增长出现了严重"滞涨"，政府干预与市场调节再一次失衡。

保罗·萨缪尔森对古典经济学与凯恩斯主义进行了综合，认为市场调节机制与政府干预市场同样重要，在市场调节机制无法保证公平时，政府应准确识别出市场失灵，进而对其进行充分干预，由此创立了"新古典综合派"。似乎新古典综合派的理论较古典经济学派理论与凯恩斯主义来说，观点更加"温和"、机动性更强、更有可能成为解决政府与市场问题的"通用法则"，但其在解释"二战"以后日本及"亚洲四小龙"等国家及地区赶超型的"东亚模式"时出现了矛盾。而竞争优势理论以及新结构经济学的发展为"东亚模式"的成功提供了解释依据，根据这两类观点可知，在国家发展符合比较优势的产业时，政府与市场之间的关系是"有为政府、有效市场"。装备制造业与生产性服务业互动融合发展有利于增强我国产业比较优势，政府对其进行干预并不意味着要取代市场竞争机制，而是根据两者互动融合的方向和需要因势利导，协调装备制造业与生产性服务业互动融合市场上企业的行为。一方面，装备制造业与生产性服务业互动融合发展过程中会出现大量的共性技术，信息的外部性以及知识、技术的非排他性使得互动融合共性技术具有了公共产品的性质，由于市场调节机制在公共领域的缺陷，互动融合共性技术难以实现有效供给，这时需要政府运用各种政策手段进行调节，为装备制造业与生产性服务业互动融合减少阻碍。另一方面，装备制造业与生产性服务业互动融合存在不确定性和较高风险，除了互动融合技术研发风险以外，还有融合型产品能否实现规模化生产、互动融合产品与市场需求是否吻合等风险。从"经济人"角度进行考虑，装备制造业与生产性服务业企业更倾向于进行技术及产品的模仿，而不是投入大量人力及资金进行创新。这时市场需要对装备制造业与生产性服务业企业进行引导，降低企业互动融合风险，提高其参与互动融合的意愿，从而增强市场活力。

为了提高我国在全球价值链上的地位，促进装备制造业与生产性服务业互动融合发展，我国政府应有所为、有所不为，让市场在资源配置中发挥决定性作用的同时，更好地发挥政府的引导和协调作用。

二、基于博弈论的政府与两产业互动融合的关系分析

装备制造业与生产性服务业互动融合的发展并不是封闭的系统，而是处在政府与市场的共同作用之下。为厘清政府与两产业互动融合之间的关系，构建政府与两产业互动融合的博弈模型进行分析。

1. 博弈行为主体作用分析

（1）装备制造业与生产性服务业。

装备制造业与生产性服务业企业面对日益激烈的市场竞争和市场需求的

变化，为了提升装备制造业的市场竞争力，使生产性服务业得以发展以及获取更高的利润，围绕生产过程特别是价值链的前端和后端的各种业务，以知识密集和技术密集等生产性服务业进行互动融合，满足客户不断变化的装备产品需求。

（2）政府。

政府管理部门在装备制造业与生产性服务业互动融合过程中起引导和支持作用，能够对装备制造业与生产性服务业互动融合发展进行宏观指导，明确装备制造业与生产性服务业互动融合的发展目标及重点任务，为装备制造业与生产性服务业互动融合提供资金、政策支持。通过分析可知，在装备制造业与生产性服务业互动融合过程中，装备制造业与生产性服务业和政府部门是重要的行为主体。

装备制造业与生产性服务业互动融合发展需要政府部门提供支持、保障与协调。第一，政府部门通过高校及研究机构并结合我国装备制造业发展现状，对发展进行宏观指导，明确装备制造业与生产性服务业互动融合发展方向。第二，装备制造业与生产性服务业互动融合涉及的专业服务门类较为复杂，政府部门在物流、信息产业、会计等专业重点服务行业制定和执行专门的政策，能够有效促进特定生产性服务的规模发展，为装备制造业与生产性服务业互动融合奠定基础。第三，在装备制造业与生产性服务业互动融合发展中，政府部门可以为装备制造业与生产性服务业互动融合提供资金支持，在税收方面实行减免，帮助装备制造业与生产性服务业互动融合进行人才的教育和培训，建立装备制造业与生产性服务业互动融合专业人才系统，保障装备制造业与生产性服务业互动融合发展。第四，政府部门建立的相关监管机构可以有效对装备制造业与生产性服务业互动融合进行监督，防范产业关联风险，保障装备制造业与生产性服务业互动融合顺利、健康发展。

2. 博弈模型构建

由装备制造业与生产性服务业互动融合行为主体作用分析可以得出，装备制造业与生产性服务业、政府共同影响着两产业互动融合发展。因此，本书通过构建两产业和政府的演化博弈模型，分析政府与两产业互动融合的关系。

为了构建两产业互动融合与政府博弈模型以及便于分析，做出如下设定：

（1）参与人相关设定。

根据政府部门和两产业互动融合过程中不同策略下的成本、收益和损失，设定相关参数如下，政府部门实施促进装备制造业与生产性服务业互动融合的社会收益为 E_G，政府部门作为管理和协调装备制造业与生产性服务业互动融合发展的成本投入为 C_G，政府对装备制造业与生产性服务业互动融合发展给予的补贴或者政策支持为 T，政府对不受调配引起的恶意竞争等行为的罚金为 K，政府承担两产业不进行互动融合行为以提升国家竞争力等社会综合损失为 C_S；两产业互动融合成本为 C，两产业互动融合收益为 E_1，两产业不进行互动融合损失为 E_2（$E_2<0$）。

（2）行动。

在装备制造业与生产性服务业互动融合过程中，两产业采取互动融合的概率为 x，则采取不进行互动融合的概率为 $1-x$。政府部门采取实施促进互动融合政策行为概率为 y，则采取不实施促进互动融合政策的概率为 $1-y$。

根据以上设定，以及两产业进行互动融合或者不进行互动融合、政府部门实施或者不实施促进互动融合相关政策的不同策略选择，利用博弈得益矩阵建立装备制造业与政府的演化模型，如表3-1所示。

表3-1　两产业与政府间策略选择博弈的支付矩阵

		政府	
		实施促进互动融合政策	不实施促进互动融合政策
装备制造业与生产性服务业	进行互动融合	E_1-C+T, E_G-C_G	E_1-C, 0
	不进行互动融合	E_2-K, $K-C_G-C_S$	E_2, $-C_S$

3. 博弈模型分析

在对博弈模型分析的过程中，需要对博弈模型的动态方程、均衡点、稳定性及相位图等进行分析。

（1）互动融合行为主体博弈模型的复制动态方程。

在两产业与政府博弈模型中，两产业选择"进行互动融合"和"不进行互动融合"策略的期望收益分别为 V_{E1} 和 V_{E2}，平均期望收益为 V_E，则有

$$V_{E1}= y\left(E_1-C+T\right) + \left(1-y\right)\left(E_1-C\right) \tag{3-1}$$

$$V_{E2}= y\left(E_2-K\right) + E_2\left(1-y\right) \tag{3-2}$$

$$V_E=xV_{E1}+ \left(1-x\right)V_{E2}=x\left(yT+E_1-C\right) + \left(1-x\right)\left(E_2-yK\right) \tag{3-3}$$

政府选择"实施促进互动融合政策"和"不实施促进互动融合政策"策略的期望收益分别为 V_{G1} 和 V_{G2}，平均期望收益为 V_G，则有

$$V_{G1}=x\left(E_G-C_G\right) + \left(1-x\right)\left(K-C_G-C_S\right) \tag{3-4}$$

$$V_{G2}=x\left(0\right) + \left(1-x\right)\left(-C_S\right) \tag{3-5}$$

$$V_G=yV_{G1}+ \left(1-y\right)V_{G2}=yx\left(E_G-K+C_S\right) + y\left(K-C_G-C_S\right) + \left(1-y\right)\left(xC_S-C_S\right) \tag{3-6}$$

装备制造业与政府博弈策略的复制动态方程为

$$\begin{cases} F(x) = dx/dt = x(V_{E1} - V_E) = x(1-x)(ZT + E_1 - C + yK - E_2) \\ F(y) = dy/dt = y(V_{G1} - V_G) = y(1-y)(xE_G - XK + K - C_G - T) \end{cases} \tag{3-7}$$

（2）博弈模型的均衡点及稳定性分析。

均衡点的求解是分析演化稳定策略（EES）的关键，有限理性的行为主体为改善自身利益不断调整策略，最终形成的一种动态平衡，即演化稳定策略。

根据式（3-7）中由 F_x 和 F_y 组成的复制动态方程，分别令 $F(x)=0$，$F(y)=0$，可得在平面 $M=\{(x,y); 0 \le x \le 1, 0 \le y \le 1\}$ 上，装备制造业与政府组成的策略博弈有 5 个均衡点，分别为 $D_1(0, 0)$、$D_2(0, 1)$、$D_3(1, 0)$、$D_4(1, 1)$、$D_5(D_x, D_y)$、其中 $D_x = \dfrac{C_G - K}{E_1 - K}$，$D_y = \dfrac{C - E_1 + E_2}{T + K}$。

根据 Friedman 的方法，在博弈系统中稳定点是演化稳定策略。其中，$D_1(0, 0)$ 即两产业不进行互动融合、政府不实施促进互动融合的政策；$D_4(1, 1)$ 即两产业进行互动融合、政府实施促进互动融合的政策。D_2、D_3 为不稳定点，D_5 为鞍点，如图 3-1 所示。

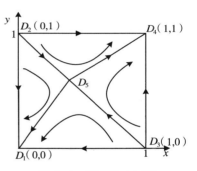

图 3-1 博弈动态过程

折线 $D_3 D_5 D_2$ 是博弈系统收敛于不同状态的临界线。演化过程和稳定状态受到系统初始状态和鞍点 D_5 相对位置的影响。当初始状态落在区域 $D_1 D_2 D_5 D_3$ 上时，演化博弈系统将向 $D_1(0, 0)$ 收敛，稳定策略逐渐向"囚徒困境"方向演化，最终两产业不进行互动融合、政府不实施促进互动融合政策将成为唯一的演化稳定策略；当初始状态落在区域 $D_3 D_4 D_2 D_5$ 上时，演化博弈系统向 $D_4(1, 1)$ 收敛，稳定策略逐渐向"帕累托最优"方向演化，最终两产业进行互动融合、政府实施促进互动融合政策将是唯一的演化稳定策略。相关参数改变将会改变鞍点的位置，进而具有调控演化的作用。

（3）互动融合行为主体博弈模型参数及系统相位图。

对博弈参数的分析如图 3-2 所示。通过图 3-2，可对两产业互动融合与政府博弈系统中影响系统演化的主要参数进行分析，此处不考虑参数的联动反应。

E_1 为两产业互动融合的收益，当 E_1 增加时，D_5 垂直下移，如图 3-2（b）所示，系统收敛于理想模式的概率增加。E_2 为两产业没有进行互动融合的损失，当 E_2 增加时，D_5 垂直上移，如图 3-2（a）所示，不利于系统良性循环。E_G 为政府部门实施促进装备制造业与生产性服务业互动融合的收益，当 E_G 增加时，D_5 水平左移，如图 3-4（c）所示，有利于系统的良性演化，政府的收益增加提升了政府的积极性，促进政府进一步实施装备制造业与生产性服务业互动融合发展的政策。

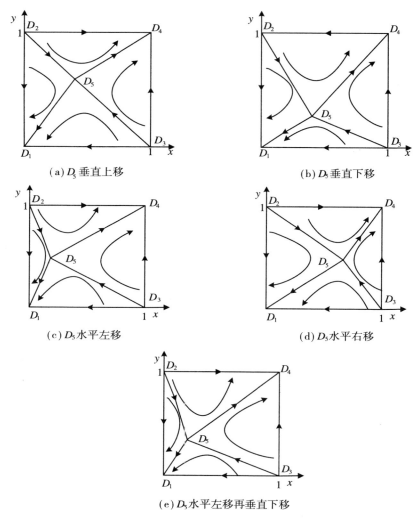

（a）D_5 垂直上移   （b）D_5 垂直下移

（c）D_5 水平左移   （d）D_5 水平右移

（e）D_5 水平左移再垂直下移

图 3-2   参数变动对系统演化的影响

C_G 为政府部门作为管理和协调两产业互动融合发展的成本投入，当 C_G 增加时，D_5 水平右移，如图 3-2（d）所示，系统演化至 ESS 稳定点 D_1 的概率增加。当 C_G 增加时，政府对装备制造业与生产性服务业互动融合发展的成本提高，影响政府实施促进装备制造业与生产性服务业互动融合发展的积极性，不利于装备制造业与生产性服务业互动融合发展。C 为装备制造业与生产性服务业互动融合的成本，当 C 增大时，D_5 垂直上移，如图 3-2（a）所示，不利于系统的良性演化。

K 为政府对不受调配引起的恶意竞争等行为的罚金，当 K 增加时，D_5 水平向左移动，同时垂直向下移动，如图 3-2（e）所示，系统向理想模式发展的概率增加；T 为政府对装备制造业与生产性服务业互动融合发展给予的补贴或者政策支持，当 T 增加时，D_5 垂直向下移动，如图 3-2（b）所示，有利于系统向着理性模式发展。当装备制造业与生产性服务业互动融合接受的政策支持和对于不受调配的罚金增加时，能够调节装备制造业发展方向，改善装备制造业与生产性服务业互动融合市场环境，促进装备制造业与生产性服务业的发展。

（4）博弈结果及建议。

通过分析博弈模型的均衡点，并对博弈模型的稳定性进行分析，揭示出博弈模型中主要参数对系统演化的影响，确定了博弈模型的唯一演化稳定策略即两产业进行互动融合、政府实施促进互动融合政策。同时，也揭示了政府于两产业互动融合之间的关系。根据研究结果可知，政府部门对装备制造业与生产性服务业互动融合具有重要作用。因此，需要加强政府部门对装备制造业服务化的管理与协调力度，给予装备制造业与生产性服务业互动融合更多的政策支持和资金支持，加大政府对恶意竞争的处罚力度，建立有序的装备制造业服务化市场秩序，扩大装备制造业服务化发展空间，并通过制定、实施装备制造业与生产性服务业互动融合政策为两产业融合提供支撑作用。

三、政府对两产业互动融合的作用方式

政府对装备制造业与生产性服务业互动融合的作用往往是通过对企业行为的调节实现的，装备制造业企业和生产性服务业企业行为决定着政府对装备制造业与生产性服务业互动融合调节的效果。在对装备制造业与生产性服务业互动融合发展进行研究时，很难分清是市场的自我调节还是政府的引导作用促进了装备制造业与生产性服务业互动融合发展。其实无论是市场自我调节还是政府的作用，都需要通过装备制造业与生产性服务业企业行为体现出来，具体表现为新型融合产品产生或是产业结构的调整、商业模式的创新等。装备制造业与生产性服务业企业选择互动融合的行为受到外在制度环境的影响。影响装备制造业与生产性服务业企业互动融合行为的外在制度环境包括政府制定的互动融合相关政策、社会公平性等，其中装备制造业与生产性服务业互动融合政策是装备制造业与生产性服务业企业行为制度环境中重要的组成部分。政府对装

备制造业与生产性服务业互动融合的作用方式如图3-3所示。

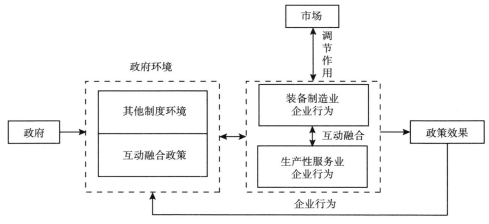

图3-3 政府对两产业互动融合的作用方式

由图3-3可以看出，市场的调节作用与政府共同影响装备制造业与生产性服务业企业行为，在市场经济条件下，政府不应该直接对装备制造业企业和生产性服务业企业进行指挥和控制，而是通过鼓励、诱导等政策调节装备制造业与生产性服务业的互动融合发展。我国装备制造业与生产性服务业互动融合发展的互动融合政策目标只有更好地转化为装备制造业与生产性服务业企业目标，才能形成互动融合政策，与企业行为方式更好地切合，发挥互动融合政策的最大效用。我国装备制造业与生产性服务业互动融合政策的目的是通过装备制造业与生产性服务业的互动融合形成新型商业模式，促进产业结构升级，提高装备制造业与生产性服务业的整体竞争力等。装备制造业的代表性产品是以复杂产品系统为主，装备产品的复杂性表现为整个装备生产过程中涉及的知识与技术领域广泛，且成套装备组成的零部件数量较多，依靠单一装备制造业企业难以完成重大的技术创新、管理创新、工艺产品创新和服务创新等。在全产业链下，政府对互动融合涉及的装备制造业各个环节与生产性服务业互动融合进行促进与支持，对装备制造业与生产性服务业互动融合过程中的相关主体、各个环节和各个时期进行协调，并且为装备制造业与生产性服务业打造适宜的外部制度环境，能够从根本上改善装备制造业企业产品开发能力、市场拓展能力、风险分散能力等，同时通过企业绩效的提高，调节企业行为，使互动融合政策与装备制造业企业、生产性服务业企业行为协调统一，发挥互动融合政策作用，得到更显著的装备制造业与生产性服务业互动融合政策效果。

第二节　互动融合政策基础分析

一、政策对两产业发展的作用

1. 政策对装备制造业的作用

装备制造业是国民经济的支柱性产业，我国为了推动其由大变强，21世纪以来实行了关于装备制造业发展的多方面扶持政策，特别是2006年的《国务院关于加快振兴装备制造业的若干意见》，是政府大力支持装备制造业产业发展的重要标志。

（1）推动装备制造业产业总体发展。

21世纪是我国装备制造业发展最快的时期，我国机械装备制造业总体规模得到大幅增长。在2006年之前，装备制造业政策主要集中在1994年对铸件、锻件、数控机床等增值税优惠政策及老工业基地的技术改进项目中，政策力度及数量不是很多，但装备制造业在"十五"期间发展速度就已经很显著了，根据中国机械装备工业联合会统计，机械装备总产值"十五"时期平均达到23.71%，并且2004年我国机械装备已从进出口逆差转为顺差。在2006年《国务院关于加快振兴装备制造业的若干意见》出台之后，相关装备制造业各项政策出台数量及频率大幅增加。进入2006年，中国装备制造业的产业规模快速提升，中低端装备生产能力也有大幅增长，这与装备制造业产业政策有密切关系。2000~2011年，我国出口的机械及运输产品国际市场占有率从3.16%上升到15.73%。"十一五"时期机械装备总产值平均达到28.05%，在2006年之后装备制造业产业规模持续保持快速增长，并且增幅显著高于"十五"期间。因此，装备制造业产业政策对装备制造业发展不但起到决定性作用，而且还发挥着积极的引导与支持作用。

（2）促进装备技术突破。

《国家中长期科学和技术发展规划纲要（2006—2020年）》是对2006~2020年阶段科学技术发展的目标、规划及促进我国科学技术创新的政策的概括，纲要中明确了16项重大专项项目，其中大部分项目都涉及先进装备制造业。2006年之后，我国装备制造业不但继续保持着较高的增长速度，还进入了重大技术突破的密集时期。随着科技重大项目的确定及实施，对于装备制造业的支持方式更加多元化，装备制造业不但得到资金的支持，还在物质、人才及产品的应用等方面得到更加全面的支持。在政府对重大专项项目的支持下，一大批项目陆续完成，一些未能实现国产化的重大装备实现了零的突破，改变了我国原有只能对这些重大装备依赖进口的局面。例如，输变电设备方面，我国已建成世界第一条高压交流示范线，达到百万千伏的特高压水平，并且已经成功投入商业运行。装备制造业产业政策对于装备制造业实现重点领域突破发挥着重要的作用。

2. 政策对生产性服务业的作用

（1）推动生产性服务业产业总体发展。

关于生产性服务业政策的作用，早在1997年党的十五大报告中就明确指出，要加快现代服务业的发展。李江帆（2005）提出现代服务业为生产部门提供服务，并且不是最终消费的服务业，而是生产性服务业。2007年《国务院关于加快发展服务业的若干意见》出台，文件指出生产性服务业未来发展方向是与制造业互动，并提出到2020年我国要实现以服务为主的经济结构目标。《国家中长期科学和技术发展规划纲要（2006—2020年）》提出要加大全社会研发投入，文件指出到2020年我国社会科技研发总投入将会达到18000亿元，占GDP的2.5%以上。1997~2002年，我国服务业规模发展迅速，服务业的平均增长速度远高于GDP的平均增速。2003年，我国生产性服务业增加值达到14658亿元，同样高于同期GDP的增速。2012年，我国服务进出口总额已经跃居世界第三，占世界服务业贸易的5.6%。李筱乐（2014）研究指出，我国进出口贸易所取得的成果还存在传统服务贸易占主要地位的现象，应抓住国际市场对我国服务贸易的需求，加大对我国生产性服务业的开发力度，提高生产性服务业层次，促进我国生产性服务业向高端转化。目前我国生产性服务业在产业结构等方面还有待提高，但生产性服务业总体发展规模已经得到很大提升，生产性服务业产业政策发挥了一定作用。

（2）促进生产性服务业各领域全面发展。

2005年《中共中央关于制定国民经济和社会发展第十一个五年规划的建议》指出，要把发展服务业放在城市发展的优先位置，大力促进金融、保险、物流和信息等生产性服务业发展，强调深化生产性服务业发展，促进专业化分工，有效提高资源配置效率。为促进生产性服务业各领域的全面发展，我国不但出台了许多国家层面政策，地域性生产性服务业政策也同时开始实施。2007年国家发展和改革委员会（简称"发改委"）和国务院编制《东北地区振兴规划》中明确提出，大力促进东北地区生产性服务业发展，包括物流、金融和商务服务等生产性服务业。2008年出台的《国务院关于进一步推进长江三角洲地区改革开放和经济社会发展的指导意见》强调了长三角地区未来形成以生产性服务业为主的产业结构的重要性。2011年《成渝经济区区域规划》中提出，要将成都打造为拥有功能完善、体系健全的生产性服务业城市，实现为西部提供高层次生产性服务的目标。在促进生产性服务业全面发展的各项政策支持下，我国生产性服务业企业确立了发展专项服务的发展目标，北京、上海、广州等部分发达地区已经逐渐形成生产性服务业的专业化体系，改变"大而全"与"小而全"的生产性服务业发展格局，为用户提供更加专业化和低成本的生产性配套服务。

二、互动融合政策内涵与目标

1. 互动融合政策内涵

由于研究角度的不同，国际上对产业政策的定义并没有统一。关于产业政策的定义主要包括以下三种：第一种为各种指向产业的特定政策，即政府有关产业的一切政策的总和；第二种是为了弥补市场缺陷，政府采取的一系列补救措施；第三种为工业后发国家为赶超工业先进国家采取的政策总和。无论从哪个角度对产业政策进行定义，产业政策作用的对象都是相同的，对象即为产业。产业政策一般包括产业结构政策、产业组织政策、产业技术政策和产业布局政策等。本书认为产业政策是政府为产业制定的，采取主动形式干预产业发展的各项政策的总和。

我国装备制造业与生产性服务业互动融合政策不但包括作用于装备制造业与生产性服务业互动融合的两产业共同政策，而且还包括有利于两产业互动融合发展的针对装备制造业或者生产性服务业产业发展的政策。装备制造业与生产性服务业互动融合政策的范围广泛，涵盖了装备制造业与生产性服务业全产业链上的各个环节，包括技术创新、产品创新、市场创新、产业组织创新及商业模式创新等。为使装备制造业与生产性服务业互动融合政策效应达到更好的效果，互动融合政策需考虑装备制造业与生产性服务业互动融合的过程及条件，制定和实施更有利于装备制造业与生产性服务业互动融合的相关政策。

2. 互动融合政策目标

政策目标的确定是研究政策问题的首要内容，政策目标同时也是指导和调控政策方向的依据。对一般产业而言，其产业政策目标通常是根据产业发展基础、区域资源禀赋以及宏观经济条件，为促进区域产业健康快速发展所制定的一组经济变量指标。一般产业政策的目标构成主要包括产业发展目标、产业效益目标、产业结构调整目标、产业国际竞争力目标等。本书研究的装备制造业与生产性服务业互动融合政策不同于一般产业的政策研究。一方面，本书研究的不是单一产业的政策问题，而是包含了两个独立产业和两产业融合的政策问题；另一方面，装备制造业是制造业的核心，能够体现国家竞争力的强弱，其他产业与其地位、作用之间存在着明显的差距。因此，装备制造业与生产性服务业互动融合的政策目标除涵盖了一般产业政策目标以外，还包含有别于一般产业的政策目标。两产业互动融合的政策目标具体内容如下：

（1）两产业发展目标。

装备制造业和生产性服务业两产业各自的发展是两产业互动融合的基础。关于两产业的发展，要分别推进两产业供给侧结构性改革。推进装备制造业供给侧结构性改革，就是加快实施创新驱动，改变传统发展模式，使企业增长方式由自然、物质资源投入驱动主导转为科技创新驱动主导。推进生产性服务业供给侧结构性改革，就是重视生产性服务业在装备制造业产品过程中所扮演的角色，鼓励装备制造业企业把产品研发、物流链、管理咨询、企业风险评估和价值评估、产品回收再处理等环节外包给生产性服务业，引导制造业打破"大而全"与"小而全"的格局。当前来说，我国装备制造业企业与生产性服务业企业均存在着低端供给过多、中高端供给不足的现象，严重滞后于需求结构升级。由于我国相对缺少对核心技术的掌握及对自主研发的知识产权，目前我国集成电路的90%、轿车制造装备的70%、计算机芯片专利的80%等都依赖进口，在新能源、高技术密集的软件开发等方面与发达国家相比存在着较大差距。我国装备制造业企业在国际上长期处于"低端锁定"和"高端封顶"效应的夹缝之中，企业难以维持竞争力。推进装备制造业与生产性服务业供给侧结构性改革，就是加快产业结构优化升级，有利于改变我国目前"二产不强、三产滞后"的现状，促进我国装备制造业与生产性服务业由全球价值链的低端向中高端转化，提高企业国际竞争力。

（2）两产业互动融合目标。

实现两产业的互动融合发展是装备制造业与生产性服务业互动融合政策的主要目标之一。两产业互动融合通过技术融合、产品融合、市场融合等来实现。在两产业互动融合发展的过程中，两产业之间的信息共享是实现互动融合的基础。目前以信息技术为代表的新一轮科技革命正在进行当中，随着信息技术的发展，技术升级和技术创新逐渐成为企业持续发展的决定性因素，产品的研发、生产、物流、销售、售后等环节均需要大量信息技术支持，因此利用两产业的信息共享改造传统的装备制造业发展模式，能够为两产业技术、产品、市场融合奠定基础。

（3）两产业互动融合的社会效益目标。

装备制造业与生产性服务业互动融合政策目标不仅是为了促进两产业互动融合和两产业发展，同时也是为了促进区域内经济、社会、环境等平衡和可持续发展。两产业互动融合政策社会效益目标强调扩大内需、增加区域内人民收入，发展绿色低碳、循环经济，建设环境友好型、资源节约型社会，改善区域间的不平衡状态，缓解区域经济发展不平衡的矛盾，以及减少因区域发展不平衡所带来的产业结构和民生等方面的问题。由于我国各地区之间历史因素、地理环境、资源要素禀赋、发展战略、国家扶持政策等方面都有着较大的差异，因此目前我国区域间装备制造业与生产性服务业发展及其互动融合能力、水平参差不齐。2015 年，我国财政对于东、中、西部地区的 R&D 经费支出分别为9992.3 亿元、2 446 亿元、1 731.7 亿元，东部地区 R&D 的财政支持是中部地区的 4.1 倍、西部地区的 5.8 倍，这说明东部地区科研水平较高，技术及人力资源充裕。2013~2015 年，我国东、中、西部地区规模以上企业 R&D 经费支出逐年增加，但从其与总量的比重来看，中、西部地区企业对 R&D 的支出比重明显小于东部地区，且比重与国家财政对于东、中、西部地区 R&D 经费支出的比重基本相同；从专利产出数量来看，东部地区数量提升幅度很大，基本与 R&D 经费支出成正比，而西部地区在 2015 年专利产出增加幅度降低，因此与东、中部地区相比西部地区技术研发和创新能力不足，总体呈弱化趋势。整体而言，东部地区无论是在资金投入还是在科技产出方面都优于中西部地区，这种资金支出和投入的方式决定了东部地区能够比中西部地区获得更多的技术、人力等资源，在促进装备制造业与生产性服务业的发展上具有优势，区域之间的差异较大。因此，为了促进东、中、西部地区两产业互动融合平衡发展，可以利用中、西部地区的区位优势培育特色装备制造业产业与生产性服务业互动融合，充分发挥两产业互动融合政策，以改善由于发展不均衡所带来的民生等问题。

三、互动融合政策环境

装备制造业与生产性服务业的互动融合不能脱离外部环境而发展，所以互动融合政策的运行必然会受到具体环境的影响，且健康、完善的外部环境能够增强互动融合政策运行的稳定性，提高互动融合政策的实施效果，为装备制造业与生产性服务业的互动融合发展提供良好的发展空间。本书从经济环境、法律法规环境、人力资源环境及信息环境四个方面来对生产性服务业互动融合政策的运行环境进行分析。

1. 经济环境

经济环境主要包括企业生存和发展的社会经济状况与国家经济政策两方面。互动融合政策的运行环境与社会经济总体状况密不可分，在社会经济发展水平高的情况下，国内需求增加，内生增长动力得以持续，装备制造业与生产性服务业能够进一步发展，这为互动融合政策提供了良好的运行环境。此外，互动融合政策作为促进装备制造业与生产性服务业互动融合的手段，必须处于国家经济政策之下，与国家经济政策的大方向相一致，只有这样，互动融合政策的运行环境才具有稳定性和可持续性。我国建立的社会主义市场经济体制逐渐发展成熟，并且我国的经济总量在世界处于前列，良好的经济环境有利于促进两产业互动融合发展。

2. 法律法规环境

法律法规环境对互动融合政策的运行有着十分重要的影响。一方面，法律法规的变化有时是突然的、难以预测的，甚至还会与现有政策产生冲突，因此，装备制造业与生产性服务业互动融合政策的运行必然受到因法律法规变化所带来的环境变化的影响；另一方面，在市场监管、金融监管、知识产权保护、信息安全、网络安全等领域，完善的法律法规能够有效约束和解决装备制造业与生产性服务业互动融合过程中各参与主体的不正当行为，为互动融合政策的协调运行提供有力支持。如果法律法规环境不够完善，参与互动融合各主体的不正当行为难以得到有效约束，则会给互动融合政策的运行带来阻力。

3. 人力资源环境

装备制造业与生产性服务业互动融合政策的运行需要大量高层次的专业化人才来支撑，其中包括与两产业互动融合相关的高端制造人才、金融从业人才、创新研发人才、高级信息化人才等。各领域的高层次人才通过对互动融合政策进行充分合理的研究和解读，加强装备制造业与生产性服务业企业在互动融合各阶段的紧密合作，在实际运行过程中合理运用互动融合政策，有利于互动融合政策的推动和运行。

4. 信息环境

开放的信息环境能够促进政府信息、竞争信息、行业内部信息等在装备制造业与生产性服务业之间的流动，使两产业能够实现一定程度的信息共享，提高信息资源的使用效率，提升互动融合政策在不同时期的信息传输能力，有利于融合政策的执行。而在相对封闭的信息环境下，两产业之间的信息不对称会导致供需错位、资源配置效率低下等，企业之间参与互动融合的积极性不高，势必影响互动融合政策的运行。此外，在互动融合政策运行的过程中，各参与主体之间依靠信息均衡、高效沟通还能够缩短企业对互动融合政策实际作用的反馈周期，更有利于互动融合政策的不断完善。

四、互动融合政策功能

两产业互动融合政策的功能就是互动融合政策在装备制造业与生产性服务业互动融合过程中的作用力和影响力，既要保障各个政策的单独功能得以实现，又要通过协调运行发挥整体作用，达到整体功能大于部分功能之和的效果。其功能主要体现在以下三个方面。

1. 维护市场公平竞争

由于历史原因，我国对于传统制造业的产业政策在较长一段时期内存在着计划经济的影子，政府过度干预使得市场竞争不充分、生产要素市场发展滞后、地方保护主义等现象时有存在。装备制造业与生产性服务业的互动融合是我国调整产业结构、提升在全球价值链上地位的重要手段，为了推动两产业互动融合的健康持续发展，互动融合政策应着眼于外部环境的建设，通过各个政策间的动态配合保障企业间的公平竞争，使市场发挥自身的调节功能。然而市场自发的调节机制也不是万能的，垄断性、外部性和信息不对称的存在使得市场也会出现失灵，这时仅依靠市场供需调节无法解决装备制造业与生产性服务业互动融合过程中出现的垄断、恶意竞争、资源浪费等问题，这就需要互动融合政策发挥调节市场的功能。不同于市场自发调节的滞后性，配合得当的互动融合政策能够及时地调整产业互动融合的发展方向，提高互动融合的层次和质量，将由市场失灵带来的影响降到最低。

2. 实现资金和资源的合理配置

如果说单一政策对于资金和资源的合理配置只能发挥引导和示范功能的话，那么在互动融合政策中，政策之间的配合将使得资金和资源的合理配置得以实现。作为我国实现在全球价值链上地位攀升的重要手段，装备制造业与生产性服务业需要实现规模化和深度化的互动融合，通过互动融合政策的财政手段发挥导向功能，不仅能够吸引更多的企业参与到互动融合之中，还能从不同方面减小互动融合企业或项目的资金压力、降低风险，从而提高金融机构、民间资本等投资主体的投资动力，逐步实现资金的合理配置。然而，投资主体的多元化加上装备制造业与生产性服务业互动融合的多样化，不可避免地会产生低效率的投资。鉴于这种情况，互动融合政策之间的高效配合能够加速资金、技术、信息在两产业之间的流动，引导闲置资源或低效投资转向效率更高、效益更好、更具发展前景的融合型产品或项目，提高资金和资源的有效利用率，实现资金和资源的合理配置。

3. 促进互动融合型技术成果转化的规模化

技术成果转化是一个复杂且漫长的过程，同时存在着巨大的风险。一方面，由于信息不对称，企业所开发出的互动融合型技术可能并不适应市场的需求，或是转化成果盈利能力较弱，难以实现规模化扩散，供需出现脱节；另一方面，技术成果转化需要长期且大量的人、财、物力资源投入，这对中小型装备制造业与生产性服务业来说是一种负担，极大地降低了技术互动融合的积极性。互动融合政策能够通过各种政策工具，直接缓解互动融合型技术成果转化中的资金危机，加速装备制造业、生产性服务业与市场之间的信息流通，减小技术成果转化规模化的阻力。

五、互动融合政策构成及政策匹配

1. 互动融合政策构成

产业政策的研究领域从纵向来看包括产业政策调查、制定、实施方法、效果评估等内容；从横向内容上来看，夏大慰和史东辉在《产业政策论》中将产业政策分为产业组织政策、产业结构政策、产业布局政策、产业技术政策等。史忠良在《产业经济学》一书中将产业政策分为产业组织政策、产业结构政策、产业布局政策、产业发展政策。苏东水（2005）在学者们的研究基础上，将产业政策划分为产业组织政策、产业结构政策、产业布局政策、产业技术政策、产业发展政策。考虑到装备制造业与生产性服务业互动融合的特点，本书采用横向内容分类法，考虑到苏东水对产业政策分类概括得更为全面，将互动融合政策按照产业组织政策、产业结构政策、产业布局政策、产业技术政策、产业发展政策进行分类和下一步的研究。

（1）互动融合产业组织政策。

对于装备制造业与生产性服务业的互动融合来说，产业组织政策是政府为促进互动融合市场有序竞争、防止出现垄断及不正当竞争而出台的一系列规划、目录、纲要及法律法规的总称。现阶段的产业组织政策应主要通过增强装备制造业与生产性服务业互动融合市场上的竞争、维护竞争环境、加强市场监管，以市场化手段调整市场上产品同质化竞争过多的情况，保证企业数量和质量处于合理范围之内。

（2）互动融合产业结构政策。

通常意义上的产业结构政策是政府通过对某些产业进行扶持、抑制某些产业发展、选择某些作为主导产业来实现一定时期内经济的增长和持续发展，对于装备制造业与生产性服务业的互动融合来说，产业结构政策的重点应通过对生产性服务业的扶持增加市场上服务的数量和质量，从供给侧角度为装备制造业提供升级动力，从而提高装备产品中服务所占的比重，使我国装备制造业与生产性服务业从劳动力、资本密集型转向资本、技术密集型产业发展。

（3）互动融合产业布局政策。

产业布局政策是政府根据一定时期内经济社会发展任务，综合产业特点、国情国力以及各区域的资源要素禀赋，对某些重要产业进行空间分布的引导和政策的调整。为了促进装备制造业与生产性服务业的互动融合，政府应结合各区域的区位优势和比较优势，建立差异化的布局，引导区域之间装备制造业与生产性服务业产业分布状况以使资源配置更加合理。

（4）互动融合产业技术政策。

产业技术政策包括两方面：一是装备制造业与生产性服务业互动融合技术支持，二是装备制造业与生产性服务业互动融合科技环境支持。装备制造业与生产性服务业互动融合技术支持是为了促进两产业融合发展所采取的特定的、具有指导性和偏好性的技术装备鼓励或选择，仅针对促进互动融合发展层面而言；科技环境支持是国家为实现一定历史时期的科技任务而规定的基本行动准则，确定科技事业发展方向，指导整个科技事业的战略和策略原则，能够为装备制造业与生产性服务业互动融合提供国家层面的支持。

（5）互动融合产业发展政策。

产业发展政策包含产业税收政策、产业投融资政策及产业环保政策等。税收政策是根据政府在一段时期内经济、政治、社会发展的需要而制定的，旨在减轻装备制造业与生产性服务业企业互动融合负担，对于装备制造业与生产性服务业来说是具有明显的激励性的政策，有利于加快两产业互动融合发展的进程。投融资政策包含财政投入、商业性金融支持和政策性金融支持以及其他形式的融资支持，其中商业性金融支持与政策性金融支持并不冲突。由于要考虑风险因素，商业性金融支持难以实施的措施，可以由政策性金融支持弥补空白，政策性金融支持也可以通过对商业性金融支持的引导，加大对装备制造业与生产性服务业企业互动融合的信贷支持力度。环保政策旨在促进装备制造业与生产性服务业的互动融合实现节能、绿色发展，政策主要作用范围包括发展环保型装备制造业与生产性服务业、对装备制造业企业进行环保设备升级、引导提供环保服务的生产性服务业企业尽快参与到装备制造业生产流程中等，实现节约型、友好型社会发展模式。

装备制造业与生产性服务业互动融合政策构成情况如图 3-4 所示。

在装备制造业与生产性服务业互动融合政策中，每项政策都具有其独立的功能和作用，每项政策都能够从不同层面促进装备制造业与生产性服务业互动融合发展，与此同时它们又是一个统一的有机整体，共同保障装备制造业与生产性服务业互动融合发展。政府在实施对互动融合发展的促进政策时，往往实施的不是单一政策，而是通过应用一系列政策的组合来实现政策目标。为了避免不同类型、不同功能、不同层次的政策在运用的过程中发生冲突，实现政策组合的合理实施，需要针对不同政策进行具体内容设计。根据前文分析，本书构建的装备制造业与生产性服务业互动融合政策包括两产业互动融合产业组织政策、产业结构政策、产业布局政策、产业发展政策，为下文对装备制造业与生产性服务业互动融合政策设计奠定基础。

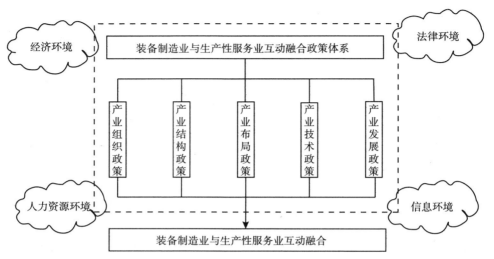

图3-4 装备制造业与生产性服务业互动融合政策构成

2. 互动融合政策匹配

装备制造业与生产性服务业互动融合政策的最终效果在于能够有效促进两产业互动融合发展，为了更好地发挥政策实施作用，应该考虑以下两个方面内容：一方面是构建完整的政策体系，全方位推动两产业互动融合发展；另一方面是政策之间的协同统一、合理组合，依靠政策组合实现政策的最优效果。在装备制造业与生产性服务业互动融合发展的过程中，实现产业组织政策、产业结构政策、产业布局政策、产业技术政策、产业发展政策的组合运用，对互动融合发展的速度、规模及遇到的问题进行调节。

在装备制造业与生产性服务业互动融合发展过程中，政府通常需要综合运用产业组织政策、产业结构政策、产业布局政策、产业技术政策、产业发展政策等来调节互动融合发展的方向及速度。当出现互动融合动力不足时，政府需要运用上述政策组合来激发互动融合的动力，进而促进装备制造业与生产性服务业互动融合能力的提升；当两产业互动融合的发展与经济社会发展不协调，甚至危及互动融合发展资源的合理配置及产业结构的合理布局时，政府则会运用以产业结构政策和产业布局政策为主、其他政策为辅的政策组合，控制发展的不良势头，引导装备制造业与生产性服务业进行良性的互动融合。

互动融合政策体系与单独政策相比，其优势表现在可以根据装备制造业与生产性服务业互动融合的不同层次和进度，通过改变互动融合政策的实施力度以达到调整互动融合方向、增加互动融合动力的目的。只有通过各政策之间紧密、协调的配合，才能够实现资金、技术、信息等资源的优化配置，才能更好地对装备制造业与生产性服务业的互动融合起到推动作用。因此，互动融合政策之间的匹配关系，需要在装备制造业与生产性服务业互动融合过程中进行分析。在装备制造业与生产性服务业互动融合的不同阶段，选择不同的政策组合方式，可以保证互动融合政策发挥出最大效用。围绕产业组织政策、产业结构政策、产业布局政策、产业技术政策、产业发展政策对装备制造业与生产性服务业互动融合发展促进的政策功能和作用范围，对各政策之间的匹配进行分析，如图 3-5 所示。

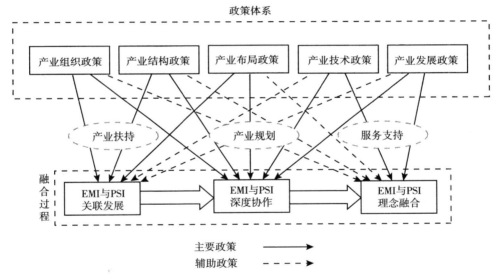

图 3-5　装备制造业与生产性服务业互动融合政策匹配关系

（1）关联发展时期的政策匹配。

装备制造业与生产性服务业互动融合的关联发展时期，产业组织政策、产业结构政策、产业布局政策起到至关重要的作用。产业组织政策、产业结构政策、产业布局政策与自由竞争并不是对立的，例如，尽管美国称其一贯坚持放任自由的市场经济，但是从美国的发展历史来看，相关的产业政策却一直积极存在，具体表现在对中小企业发展的风险投资、对规模经济的引导以及对并购重组等活动的支持（周建军，2017）。参考发达国家的经验，在装备制造业与生产性服务业关联发展时期，互动融合政策应以产业组织政策、产业结构政

63

策、产业布局政策为主，营造两产业互动融合发展的合理竞争环境，引领两产业的发展方向，平衡两产业发展的区域关系等。以产业技术政策和产业发展政策为辅是因为，处于关联发展时期的装备制造业与生产性服务业对融合型技术水平要求并不高，并且互动融合初期的管理发展正处于试探性的互动融合行为，所以产业技术政策与产业发展政策只需提供基础的技术、资金支持即可达到目标。

（2）深度协作时期的政策匹配。

装备制造业与生产性服务业发展到深度协作阶段时，双方表现出强烈的依赖性，两产业间由契约制向企业间的动态联盟方向转变，稳固的动态联盟需要依靠参与其中的企业之间充分的信任作为支撑，这对双方提出了挑战。一方面，如果只是通过政府政策为互动融合双方提供支持，那么政府对于动态联盟的"输血"作用效果是不稳固的，此时还必须依靠互动融合型技术成果转化并承接政府关于装备制造业与生产性服务业互动融合的项目等自主"造血"才能获得持续的发展。另一方面，政府可以通过建设联盟合作网站、建立技术成果展示平台、鼓励互动融合型技术成果转化、建立中试基地等方式，为动态联盟的发展提供支持。在这一阶段，互动融合政策以产业组织政策、产业结构政策、产业布局政策、产业技术政策、产业发展政策为主。处于深度协作的装备制造业与生产性服务业正处于互动融合的最关键时期，也是发展最为艰难的时期。此时两产业互动融合已经从关联转向深度协作，在此过程中会遇到如互动融合型产品市场竞争垄断、互动融合产业发展结构优化改进方向、互动融合产业未来发展区域选择、互动融合技术瓶颈、互动融合资金不足等一系列问题，就需要各项政策相互协调、共同作用，引领装备制造业与生产性服务业互动融合顺畅发展，为实现理念融合奠定坚实基础。

（3）理念融合时期的政策匹配。

装备制造业与生产性服务业到达理念融合阶段时，装备制造业企业便完成了由单纯提供产品向产品制造服务一体化的转变，价值增值点主要围绕产品生命周期进行展开，其中包括产品定制、制造、跟踪、售后等服务，甚至还可以提供承担中小客户的投融资业务，从而形成服务型制造网络（孙林岩，2009）。在这一阶段，企业通常具有较大的规模、专业的团队、完善的售后以及较强的资信水平，对融合技术水平和资金量要求很高。因此互动融合政策的重点应放在提高两产业互动融合的科学技术环境、互动融合技术水平以及如何发挥金融政策的作用，为互动融合型企业优化风险管理系统、发展对中小客户的信贷业务等提供支持，形成风险共担。此阶段以装备制造业与生产性服务业互动融合产业技术政策、产业发展政策为主，以产业组织政策、产业结构政策、产业布局政策为辅，增强两产业互动融合的政策匹配效果。

第三节　互动融合政策作用机理

通过对装备制造业与生产性服务业互动融合政策的构成分析，两产业互动融合的政策可以划分为互动融合产业组织政策、互动融合产业结构政策、互动融合产业布局政策、互动融合产业技术政策、互动融合产业发展政策。装备制造业是技术密集与资金密集型的产业，生产性服务业同样具有知识密集与技术密集的特性，对于装备制造业与生产性服务业互动融合发展而言，进行两产业之间的发展是复杂的，并且需要投入的资金量非常大。在这种情况下，精准的两产业互动融合政策是非常有必要的。为有效地提升互动融合政策的效率，需要对互动融合政策的作用机理进行研究。互动融合政策中每类政策的作用点都是不同的，本书对互动融合政策中包含的每一类政策的作用机理进行逐一分析，但需要指出的是，在现实情况下两产业互动融合政策不是某类政策单独作用，而是通过各政策的有机组合共同对互动融合的发展进行作用，促进两产业向着互动融合发展。

一、互动融合产业组织政策作用机理

第一，互动融合产业组织政策可以有效调节市场竞争程度。从世界各国现有产业组织政策的经验来看，产业组织政策主要可分为鼓励竞争并限制垄断、限制过度竞争两大类，这两类产业组织政策取向不同，看似矛盾，但实际上是可以兼容的。在装备制造业与生产性服务业互动融合过程中，可能会在某一行业产生市场垄断，例如，某一生产性服务业企业通过自身拥有的先进技术，垄断了装备制造业生产制造价值链上的某个环节，使其他生产性服务业企业难以参与其中，行业间的竞争减少甚至消失，不利于整个互动融合市场的发展。互动融合产业组织政策可以通过对市场进行动态监测、依法分割垄断企业及垄断市场、完善互动融合市场进入审查制度等手段，根据一定时期内我国经济社会发展的需要，调节市场集中度，进而调节互动融合市场竞争程度。第二，互动融合产业组织政策能够对市场上各主体的市场行为进行监督，从而控制市场行为。在装备制造业与生产性服务业互动融合市场竞争的过程中，会出现大型装备制造业企业对小企业实施的恶意兼并、生产性服务业企业联合哄抬服务价格，以及向政府部门行贿等不正当竞争行为以换取非正常支持，不利于参与装备制造业与生产性服务业互动融合的各方参与主体进行公平竞争。在此情况下，应更好地发挥政府作用，对不正当市场竞争的装备制造业与生产性服务业企业实施行政处罚，对市场上装备产品及服务的价格进行调查和监督，加大市场监督部门对于互动融合市场的监管力度，提高互动融合市场信息传输能力以及透明度，从而规范互动融合市场主体行为。第三，互动融合产业组织政策能够通过适当的干预和引导，直接改善市场上不合理的资源配置。由于装备制造业与生产性服务业互动融合处于不断发展的动态过程，在初期阶段市场上，无论是对两产业互动融合的经验、技术还是产品都很少。由于装备制造业与生产性服务业互动融合需要企业进行大量的研发和探索，因此互动融合所需的资金、技术及人力资源等成本极高。然而由于知识技术的非排他性，其他企业能够以极小的成本获得率先实施互动融合企业所总结的融合经验或技术，在市场竞争中同样能获得优势，这种投入与产出的不匹配仅依靠市场难以调节，产业组织政策可以通过财政支持以及资金投入等方式，抵消一部分互动融合所产生的风险，引导装备制造业与生产性服务业参与互动融合。

二、互动融合产业结构政策作用机理

政府为促进经济增长，对产业结构的调整和优化制定的相关政策是产业结构政策的主导内容。装备制造业与生产性服务业互动融合产业结构政策致力于对两产业互动融合中装备制造业和生产性服务业间的结构进行调整和优化，实现促进两产业互动融合发展的政策作用。对于两产业互动融合的产业结构政策主要包括两方面内容，一方面是两产业互动融合的结构合理化，另一方面是两产业互动融合的结构高度化。在传统经济与现代经济的对比中发现，传统经济的技术基础低、专业化分工程度低，而现代经济则体现的是产业结构变动速率快、各行业分工程度高、专业化水平高以及社会基础技术的飞速发展。装备制造业与生产性服务业互动融合是在现代经济基础上形成的产业结构变动，并且存在着互动融合的结构合理化与高度化发展的需求。两产业互动融合结构合理化是两产业互动结构高度化的基础，而两产业互动结构的高度化又是两产业互动融合结构合理化的表现，互动融合结构的合理化与高度化呈现出相互影响、共同发展的态势。

两产业的结构合理化体现为两产业自身的发展程度能够满足另一方的需求，形成匹配的互动融合基础。由于装备制造业产业发展程度不高或者由于生产性服务业产业专业化程度低引起的不能满足对方产业对两产业互动融合发展要求的问题，便属于两产业互动融合中的组织结构不合理问题。目前，我国生产性服务业的发展与装备制造业的发展还存在一定的差距，并且由于外部性、公共产品和规模经济现象，生产性服务业很难在自由放任的市场机制中进行

"超速"发展，以匹配知识、技术、资金密集型的装备制造业，此时需要政府对生产性服务业实施保护政策、扶持政策等，通过政府力量改变现实产业资源的配置，促进生产性服务业专业化发展，实现两产业间的结构合理化。

两产业互动融合的产业结构高度化指两产业互动融合发展向技术知识密集、资金密集比重的演进。在两产业互动融合过程中，装备制造业本身就是知识、技术密集型及资金密集型的产业，而往往又是由于其对生产性服务业的需求促使两产业互动融合，其在两产业互动融合结构高度化发展中也同样发挥着重要作用。关于生产性服务业对两产业互动融合结构高度化的作用，主要体现为其自身拥有的知识、技术的高端化，但在两产业互动融合中，即使生产性服务业已经形成高端化发展，但是装备制造业的需求不足，同样无法实现两产业互动融合结构高度化。因此，对于两产业结构高度化的关键在于促进装备制造业高端化发展，从而形成更多的高端需求，引领两产业互动融合结构高度化发展。在没有政府参与的自由市场中，由于装备制造业本身就是知识、技术密集型的产业，在发展过程中很容易受到区域或者他国的技术封锁或者研发风险高等问题的限制，那么在其高度化发展的过程中，此种现象会更加突出。通过政府对装备制造业的区域发展保护、财政直接投入、降低税收、推动产学研共同技术研发等，可以实现两产业互动融合结构的高度化发展。

此外，技术创新是两产业互动融合结构合理化与高度化的物质基础与动力。由于技术创新是两产业互动融合技术政策的作用范畴，因此关于互动融合技术政策实现技术创新的作用机理，将会在后文两产业互动融合技术政策作用机理中进行重点分析。

三、互动融合产业布局政策作用机理

产业布局政策通常是政府通过对技术特性、区域综合条件以及国情国力需求分析，对产业进行合理的、科学的空间分布的相关措施。装备制造业与生产性服务业互动融合产业布局政策指根据我国的实际情况，对两产业互动融合发展区域的合理规划和对两产业互动融合集聚进行的科学调整等。在完全自由竞争的市场机制作用下，两产业互动融合的发展会选择经济发达、交通便利的区域，这样形成了装备制造业与生产性服务业的产业集聚。两产业的集聚给两产业互动融合带来了更多的融合机遇、更低的交易成本等，但由于自由市场机制的作用，两产业的集聚造成了资源过度的集聚，使得集聚区域内两产业互动融合容易造成资源损失与浪费，不能最大限度地实现资源的合理配置，同时还会产生社会矛盾、环境污染等问题。另外，由于装备制造业的特殊性，其作为为国民经济提供技术装备的制造业，肩负着实现工业化、提高我国综合国力的任务，其发展的影响力巨大，并且其还是制造国防装备的制造业，直接关系到我国的国家安全，因此对其与生产性互动融合发展的区域选择和集聚的调整更应进行科学、合理的规划。

政府通过对两产业互动融合集聚度高的区域实行限制进入政策，缓解两产业的资源浪费问题，并且可以通过国家直接投资的方式，选择我国中、西部地区作为发展区域，发展交通、通信、能源的基础设施，对重点地区实行税收减免等经济政策，引导两产业互动融合集聚过度的区域向我国中、西部地区转移。通过两产业集聚与转移的合理规划，为互动融合提供更多的发展空间，促进两产业互动融合发展。

四、互动融合产业技术政策作用机理

产业技术政策作为产业政策的重要组成部分，具有决定性的作用。本书通过总结发达国家的产业技术政策发现，各国的产业技术政策主要通过两个方面对产业发展发挥作用。一是根据国家经济社会发展的目标规划，制定与之配套的技术发展目标及规划，通常的发展目标及规划包括实现制定相关技术的标准、一定时期内发展的技术所应达到的目标、重点引导和发展的技术目录清单以及限期淘汰的落后技术目录清单，通过给予市场较为明确的方向，引导市场资源流向引导发展的技术相关产业；二是促进技术发展的相关政策，主要涵盖技术引进、技术创新、技术扩散以及技术开发扶持四个方面，其中技术引进政策还应加以延伸，促进技术的消化和再吸收，真正实现产业技术的进步。

一方面，装备制造业属于技术、资本密集型产业，生产性服务业同样对知识和人才具有很高的要求，两产业进行互动融合技术开发以及技术成果转化需要长期大量的资金、人员等方面的投入。并且由于技术研发及成果转化的周期较长，在研发过程中，市场对于融合型产品的需求很有可能会发生变化，因此装备制造业与生产性服务业互动融合技术研发及技术成果转化在面临着研发风险的同时还存在着强烈的市场前景的不确定性。对于以营利为目的的市场企业来说，即便率先进行互动融合并积极进行融合技术研发等活动所获得的比较优势能够使其在激烈的市场竞争中获得利益，但是总体来说无论是进行技术研发创新还是技术成果转化，其成本、风险及收益都是不对称的。除此之外，我国长期以来形成的"重模仿、轻创新"的观念也是制约装备制造业与生产性服务业技术创新及研发的重要因素之一，技术成果一旦被开发出来就不可避免地具有了公共产品的性质，不仅易于被模仿，而且技术模仿成本远低于创新。多种因素导致了装备制造业与生产性服务业企业对互动融合的意愿不强、融合技术研发积极性不高、融合技术成果转化效率较低。在此类市场情况下，通过实施专利保护政策能够使真正具有竞争力的互动融合技术得到法律层面的保护，对于其他装备制造业企业的侵权行为进行法律责任追究，维护互动融合知识产权所有企业的利益，抑制互动融合市场中技术模仿的风气；通过实施基础研究支持政策，可以从根本上提高我国技术发展水平，从而帮助装备制造业与生产性服务业突破融合技术瓶颈，为两产业互动融合提供持续动力。

另一方面，现代经济的发展和进步以及国家在全球价值链上的地位赶超，越来越依赖于持续、快速、规模化的技术进步和创新，虽然在市场竞争中市场供求机制、市场价格机制以及市场竞争机制能够对装备制造业与生产性服务业互动融合市场的技术进步及创新进行调节，使互动融合市场上大部分企业逐步参与到技术创新研发活动中来，但是由于市场本身的限制，参与率的提高并不代表在互动融合市场中技术开发领域实现了资源的最优配置。相较于政府所掌握的信息，处于互动融合市场中的装备制造业与生产性服务业企业利用自身所掌握的信息对于整个市场的判断往往是有失准确的，仅依靠市场机制对企业的技术研发创新活动进行调节难免会出现技术研发投资不足或重复性的技术研发等资源配置失衡的情况。政府通过实施产业技术政策，能够根据互动融合市场上装备制造业与生产性服务业互动融合企业的发展状况进行统计和综合评判，对其所面临的共性技术障碍进行集中研发和解决；能够运用公共资源及国家科研力量为装备制造业与生产性服务业互动融合提供技术支持，减轻企业单独研发的压力；能够使市场上的资源要素流动起来，增强装备制造业与生产性服务业企业所处的互动融合市场的活力。

各国实践已经证明，合理的、积极的、符合社会经济发展需要的产业技术政策能够为产业结构调整带来持续的推动作用，产业技术政策运用得当与产业结构实现高度化有直接的正向作用。美国、日本等技术领先的国家依然在加快实施产业技术政策、引导国内技术发展和进步，这对于我国运用产业技术政策引导装备制造业与生产性服务业互动融合具有较强的借鉴作用。

五、互动融合产业发展政策作用机理

由前文分析可知，两产业互动融合产业发展政策包括投资政策、融资政策、税收政策以及环保政策等。本书主要对两产业互动融合的投资政策作用机理进行分析。装备制造业与生产性服务业互动融合产业投资政策主要体现在政府投入上，假设装备制造业与生产性服务业企业的合作为 E，对于一项新的合作项目，总体投资为 T，企业投资为 N，其中固定资产投资为 D，则可以认为这个新项目的价值模型满足几何布朗运动且满足：

$$dN = \lambda N du + \eta N dv \qquad (3-8)$$

其中，λ 为投资收益率的期望值，η 为价值波动率，dv 为标准维纳增量，则在不确定条件下，企业的投资收益为

$$F(N) = \max W\left[(N-D)e^{-\gamma t}\right] \qquad (3-9)$$

其中，γ 为贴现率，满足 $\gamma \geqslant \lambda$。

当 $N=0$ 时，$F(N)=0$，此时最大投资收益为 $F(N^*)=N^*-D$，且有 $F'(N^*)=1$。

当 $\eta > 0$ 时，可得

$$\gamma F du = W dF \qquad (3-10)$$

又有

$$dF = F'(N)dN + \frac{1}{2}F''(N)(dN)^2 \qquad (3-11)$$

整理式（3-8）和式（3-11）得

$$WdF = \lambda N F'(N)du + \frac{1}{2}\eta^2 N^2 F''(N)du \qquad (3-12)$$

结合式（3-12）可推出

$$\frac{1}{2}\eta^2 N^2 F''(N) - \lambda N F'(N) - rF = 0 \qquad (3-13)$$

设 $F(N)=kN^l$，k 与 l 为待定系数，代入式（3-13）中得

$$\frac{1}{2}\eta^2 l(l-1) + \lambda l - r = 0 \qquad (3-14)$$

对式（3-14）进行求解，得其两个解分别为

$$\begin{cases} l1 = \dfrac{1}{2} - \dfrac{\lambda}{\eta^2} + \sqrt{\left(\dfrac{1}{2} - \dfrac{\lambda}{\eta^2}\right)^2 + \dfrac{2\gamma}{\eta^2}} \\[4mm] l2 = \dfrac{1}{2} - \dfrac{\lambda}{\eta^2} - \sqrt{\left(\dfrac{1}{2} - \dfrac{\lambda}{\eta^2}\right)^2 - \dfrac{2\gamma}{\eta^2}} \end{cases} \qquad (3-15)$$

其中，$l1>1$，$l2<0$。因为 $F(0)=0$，所以 $l2$ 不符合要求，因此 $l=l1$。则可令 $F(N)=k1N^{l1}$，分别代入 $F(N^*)=N^*-D$ 和 $F'(N^*)=1$ 中得

$$\begin{cases} k1N^{l1} = N-D \\ k1l1N^{l1-1} = 1 \end{cases} \qquad (3-16)$$

解得

$$N^* = \frac{l1}{l1-1}D$$

$$k1 = \frac{N^*-D}{N^{*L}}$$

由以上可知，当装备制造业与生产性服务业共同新项目的总体投资量 T 大于 N^* 时，说明私人参与了投资，导致新项目的实际投资量大于所需要投资量，

边际收益开始递减。当 $\eta=0$ 时，说明政府参与了项目的投资，这时的投资环境相对平稳，设 t 为时间，有

$$T(t)=T(0)e^{\lambda t} \qquad\qquad (3\text{-}17)$$

在此时，投资模型可以表示为

$$F(T)=(Te^{\lambda t}-D)\,e^{-\gamma T} \qquad\qquad (3\text{-}18)$$

由以上可知，当 $\lambda<0$ 时，总体投资量 T 关于 t 递减，如果存在 $T>D$，则此时私人投资仍然能获利。由于上文设 $\lambda<\gamma$，则当 $0<\lambda<\gamma$ 时，总体投资量 T 关于 t 递增，且 $F(T)>0$。此时企业投资收益最高点满足 $T^{*}=\dfrac{\gamma}{\gamma-\lambda}T>T$，说明对于此项目仍存在投资空间，此时私人投资仍能从中获利。因此，由上述证明可知，当政府对装备制造业与生产性服务业互动融合某一项目或企业进行财政投入时，能够吸引更多的私人投资。

本章小结

　　本章在界定相关概念的基础上，分析装备制造业与生产性服务业互动融合过程及互动融合条件；对政府与市场的关系、政府与两产业互动融合的关系进行分析，在此基础上揭示政府对两产业互动融合的作用方式；对两产业互动融合政策的基础进行分析，包括互动融合政策内涵、目标、环境、功能、构成及匹配关系，进而揭示了互动融合政策的作用机理。

第四章

装备制造业与生产性服务业互动融合动力机制

第一节　互动融合动力源分析

一、互动融合动力机制特征与功能

两产业互动融合动力机制指互动融合动力源以及动力源之间的相互作用，进而推动两产业互动融合运行的总和。

装备制造业与生产性服务业互动融合动力机制具有目的性特征，目的是一切事物存在和发展的依据，装备制造业与生产性服务业互动融合目标明确，互动融合动力机制为实现目标在各动力源作用下产生强大的动力，保证两产业互动融合的运行；两产业互动融合动力机制具有整体性特征，互动融合动力机制以互动融合中的各要素为动力实施对象，通过各动力源的作用，形成互动融合的整体动力，共同推动互动融合的发展；互动融合动力机制具有明显的整体性。

两产业互动融合动力机制应具备长效的驱动功能。互动融合动力机制以实现两产业互动融合目标为基础，互动融合中各动力源提供动力支持，对两产业互动融合起驱动作用。由于两产业互动融合并不是一天或者两天的短暂行为，而是要经过数月甚至是数年的长期行为，因此互动融合的动力机制应该具有长效的动力作用，以保障互动融合拥有持续的动力。

二、互动融合动力源的提出

1. 产业融合动力源分析

对于产业融合动力源的研究，国内外学者存在着不同的看法。王锰和郑建明（2015）从信息服务业的角度切入，对制造业与生产性服务业的动力机制进行了理论分析，认为信息技术的应用和推广是推动产业融合的关键因素之一，应在技术引进、消化和吸收的基础上，不断进行技术发展和技术创新，对产业融合起持续的推动作用。汪芳和潘毛毛（2015）利用投入产出法和面板数据回归方法进行实证研究，发现技术密集行业比劳动、资本密集行业更容易实现互动融合，技术作为产业融合的动力之一在其中发挥着重要的推动作用。Cohen和Zysman（1988）认为，制造业的发展对于生产性服务业的带动作用十分显著，如果没有制造业的需求，生产性服务业的市场需求拉动力则会变得极其有限。Cetindamar和Carlsson（1999）指出，随着分工的细化以及市场需求的变化，制造业的生产过程会被分解成许多节点，越来越多的中间过程从中分离出来，产生了大量需求，而能够满足制造业这些需求的就是生产性服务业。盛龙和陆根尧（2013）通过线性回归模型检验了制造业需求对于生产性服务业的影响，结果显示制造业的集聚和需求能够促进生产性服务业实现产业集聚，进而促进两产业之间实现互动发展。王小波（2016）对制造业与生产性服务业低水平融合的原因进行分析，发现过度的政府规制和行政垄断会抑制生产性服务业的发展，制约生产性服务业的有效供给，不利于制造业与生产性服务业进一步融合。赵钰和张士引（2015）对产业融合的动因进行了分析，发现政府规制、技术创新和扩散、商业模式等均能够对产业间的互动融合起推动作用，并且单一动力对产业融合所起到的作用有限，产业融合是多因素动力作用的结果。楚明钦（2016）也持多因素动力作用观点，他认为装备制造业与生产性服务业融合的动因主要包括技术进步、规制放松以及相关需求驱动等。综合上述学者们的观点，目前国内外学者对于产业融合动力的分析可总结如表4-1所示。

表4-1　产业融合动力源研究汇总

动力模式	动力因素	代表人物及时间	代表观点
单源模式	技术进步	王锰和郑建明（2015）、汪芳和潘毛毛（2015）	技术的应用和推广能够对产业融合产生持续的推动作用
	需求拉动	Cohen和Zysman（1988）、Cetindamar和Carlsson（1999）、盛龙和陆根尧（2013）	制造业的发展能够带来大量的中间需求，而生产性服务业能够满足这些需求，从而促进两产业的融合。市场对融合型产品的需求推动互动融合发展
	政府规制	王小波（2016）	过度的政府规制会抑制产业融合，政府应放开管制，增加产业融合动力

续表

动力模式	动力因素	代表人物及时间	代表观点
多源模式	政府规制、技术创新和扩散、商业模式、相关需求推动	赵钰和张士引（2015）、楚明钦（2016）	单一因素对于产业融合的推动作用有限，产业间的融合发展是多因素推动的结果

2. 互动融合动力源理论基础

（1）竞争优势理论。

迈克尔·波特在其竞争优势理论中指出，企业若想在市场竞争中降低成本、获得持续性优势，技术在其中起着重要作用。对于装备制造业与生产性服务业来说，由于行业间分工以及所掌握的技术不同，生产性服务业能够满足装备制造业生产制造各个环节对服务的需求，相比装备制造业企业自身完成这些服务环节，与生产性服务业进行互动融合能够降低生产成本，从而提高竞争优势。此外，技术的发展还能够模糊行业间的界限，加速产业之间的互动融合。例如，随着信息技术的变革，信息服务业越来越多地参与到装备制造业的生产过程中，这使得供应链优化、订单跟踪管理、定制化生产制造成为装备制造业提升自身产品装备附加值的重要途径，促进了两产业的互动融合。

（2）消费需求理论。

通过消费需求理论可知，市场上的企业要想获得持续经营，必须通过满足消费者的需求来实现。随着社会生产力的逐步提高，消费需求结构日趋多样化、高级化，这已经成为不可扭转的趋势。根据《装备制造业蓝皮书：中国装备制造业发展报告（2016）》可知，我国装备制造业各行业均出现了不同程度供需错位、产能过剩等一系列结构性失衡问题，因此我国装备制造业需要不断提高自身装备产品附加值才能满足市场需要。由于生产性服务业是为生产制造的过程服务的，装备制造业的产品升级和技术升级必然带动知识、技术密集型生产性服务业需求的增加，因此为两产业互动融合提供了源源不断的动力。

（3）"经济人"假设。

"经济人"假设最早由亚当·斯密在其著作《国富论》中提出，他认为，人的一切行为及活动的根源都是为了最大限度地满足自身利益，工作就是为了获取报酬。将这种假设推广到企业中来看，企业的根本目的是盈利，趋利避害是企业的本能，企业所有的决策、行为、战略、发展方向等都是为了在市场竞争中获得最大的经济利益。对于两产业的相关企业来说，互动融合发展能够使装备制造业降低生产成本、提高产品附加值，使生产性服务业在此过程中不断进行行业细分、实现专业化发展。因此，从两产业相关企业的角度来说，为了追求更多的经济利益以及更大的发展空间，互动融合发展是必然选择。

通过以上国内外学者对于产业融合动力的研究及相关理论分析，可以总结出装备制造业与生产性服务业互动融合的动力源大致可分为政府推动、技术支撑、需求拉动以及企业带动四类，下文将对这四类动力源进行进一步的分析。

三、互动融合动力源的分类

1. 政府推动力

装备制造业与生产性服务业之间存在着进入壁垒，这使得两产业间存在着各自的边界，难以进行融合，而形成进入壁垒的主要原因在于政府的经济性规制。政府经济规制的放松，可以直接降低进入壁垒。政府规制放松并不仅仅是减少或者消除规制，而是减少或者消除不利于产业发展的规制，在此基础上还要增加激励机制，促使规制合理化。目前生产性服务业在我国受到的政府规制较多，直接影响生产性服务业进入市场的机会，影响着市场结构及竞争程度。政府规制放松有利于生产性服务业与装备制造业在价值链上互相作用、彼此配合，为装备制造业与生产性服务业互动融合提供运行动力。此外，在装备制造业与生产性服务业互动融合过程中，政府的引导力与控制力也是十分重要的，政府可以通过制度、资金、信息等多方面对互动融合进行引导与支持，政府推动成为推动两产业互动融合发展的重要动力。

2. 技术支撑力

（1）技术差异影响。

装备制造业是技术密集型行业，在其生产过程中对技术和知识要素的依赖远远超过其他行业。生产性服务业同样属于技术密集型行业，拥有强大技术作为支撑，专业性极强。在装备制造业研发、设计阶段，由于两产业间存在技术差异，生产性服务业可以嵌入装备制造业研发环节推动两产业的互动融合发展。在价值链其他环节，例如管理环节、物流环节、销售环节、售后环节等，技术差异同样影响两产业的选择，进而促进互动融合的发展。

（2）技术发展推动。

科技进步是产业进行技术创新的信息基础，也是最根本的驱动力。一方面，电子技术的发展、网络通信技术的实现，进一步促进了产业内的技术创新，降低了数据、技术等在传导和扩散中的难度，增强了产业间彼此沟通的频率，减少了装备制造业与生产性服务业沟通成本。另一方面，装备制造业与生产性服务业都是以技术作为支撑的产业，装备制造业与生产性服务业通过技术创新开发出替代或关联的技术及产品，改变了制造的技术路线、降低了生产成本；技术创新为互动融合的运行提供直接推动力，并且技术创新在两产业中的扩散推动了技术融合，技术融合促进了通用技术平台的产生，使得原有装备制造业与生产性服务业的技术边界逐渐变得模糊，推动互动融合发展。

3. 需求拉动力

Gebauer 等（2010）通过研究发现，制造企业与服务业的融合即制造业企业提供服务业务，在多数情况下是受到市场环境因素变化推动而发生的变革行为。装备制造行业为市场提供的产品品种相对单一，行业内容易出现产品同质化问题，导致市场竞争加剧。同时，装备制造业产品往往使用周期较长，造成了市场竞争进一步加剧的现象，这使得装备制造业受到前所未有的冲击。装备制造业企业选择与生产性服务业企业互动融合，进而丰富装备产品的内容，改善装备产品同质化，扩大市场规模，增加装备产品收益。

4. 企业带动力

（1）高层领导者决策支撑。

无论是制造业还是生产性服务业，在发展过程中都会面临是自己发展还是与他人合作的抉择。高层领导者处于企业的领导地位，在装备制造业与生产性服务业互动融合中同样处于核心位置。装备制造业与生产性服务业互动融合发展需要装备制造业对原有生产方式进行改变，甚至可能会改变原有的发展战略。高层领导者需要敏锐的洞察力发现并且认可两产业互动融合发展的价值，再进行互动融合发展的决策，从而推动装备制造业与生产性服务业两产业互动融合发展。

（2）收益动力。

对于企业而言，收益不但包括获取财物收益，还包括企业竞争优势的增加。现代产品差异微乎其微，服务是产品体现差异化、为产品增加附加价值的重要途径。互动融合发展可以有效增强产品差异化，扩大市场规模，直接增加企业的财务收益；生产性服务业通过渗透到装备制造业生产过程中的多个环节，如研发、销售、运输、售后等，可以控制装备制造业生产成本，提升生产效率，提升装备制造业产业竞争能力，同时满足生产性服务业发展的需求。通过服务获得的竞争优势更具持久性、不可见性，从而达到更难以模仿和复制的效果。收益动力促进装备制造业与生产性服务业相互作用、彼此互动，为互动融合发展提供动力支持。

第二节 互动融合动力模型

一、互动融合动力模型构建

技术的发展不但直接推动两产业互动融合，还通过改变制造的技术路线、降低产品的生产成本、增加财务收益间接推动两产业互动融合发展。一方面，装备制造业与生产性服务业由于存在技术差异，高层管理者为弥补装备制造业的不足、获取更多生产性服务业专业服务或者生产性服务企业高层决策者为获取更多的发展机遇，将会增强高层管理者对互动融合的支持决策；另一方面，装备制造业与生产性服务业相关的支持性政策越多，高层管理者对互动融合发展的期望越高，越容易对装备制造业与生产性服务业互动融合发展持支持态度，即技术差异影响与政策推动通过对决策起支撑作用而为互动融合提供间接动力。通过对互动融合动力的研究，本书对互动融合动力从政府推动力、技术支撑力、需求拉动力、企业带动力及间接动力等方面，提出 9 项假设：

H1：技术差异（TD）为互动融合（IF）提供动力。

H2：技术发展（TDL）为互动融合（IF）提供动力。

H3：市场环境（ME）为互动融合（IF）提供动力。

H4：经济规制放松的政策环境（PE）为互动融合（IF）提供动力。

H5：高层管理者的决策（DP）为互动融合（IF）提供动力。

H6：收益的增加（FG）为互动融合（IF）提供动力。

H7：技术发展（TDL）通过对收益动力（FG）作用提供间接动力。

H8：技术差异（TD）通过对决策动力（DP）作用提供间接动力。

H9：政策推动（PE）通过对决策动力（DP）作用提供间接动力。

在借鉴国内外相关文献的基础上，通过对装备制造业与生产性服务业互动融合动力分析，本书构建装备制造业与生产性服务业互动融合动力理论模型，如图 4-1 所示，图中每一条连接线代表"H1"到"H9"的每项假设，"+"代表正向驱动。

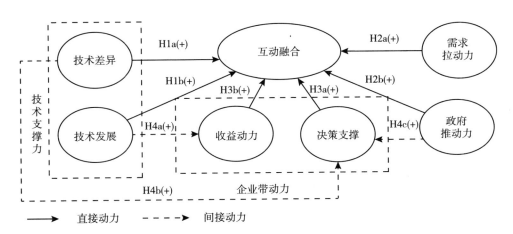

图 4-1　互动融合动力理论模型

二、互动融合动力模型检验

1. 方法选择

两产业互动融合动力模型中，各动力对互动融合发展都存在作用，且动力之间还存在相互作用关系，互动融合理论模型中除包含一部分可观测的显变量以外，还包含着大量的不可直接观测的潜变量。SEM 在分析时可以考虑并处理多个因变量，而且对某一个因变量计算时，可以忽略其他因变量的存在对结果的影响。SEM 在测量中既包含可观测的显变量，也可以包含不能直接观测的潜变量，并且可以深入地分析众多变量之间的载荷效应及路径效应，可以避免多方程回归的局限性，因此使用 SEM 对互动融合动力模型进行研究较为适宜。

2. 变量分析

装备制造业与生产性服务业互动融合动力模型中，存在七个潜变量。其中，外衍潜变量有四个，分别为技术差异、技术发展、市场需求、政策推动；中介变量有两个，分别为决策支撑和收益动力；内衍潜变量为互动融合。在此基础上，本书对潜变量的观测变量进行选择，如表 4-2 所示。

表 4-2   互动融合动力模型潜变量及观测变量

代码	潜变量名称	潜变量种类	观测变量数目	观测变量来源	观测变量
TD	技术差异	外衍潜变量	3	陈晓华和刘慧（2014）、陈欢和王燕（2015）	技术水平差异
					技术方向差异
					专业化差异
TDL	技术发展	外衍潜变量	3	McDermott（1997）	网络技术
					通信技术
					电子技术
ME	市场需求	外衍潜变量	3	郭树龙和李启（2014）、徐振鑫等（2016）	市场规模
					市场竞争
					服务需求

代码	潜变量名称	潜变量种类	观测变量数目	观测变量来源	观测变量
PE	政策推动	外衍潜变量	4	王晓红和王传（2013）	进入壁垒降低
					融合平台建立
					资金支持政策
					信息通道建立
DP	决策支撑	中介变量	3	自拟	认可互动融合
					发展战略决策
					决策风险担当
FG	收益动力	中介变量	3	Mathieu（2001）姜铸和李宁（2015）、Oliva和Kallenberg（2003）	管理环节成本降低
					产品附加值增加
					产品销量增加
IF	互动融合	内衍潜变量	4	綦良群和李庆雪（2015）	技术融合
					产品融合
					市场融合
					管理融合

3. 数据

本书所使用的数据均来自装备制造业与生产性服务业互动融合动力调查问卷。根据理论模型对最初的问卷进行设计，采取专家评审、小组讨论以及模拟试填等步骤，以确保调查问卷的质量。调查问卷通过调研网站、电子邮件、纸质邮件及手机问卷的形式共发放 360 份，收回 315 份，回收比例 87.5%，其中有效问卷 297 份，有效回收比例为 94.3%。有效问卷中调查对象所处行业分布情况如图 4-2 所示。

采用 SPSS19.0 对数据进行描述性统计分析，Kline（1998）认为当变量的偏度系数值大于 3、峰度系数值大于 8 时，样本不符合正态分布。本书数据统计结果显示数据的偏度值在 -1.405 至 2.441 之间，峰度值在 -0.057 至 2.808 之间，满足多变量正态分布要求，数据适用于 SEM。由于本书数据是由问卷调查的形式获得，可能会造成同源偏差的问题，因此借鉴 Podsakoff 和 Organ 提出的用 Harman 单因子检测方法对同源偏差问题进行检测。本书进行单因子检测后的结果显示，同源偏差并不严重，数据可以正常使用。

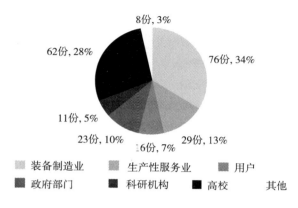

图 4-2　调查对象所处行业基本情况

4. 模型拟合

在进行全体 SEM 检验之前，先对测量模型进行评估。本书采用验证性因子分析（CFA）对测量模型进行评估。在对测量模型进行评价时，数据的拟合主要通过观察各测量指标因素负荷量及参数的标准误差、T 值等（Joreskog and Sorbom，1993）。选取拟合优度统计指标时参考文东华等（2014）提出的检验测量模型拟合度指标，本书选取的拟合度指标涵盖了绝对适配度指标、增值适配度指标及简约适配度指标。

对测量模型进行检验性因子分析，各测量指标因子载荷在 0.781 ~ 0.882，均大于 0.5，标准误差没有负值，临界比值在 7.293~9.875，绝对值均大于 2.58，达到 0.01 显著水平，各拟合指数均在可接受的范围内。以上各项结果表明，测量模型与数据的拟合比较好。对信度和效度进行分析。信度是指测验结果的一致性、可靠性及稳定性，常用 Cronbach's Alpha（α）系数来衡量。本书应用 SPSS19.0 统计软件对变量指标进行信度分析，结果显示系数范围为 0.874~0.923，均大于 0.7，CITC 都大于 0.35，说明本调查问卷的信度较好。

效度揭示变量与指标的关系，效度越高表明测量结果与研究越吻合。通常内容效度、构念效度是受学者关注度比较高的。构念效度的评价包括聚合效度与区别效度，每项与相关因子的回归系数 T 检验可以有效地评估聚合效度，聚合效度较好的标准是满足 T 值大于 2（Kraused，1999）。本书对测量模型进行验证性因子分析，结果显示，各动力测量项目与对应潜变量路径系数的 T 值范围为 6.412~10.471，远大于 2，满足聚合效度要求。区别效度，指构面间所代表的潜在特制的显著差异或具有的较低相关性。每两个构面利用单群组生成未限制模型与限制模型，结果显示，每组构念的卡方差异量的显著性检验 p 值均达到显著水平，表示本书所测构念之间区别效度佳。在确定测量模型后，为了对本书的各项动力假设进行检验，要进行模型拟合度的评估。对模型拟合后发现，SEM 拟合结果并不理想，拟合指数 SMRM、TLI、PNFI 均不符合拟合要求，因此需要对初始模型进行修正。吴明隆（2009）指出在适配度指标无法与观察数据适配时，需要对没有达到显著性水平的路径删除。本书选取估计参数值不显著的 TD → DP 路径，通过分析发现，技术差异确实能够在一定情况下通过作用于决策支撑而对互动融合起间接动力作用，但当装备制造业的技术水平远大于生产性服务业技术水平时，所产生的产业间技术差异不但不能促使高层管理者选择进行互动融合，反而可能会影响高层管理者对进行互动融合的决策。在路径系数不显著并且理论模型合理的情况下，本书将删除 TD → DP 路径。经过修正的模型拟合指标都达到了标准，且标准化路径系数均达到显著水平，如图 4–3、表 4–3 所示。

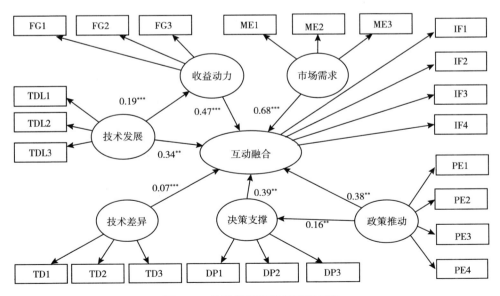

图 4–3　结构模型标准化路径系数

注：*** 表示 p<0.001，** 表示 p<0.01，* 表示 p<0.05；图中 FG1 等符号代表各潜变量的观测变量。

表 4-3　SEM 拟合结果

拟合优度统计量	结构模型	可接受值	评价结果
卡方自由度比	1.752	<3.00	符合
RMSEA	0.054	<0.08	符合
SRMR	0.074	<0.08	符合
GFI	0.929	>0.90	符合
PGFI	0.557	>0.50	符合
TLI	0.936	>0.90	符合
PNFI	0.643	>0.50	符合
CFI	0.975	>0.90	符合
IFI	0.975	>0.90	符合

三、互动融合动力模型假设检验与结果分析

1. 假设检验

如图 4-3 所示，所有的路径系数都通过了显著性统计检验，说明图中除本书在对模型修正时删除的 TD → DP 路径以外，其余 8 项关于装备制造业与生产性服务业互动融合发展动力假设都得到支持。根据对模型的修正结果可知，技术差异影响（TD）、技术发展推动（TDL）、市场需求（ME）、政策推动（PE）、决策支撑（DP）、收益动力（FG）对装备制造业与生产性服务业互动融合发展有着积极的正向驱动效应。其中，技术发展推动（TDL）、政策推动（PE）两项动力不但对装备制造业与生产性服务业互动融合发展有着正向的驱动作用，而且通过作用于其他动力对互动融合发展起到间接动力作用。为了更好地分析装备制造业与生产性服务业互动融合系统动力源对系统运行的支持作用，本书通过效应的分解，用直接效应、间接效应与总效应来表示动力源对系统运行的作用。动力源模型的标准化效应如表 4-4 所示。

表 4-4　动力源模型的标准化效应

动力路径	直接效应	间接效应	总效应
TD → IF	0.07	—	0.07
TDL → IF	0.34	0.09	0.43
ME → IF	0.68	—	0.68

续表

动力路径	直接效应	间接效应	总效应
PE → IF	0.38	0.06	0.44
DP → IF	0.39	—	0.39
FG → IF	0.47	—	0.47

2. 实证结果分析

除"技术差异通过对决策动力作用为互动融合提供间接动力"的假设没有通过外，其余 8 项假设都得到支持。技术差异影响（TD）、技术发展推动（TDL）、市场需求（ME）、政策推动（PE）、决策支撑（DP）、收益动力（FG）对装备制造业与生产性服务业互动融合发展有着积极的正向驱动效应，效应强度分别为 0.07、0.34、0.68、0.38、0.39、0.47。技术发展推动（TDL）、政策推动（PE）两项动力不但对两产业互动融合发展有着正向的驱动作用，而且通过作用于其他动力对互动融合发展起到间接驱动作用。其中，技术发展推动通过收益动力对互动融合的间接动力效应为 0.09，技术发展推动对互动融合的总效应为 0.43；政策推动通过决策支撑对互动融合的间接动力效应为 0.06，总动力效应为 0.44。各动力对互动融合均为正向驱动，按照驱动总效应降序排列为市场需求、政策推动、技术发展推动、收益动力、决策支撑、技术差异影响。

根据上述研究结论，为促使各项动力为两产业互动融合提供持续并且高效的动力支持，保障装备制造业与生产性服务业互动融合发展，本书提出如下建议：充分了解市场需求，提供满足市场需求的"产品＋服务"，为互动融合系统提供持续动力支持；加大对技术创新的投入，增强对技术创新的重视程度，保持互动融合系统技术创新的活力；重视在全球价值链上的发展，明晰我国装备制造业在全球价值链上的位置，明确产业竞争力的提升需求；积极发展科技，营造有利于互动融合系统发展的制度环境，为两产业互动融合发展提供高效的动力支持。

第三节 互动融合的动力作用分析

一、政府推动力对互动融合的驱动作用

装备制造业与生产性服务业互动融合的驱动作用就是发挥政府部门的职能作用，在两产业互动融合初期开始，通过政府的作用力驱动装备制造业与生产

性服务业互动融合。在政府对两产业互动融合的驱动中，由于各级政府的职能不同，对两产业互动融合的驱动作用也有所区别，从以下方面进行具体阐述。

中央政府对装备制造业与生产性服务业互动融合驱动机制的作用是从国家战略的角度出发，制定装备制造业与生产性服务业互动融合的发展规划和发展方向。2015年，政府印发的有关制造业的文件中，在战略任务和重点上提到积极发展服务型制造和生产性服务业，加快制造与服务的协同发展，推动商业模式创新和业态创新，促进生产型制造向服务型制造转变。同时，大力发展与制造业紧密相关的生产性服务业，推动服务功能区和服务平台建设。政府文件的颁布，明确了装备制造业与生产性服务业互动融合的战略目标，并且确定了互动融合的发展方向和重点发展模式，为各地区出台具体的、有针对性的互动融合支持政策奠定了基础，明确了发展的方向。中央政府提出的战略目标对装备制造业与生产性服务业互动融合的指引，是驱动机制的第一个重要环节。

地方政府对装备制造业与生产性服务业互动融合驱动作用主要从地方政府的角度出发，根据地区装备制造业和生产性服务业的实际情况，制定具体的互动融合支持性政策。例如，2016年《辽宁省工业和信息化委员会关于印发辽宁省服务型制造专项推动方案的通知》中明确推动装备制造业与生产性服务业的四项行动，包括推动创新设计发展、制造效能提升、客户价值提升、服务模式创新形成。在方案中根据地方实际情况，提出引导工程机械、交通设备、通信设备、电力设备等的产品全生命周期管理方案，发展按服务计费的装备制造业与生产性服务业互动融合创新模式等。地方政府在中央政府的战略指引下，根据自身实际情况，对地区装备制造业与生产性服务业互动融合启动提出具体目标和规划，对两产业互动融合的驱动具有重要意义。

关于两产业互动融合，中央政府和地方政府需要共同作用。在两产业互动融合时，不同层级的政府部门应进行合理的分工协作，以免造成地方政府与中央政府的利益冲突。中央政府和地方政府需共同建立和完善装备制造业与生产性服务业互动融合驱动的条件、制度和政策等内容。

政府推动力对装备制造业与生产性服务业互动融合的驱动是中央政府和地方政府通过共同作用而实现的，通过合理的分工协作，在中央政府制定的两产业互动融合发展战略的指导下，确定两产业融合的方向，启动两产业互动融合的战略规划，在此基础上对地区的装备制造业与生产性服务业产业发展水平、融合技术发展状况等因素进行分析，再围绕装备制造业与生产性服务业互动融合启动互动融合相关制度、政策，完善与两产业互动融合相关的配套设计，推动两产业互动融合发展。政府推动力对两产业互动融合的驱动作用如图 4-4 所示。

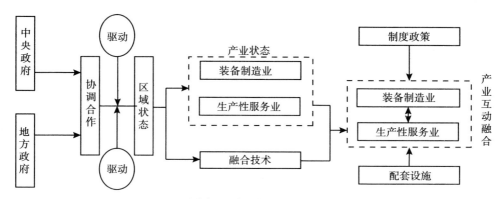

图 4-4　政府推力对两产业互动融合驱动作用

二、技术支撑力对互动融合的拓展作用

技术创新与技术扩散是装备制造业与生产性服务业互动融合的基础。技术创新使得装备制造业与生产性服务业获得融合发展动力，技术扩散则使技术创新成果在装备制造业与生产性服务业之间的边界变得模糊，进而促进两产业互动融合发展。技术创新及技术扩散的实现，为装备制造业产品增加更多的价值增值环节，大大提高装备制造业与生产性服务业互动融合的积极性。

技术的创新与扩散贯穿于装备制造业与生产性服务业互动融合的整个过程。在互动融合的不同时期，技术的创新与扩散是不同的，由技术支撑力主导的互动融合拓展作用促使技术的创新与扩散从被动向主动改变。在两产业互动融合初期，技术的创新与扩散是被动的，是在政府的促进作用下进行的。而在两产业互动融合的中后期，两产业的技术创新与扩散是自发的，并且是积极主动的。通过两产业互动融合的技术拓展作用，营造良好的互动融合环境，增强两产业的沟通，为技术创新与扩散搭建平台，在两产业间形成了技术创新与扩散的主动模式，加快了两产业间技术创新与扩散，在技术支撑力的拓展作用下形成了良性的技术创新与扩散发展方式，加快装备制造业与生产性服务业互动融合的步伐。

三、需求拉动力对互动融合的放大作用

需求拉动力对两产业互动融合的放大作用是在利用市场对融合产品的需求的基础上，通过市场需求的拉动，加快装备制造业与生产性服务业互动融合发

展进程。市场需求是两产业互动融合的根本动力，需求对两产业互动融合的拉动力不但是其发展的根本动力，而且其还具有将拉动力放大的作用。需求在宏观层面包括政府需求、投资需求、消费需求等，在微观层面包括企业需求和消费者需求等。需求的拉动放大作用一方面体现为乘数效应，另一方面体现为加速效应。

乘数效应是宏观经济学中的概念，乘数效应的理论支撑源于凯恩斯的《就业、利息和货币通论》中的收入成数原理。凯恩斯用乘数效用揭示有效需求对经济拉动的作用，具体指某一变量的涨价或者减少会形成连锁反应，进而影响经济总量的过程。在研究装备制造业与生产性服务业互动融合需求拉动作用对互动融合的放大问题时，本书借用乘数效应这一理论工具进行分析。在装备制造业与生产性服务业互动融合的需求中，政府需求占重要位置，当政府对两产业互动融合的投资需求增加时，就会带动两产业互动融合的消费需求的增长，需求拉动力也因此不断进行积累，两产业互动融合的经济总量增长呈现出倍数增长，这样的倍数增长也会同时刺激对两产业互动融合需求的增长，形成互动融合需求到互动融合经济总量再到互动融合需求增加的良性循环。通过不断的循环作用，需求的基本动力演变为需求动力自身数倍的拉动力。在这样的循环作用下，需求拉动力可以促进消费活动、带动企业投资与政府推动活动以及激发两产业的技术创新活动等，使各种作用力进行耦合作用，进而增强其他作用力，加速装备制造业与生产性服务业互动融合发展，实现两产业互动融合需求拉力的放大作用。加速效用是萨缪尔对乘数论和加速原理相互作用的研究，其在1939年发表的《成数分析与加速原理的相互作用》中提出加速效用。加速效用是指产出量需求的变化会影响资本存量，而资本存量的变化会进一步引起产出量的改变。装备制造业与生产性服务业互动融合过程中，在乘数效应的作用下，伴随着市场对于两产业融合产品需求的增加，会推动两产业产出增加。而由于产出增加，两产业互动融合得以迅速发展，两产业互动融合的发展又刺激了市场需求的增强，进而实现了两产业互动融合需求拉动的放大效应。加速效用作用的前提是存在没有被充分利用的资源，即此时才能够实现加速效应，装备制造业与生产性服务业互动融合正处于发展阶段，无论是技术资源还是资金资源等都没有被完全开发和利用，那么在乘数效应和加速效用的作用下，两产业互动融合的需求拉力可以很好地实现对互动融合的放大效用。装备制造业与生产性服务业需求拉动的放大作用如图4-5所示。

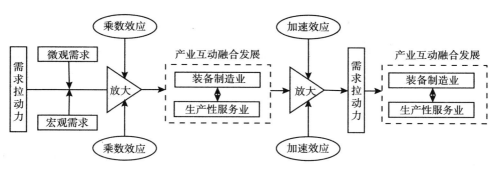

图 4-5　需求拉动力对两产业互动融合的放大作用

四、企业带动力对互动融合的扩张作用

企业带动力对装备制造业与生产性服务业互动融合的扩张作用是指，以企业为动力的主体，在产业链的不断延伸下，两产业互动融合的范围和空间得以扩张，从而促进两产业互动融合发展。装备制造业与生产性服务业互动融合的发展原本就能够形成装备制造业企业、生产性服务业企业的聚集，受到企业的带动力作用，两产业互动融合会形成更多相关企业的集聚，使两产业互动融合实现扩张。关于企业带动力的作用主要体现在以下方面。一方面，装备制造业企业在互动发展过程中技术、资本、人力等资源都会得到充实和提高，企业的核心竞争力将得以提升，企业会主动地参与到产业链中，选择更多的互动企业或者组织，实现企业资源的优化配置，这样就实现了两产业互动融合范围上的扩张。另一方面，由于装备制造业企业或是生产性服务业企业在互动融合的过程中可以获得更多的利润，在收益动力的带动下，企业会主动地将生产资本投入到两产业互动融合的技术、产品、市场上，形成企业的技术创新、产品创新、市场创新，使得两产业互动融合在空间上得以扩张，更直接地推动两产业互动融合发展。企业带动对两产业互动融合的扩张作用如图 4-6 所示。

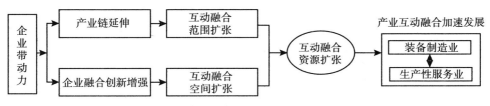

图 4-6　企业带动对两产业互动融合的扩张作用

第四节　互动融合动力机制构建

一、互动融合动力的协同分析

协同学是德国杰出理论物理学家赫尔曼·哈肯创立的，他认为协同是系统中各子系统或各要素间进行相互协调、合作或同步的联合作用。不论系统的复杂程度如何，只要系统内各要素间存在连接、合作、协调或是同步等行为，协同就一定存在。

1. 互动融合动力协同条件

原本平衡态的开放系统，在与外界进行物质和能量的交换前提下，可以形成新的稳定且有序的结构，即为耗散结构。耗散结构是装备制造业与生产性服务业互动融合动力协同的基本条件。根据装备制造业与生产性服务业互动融合的自身特点以及前文对互动融合的耗散结构分析可知，装备制造业与生产性服务业互动融合属于典型的耗散结构，两产业互动融合的各动力源满足了协同的耗散结构的基本条件。

装备制造业与生产性服务业互动融合在各动力源的相互作用影响下，实现了装备制造业、生产性服务业和其他要素的不断作用，使系统处在非平衡状态。装备制造业与生产性服务业互动融合系统各动力源之间都存在着复杂的相互联系，互动融合中各要素都受到不同动力源的组合影响。两产业互动融合的动力源并不是单独存在的，而是当某一个动力源发生变化时，就会引起互动融合中其他要素的一系列变化。动力源之间的非线性相互作用是互动融合运行形成有序结构的重要条件。装备制造业与生产性服务业互动融合通过涨落完成系统的调试，而其中恰恰是通过互动融合系统动力的运行，才能够实现互动融合的涨落。这就意味着互动融合的动力影响着涨落，而互动融合的涨落促使各要素的相互作用发生改变，进而促进了互动融合的运行发展，两产业互动融合的动力源满足协同的条件。

2. 互动融合动力协同序参量的确定

（1）序参量确定。

协同学理论认为序参量在系统运行中影响着系统从无序向有序发展。装备制造业与生产性服务业互动融合动力的类型分为技术方面、企业方面、市场方面和政府方面四类。从古典经济学提出的经济自由主义思想，即主张政府尽可能少地干预经济活动，而由市场力量进行自由调节，到新古典经济学提出的不能完全依靠市场自我调节，并认为政府干预具有积极作用，通过西方经济学发展的历程可以发现，经济自由主义和国家干预两种行为循环交替、相互渗透，政府与市场的关系是影响一切经济活动的基础。在装备制造业与生产性服务业互动融合过程中，无论哪种动力都会在政府主导或者市场主导下发生作用，只是存在动力组合、动力功效等的不同。本书认为市场导向及政府导向是符合互动融合动力协同的序参量定义的。市场导向涵盖的动力源是微观的、具体的，包括技术差异、市场需求、收益动力、高层决策支持力，政府导向涵盖的动力源是宏观的、广泛的，包括政策推动、技术发展。

市场导向包括三个主要要素，即顾客导向、竞争者导向以及部门间的协作。市场导向强调对顾客的了解，包含市场信息的收集、信息的扩散以及对于信息所做出的反应。市场导向包含了动力源中的技术差异、市场需求和收益动力。政府作为互动融合系统中的重要因素，不但对互动融合系统运行起重要作用，而且对互动融合的技术环境发挥着关键作用。政府政策是宏观经济参量，即政策导向涵盖了动力源中政府政策和技术发展等动力。

由上文分析可知，市场导向和政府导向分别决定着竞争方式和指令配置方式，主导着装备制造业与生产性服务业互动融合动力的协作方式和运行方向，市场导向和政府导向为互动融合动力协同的两个序参量。

（2）序参量协同关系分析。

装备制造业与生产性服务业互动融合动力协同有两个序参量，即市场导向和政府导向，分别设为 q_1、q_2，序参量 q_1、q_2 随时间的变化率与作用力成正比。由此根据协同学理论得到下面两个动力学方程

$$\frac{\mathrm{d}q_1}{\mathrm{d}t} = -r_1 q_1 + f_1(t) \tag{4-1}$$

$$\frac{\mathrm{d}q_2}{\mathrm{d}t} = -r_2 q_2 + f_2(t) \tag{4-2}$$

在上述动力学方程中，$-r_1 q_1$ 与 $-r_2 q_2$ 表示阻碍系统运行的回弹力，$f_1(t)$ 与 $f_2(t)$ 表示评价与调节机制产生的矫正力。假设 $f_1(t)$ 为系统产生非线性作用，并假设 $f_1(t) = a_1 q_1 q_2^2$ 及 $f_2(t) = a_2 q_1$，那么装备制造业与生产性服务业互动融合动力学方程组为

$$\frac{\mathrm{d}q_1}{\mathrm{d}t} = -r_1 q_1 + a_1 q_1 q_2^2 \tag{4-3}$$

$$\frac{\mathrm{d}q_2}{\mathrm{d}t} = -r_2 q_2 + a_2 q_1 \tag{4-4}$$

采用热消元方法，在 $r_2 > |r_1|$ 条件下，求系统序参量方程。令 $\frac{\mathrm{d}q_2}{\mathrm{d}t} = 0$，可得

$q_2 = \dfrac{a_2}{r_2} q_1$，代入式（4-3）中即得到互动融合动力协同的序参量方程：

$$\frac{\mathrm{d}q_1}{\mathrm{d}t} = -r_1 q_1 + \frac{a_1 a_2^2}{r_2^2} q_1^3 \qquad (4-5)$$

上文对数学模型的分析表明，在互动融合中 q_1 决定了系统动力的有序程度，但由于 q_1 并不是独立序参量，其还会受到 q_2 的影响，因此在两产业互动融合中序参量 q_1 与 q_2 形成的合作关系共同影响着互动融合系统动力的运行。装备制造业与生产性服务业互动融合动力运行主导序参量地位是由不同的动力组合形式决定的，即在不同的动力组合形式下，其主导序参量也不同。

二、互动融合动力的协同运行

通过上文分析确定了装备制造业与生产性服务业互动融合动力运行中的序参量为市场导向和政府导向。根据序参量主导地位的变化，本书将装备制造业与生产性服务业互动融合系统动力协同运行划分为三类：市场导向型动力运行、政府导向型动力运行及市场、政府协同导向型动力运行。装备制造业与生产性服务业互动融合动力运行方式指在不同序参量的支配下，对互动融合系统起动力支持作用，从而推进互动融合系统运行的过程，如图4-7所示。

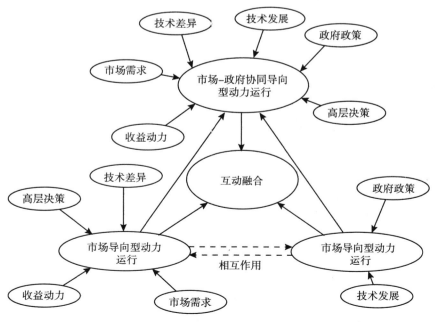

图 4-7　互动融合系统动力运行方式

1. 互动融合市场导向型动力运行

装备制造业与生产性服务业互动融合市场导向型动力运行方式，是指以技术差异、市场需求、收益动力、高层决策支持力等动力要素为主导，以激发装备制造业与生产性服务业互动融合为目的，根据市场导向进行互动融合资源配置，进而推动互动融合系统运行的方式。在市场导向型动力作用下，装备制造业和生产性服务业掌握着互动融合的主动权，装备制造业与生产性服务业间存在明显的技术差异，在技术差异的推动下，装备制造业与生产性服务业互动融合，可以满足竞争力提升需求，提高生产效率、减少生产成本、增加产品附加值。技术差异动力还可以推动互动融合的技术创新，形成共有技术平台，推动互动融合的技术融合；产品终端的市场需求变化对装备制造业与生产性服务业互动融合提出了更高的要求，为满足市场需求，其也推动了"装备 + 服务"的融合型产品或服务的形成。收益动力与高层决策的支撑力推动了互动融合系统从产品融合到市场融合。市场导向型动力运行不但为互动融合提供了充足的动力，而且持续不断地促进了两产业互动融合发展。

2. 互动融合政府导向型动力运行

两产业互动融合政府导向型动力运行是指，以政府政策和技术发展动力两个动力要素为主导，以促进装备制造业与生产性服务业互动融合为目的，根据政府政策导向进行互动融合资源配置，进而推动互动融合系统运行的方式。在政府导向型动力运行中，政府作为互动融合运行动力的主导者，通过相关政策体系为互动融合运行资源进行合理配置，指明两产业互动融合发展方向。政府导向型动力运行是互动融合动力运行的重要方式，政府通过对产业规制的放松，降低了产业进入壁垒，降低了产业融合的难度，直接推动了两产业互动融合。政府政策直接影响互动融合系统环境，技术发展环境动力是与政府政策相关的对互动融合系统具有直接影响的动力要素。技术发展能够降低两产业互动融合的成本，提高互动融合技术的总体水平，使两产业互动融合得以实现。由于装备制造业与生产性服务业互动融合正处于发展阶段，相关的政府政策并不完善，技术发展整体水平也有待提高，但政府政策和技术发展动力仍然对两产业互动融合起到强大的推动作用。

3. 互动融合市场 – 政府协同导向型动力运行

市场导向型动力运行和政府导向型动力运行都存在优势，但也都存在着各自的不足之处。完全的市场导向型动力运行可能会使互动融合运行受到较大的阻力，难以掌握互动融合发展的方向，存在失误的可能；完全的政府导向型动力运行实际上不符合互动融合运行客观需求，只运用行政手段推动互动融合发展，难以达到高收益的需求。因此形成市场导向与政府导向共同作用、相互协调的市场－政府协同导向型动力运行方式就显得尤为重要。

市场－政府协同导向动力运行是指，以互动融合市场需求为导向，同时以政府政策导向进行协同，使装备制造业与生产性服务业互动融合的经济利益与社会效益相适应，从而合力推动互动融合的动力形式。市场－政府协同导向型动力运行整合了两个主导序参量，使两个主导序参量协同运行，在克服单一动力方式缺点的同时，实现了共同推动互动融合运行的目的。

三、互动融合动力协同机制模型

对于互动融合动力协同机制而言，动力源的判别和单一动力主导的动力机制分析并不是最终目的，只有当互动融合动力源在动力协同运行下对互动融合起到实际的推动作用时，互动融合的组织机制等才能得到顺利展开。因此，揭示互动融合动力协同机制对互动融合运行具有重要意义。

由前文对互动融合动力源及动力协同运行的分析可知，互动融合动力协同运行分为以下三个阶段：政府主导型动力嵌入阶段、市场主导型动力聚合阶段、市场－政府协同导向型动力扩张阶段。三个阶段的关系可以概括为：通过政府导向型作用的动力嵌入是基础，通过市场导向型作用的动力聚合是关键，通过市场－政府协同导向型作用的动力合力扩张是目的。基于以上分析，本书构建了装备制造业与生产性服务业互动融合动力协同机制模型，模型中包括了互动融合动力源、互动融合动力运行方式、互动融合动力运行中的阻力，如图4-8所示。

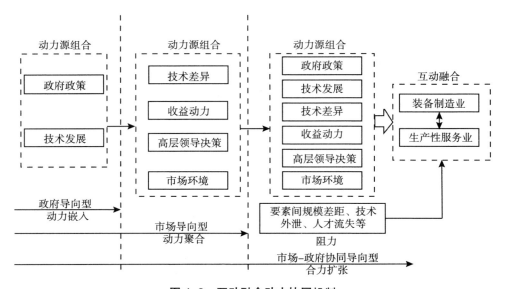

图4-8 互动融合动力协同机制

互动融合政府主导型动力嵌入是以政府导向型动力运行方式为基础，通过政府政策，以产业规制的放松及技术发展动力为作用力，从互动融合外部嵌入，对互动融合实施作用。政府主导型动力嵌入主要有两种：一种是由政府政策直接将动力作用嵌入互动融合内部，产业规制的放松是政府政策的直接体现，其直接影响着两产业互动融合产业壁垒的高低，是互动融合的直接推动力；另一种则是通过政府政策的实施对技术发展产生宏观层面的影响，技术的发展通过提高互动融合要素间的通用技术平台水平，推动了主体要素的技术创新，最后实现了对互动融合运行的推动。

互动融合市场主导型动力聚合是互动融合在政府主导型动力嵌入的基础上，以市场导向型动力运行方式为依据，通过技术差异、收益动力、高层决策支撑力、市场需求动力为作用力，对互动融合产生聚合效用的过程，实质就是各动力源在时间与空间上的聚合过程。政府主导型动力嵌入后激发市场主导型动力发挥作用，动力源之间相互作用、相互影响进而促进动力源所蕴含的动力发生一定程度的转化和聚合，最终实现整体聚合动力，加大了动力对互动融合系统运行的力量和速度。

互动融合系统市场－政府协同型动力扩张实际上是在政府主导型动力嵌入与市场主导型动力聚合之后所形成的合力对互动融合进行推动的过程。在互动融合目标的引导下，市场－政府协同型动力扩张形成的合力驱动互动融合，进而达到最大的互动融合动力传导效率。

互动融合中的阻力包括两产业之间的规模差距、技术外泄及人才流失、商业机会的流失等，这些阻力都会影响两产业做出互动融合的选择。在现实情况下，互动融合内装备制造业与生产性服务业产业规模、资源都存在着很大的差异。目前我国装备制造业规模远远大于生产性服务业的产业规模，导致两产业在互动融合中不具备同等地位及对等条件。一方面，生产性服务业无法提供与装备制造业匹配的专业性服务，直接致使装备制造业与生产性服务业失去互动融合兴趣，阻碍着互动融合。另一方面，由于溢出效应的原因，在互动融合的过程中有技术外泄的可能，无论对于装备制造业还是生产性服务业而言，技术的先进性都是发展的基础，因此技术外泄也是阻碍互动融合的阻力之一；在装备制造业与生产性服务业互动融合完成之前，生产性服务业服务的对象不仅仅是一家装备制造业企业，在互动融合的技术融合、产品融合、市场融合过程中都会有大量人才及市场信息的相互传递，存在着人才及市场机会流失的可能，这样同样成为装备制造业与生产性服务业互动融合的阻力。

本章小结

　　本章在分析装备制造业与生产性服务业互动融合动力机制特征和基本功能的基础上，从政府推动、技术支撑、需求拉动、企业带动四个方面对互动融合动力源进行分析，并构建了互动融合动力模型；运用结构方程从实证的角度对动力源的关系进行探究，研究结果表明动力源对互动融合运行都有显著的推动作用；揭示了各动力对互动融合的作用，包括政府推动力对互动融合的驱动作用，技术支撑力对互动融合的拓展作用，需求拉动力对互动融合的放大作用，企业带动力对互动融合的扩张作用，在此基础上构建了互动融合动力机制。

第五章

装备制造业与生产性服务业互动融合组织机制

第一节 互动融合组织结构分析

一、互动融合组织机制内涵与特征

1. 互动融合组织机制内涵

装备制造业与生产性服务业互动融合组织机制是指，为实现互动融合目标，以互动融合内各要素组成的特定组织形式为基础，通过组织内的作用，实现促进装备制造业与生产性服务业互动融合发展的组织行为。

2. 互动融合组织机制特征

装备制造业与生产性服务业互动融合组织机制具有以下特征：第一是多主体性。弗里曼于1984年提出利益相关者管理理论，该理论是管理者为满足各个利益相关者的利益进行的管理活动，该理论认为企业发展依靠的是各个利益相关者的共同参与，故企业追求的不应是个别主体的利益而应是利益相关者的整体利益。装备制造业与生产性服务业互动融合中包括多个要素，各要素之间相互作用，利益息息相关，为保障各要素的利益及互动融合的运行，各利益相关者都作为相应组织主体参与到互动融合组织管理中。第二是协同性，装备制造业与生产性服务业互动融合组织机制包含多个组织主体，各组织主体间协调统一，保障组织机制发挥最大功效，促进互动融合运行。互动融合组织主体间的协同关系是组织机制的重要特征。

二、互动融合组织结构及特点

装备制造业与生产性服务业互动融合组织中包含多个组织主体，组织主体间的协调统一是互动融合组织机制中的重要内容，各组织主体在互动融合组织结构中的位置和作用是组织协调的现实表现。

1. 传统组织结构

对于组织结构的概念，国内外学者从不同角度对其进行了界定。Ranson等（1980）认为组织结构是一种复杂的控制媒介，是通过相互作用形成并重新创造的，通过相互作用而产生控制效果。本书研究的装备制造业与生产性服务业互动融合组织结构以实现系统互动融合为目标，以涉及的互动融合过程中的各要素为组织主体要素，对各主体之间的相互作用关系进行研究。

关于传统组织结构，《组织理论：理性、自然和开放系统》中提出了七种基本的组织形式：简单结构、科层结构、职能（或一体化）结构、事业部结构、矩阵结构、自律结构、网络结构。关于这七种基本组织形式本书归纳总结如表5-1所示。

表 5-1　基本组织形式

模式类型	组织结构	组织特点
统一模式	简单结构	小型组织，最低程度的劳动分工，直接指挥
	科层结构	例行程式化、高度正式化、高度集权化
	职能（或一体化）结构	设立专门部门，包括制造、财务、人力等职能部门
多重模式	事业部（M型）结构	在职能结构基础上，增设事业部，不同事业部运行相对独立
	矩阵结构	同时按职能准则和项目准则，把不同部门人员稳定地分配到固定的项目团队
	自律结构	正式化、集中化程度低，靠专业化个人主动参与或退出项目组
网络模式	网络结构	跨越组织内部及组织之间正式边界的整合活动

组织结构类型中，统一模式往往目标单一且指挥具有一致性，而多重模式强调能够适应多重目标且权威具有一定的分散性。

鉴于此，对应用最广泛的职能结构、事业部结构、矩阵结构进行介绍。职能式组织结构最充分地表现了专业化分工的集中协调，是一种按照职能分化的组织结构。事业部式组织结构属于多重模式下的组织结构，它同时接受多个目标作用，每个事业部按照自身目标运行且每个事业部拥有自身的职能部门，同时拥有经营权和决策权，总部负责战略决策。矩阵式组织结构的特点是其矩阵的组成可能是相对稳定的，也可能是流动的（Sayles，1976）。这与企业的需求相关，兰德公司是流动矩阵组织结构的典型例子。矩阵式组织结构属于多重模式下的组织结构，是典型的双重权力结构，职员受到产品经理及职能经理的双重管理。

2. 互动融合组织结构

网络组织是基本组织结构中的一种，Baker（1992）将网络组织定义为一种跨越正式边界整合的社会网络。Miles 和 Snow（1992）则认为网络组织是通过市场机制联结在一起的一群公司或者是专业的部门。装备制造业与生产性服务业互动融合组织是一种特殊网络组织结构。制造业与生产性服务业互动融合组织结构是以实现装备制造业与生产性服务业互动融合为共同目标，以分工协作为纽带，以互动融合包括的各要素相互作用而形成的复杂网络。

（1）互动融合网络组织结构的特点。

装备制造业与生产性服务业互动融合的组织结构属于网络组织，表现出不同于传统组织结构的特点，即网络化、虚拟化和无边界性。

其一，网络化。网络组织强调组织与组织之间形成的复杂的多项联结所构成的网络关系。互动融合组织结构具有网络组织的特征，存在装备制造业与生产性服务业、装备制造业与用户、生产性服务业与用户、装备制造业与科研机构、生产性服务业与科研机构等复杂网络关系。

其二，虚拟化。互动融合组织结构虚拟化强调的是互动融合组织结构通过信息网络作为联结方式，为互动融合目标分工合作，各个组织并不一定形成实体的产权联结。

其三，无边界性。装备制造业与生产性服务业互动融合组织无边界性强调装备制造业与生产性服务业打破各自内部的边界，形成更具竞争力的团队，进而取代传统的职能部门。此外，装备制造业与生产性服务业打破外部边界，与互动融合内科研院所、用户等进行合作，建立合作联盟。

（2）互动融合系统网络组织结构。

装备制造业与生产性服务业互动融合网络组织包含两个层面。一是装备制造业与生产性服务业形成的内部网络。Miles 和 Snow（1992）指出，组织的内部单位之间按照外部市场的价格购买和销售产品及服务。这是一种将市场交易引入组织边界内的行为，互动融合系统内部网络为装备制造业组织内部提供职能服务，装备制造业内的研发部、人力资源部、财务部、营销部等，都会得到外部生产性服务业提供的低成本且更优的服务，进而形成了装备制造业与生产性服务业互动融合的内部网络。二是在装备制造业与生产性服务业形成内部网络的同时，与外部科研院所、中介机构、用户等组织形成的动态网络。关于动态网络，Miles 和 Snow 指出，其是同一价值链上众多合作伙伴的独立业务要素形成的临时联盟。互动融合组织结构是同时兼容内部网络和动态网络两种类型的网络结构。

第二节　互动融合网络组织分析

　　装备制造业与生产性服务业互动融合网络组织结构是一种特殊的网络，对互动融合的网络组织进行分析，可以有效地了解互动融合网络组织现状，为后文分析互动融合组织机制奠定基础。

一、互动融合网络组织模型

　　在装备制造业与生产性服务业互动融合运行过程中，内部各要素之间不断进行着互动合作，目的是通过合作制造满足客户需求，增加价值收益并且不断提高核心竞争能力。Jones 等（1981）结合制造资源的有限性，提出外取制造资源的思想，即企业通过合作的形式获取更多的制造资源，打破制造资源有限对发展的制约。Van Damme（2001）认为，获得外取资源已从原有的非优势地位转变为企业智慧运作的竞争优势。古利特指出，具有有限资源、容量及能力的个体或组织就是形成网络结构和合作网络的前提，资源有限的合作方都可以通过网络实现自身价值及资源外取的需求。装备制造业与生产性服务业互动融合内部各要素之间的互动融合关系形成互动融合组织结构，内部各要素不断进行互动形成组织的网络结构，通过组织的网络结构，装备制造业与生产性服务业可以更多地获得外取资源，提升核心竞争能力。

　　装备制造业与生产性服务业互动融合网络组织由核心层网络及松散层网络组成。核心层网络指互动融合系统主体即装备制造业、生产性服务业的各部门之间相互联系形成的网络，松散层网络指由装备制造业、生产性服务业与系统内其他相关机构的关联形成的网络。在装备制造业与生产性服务业互动融合中，装备制造业占据着核心地位。目前装备制造业在我国工业比重高，掌握着信息技术、核技术及空间技术等先进技术，而且发展规模远大于生产性服务业。生产性服务业为装备制造业提供相关的配套服务，通过嵌入装备制造业生产的上、中、下游实现与其的互动融合，借鉴郭本红等（2016）关于服务型制造网络的研究，结合装备制造业行业具有的核心地位特殊性，将与装备制造业密切关联的生产性服务业概括为研发服务、金融服务、物流服务、销售服务及售后服务。装备制造业作为核心主体与生产性服务业相关部门的联系形成星形的网络模式。装备制造业与生产性服务业各部门直接、紧密的联系形成了互动融合的核心层网络，核心层网络具有互动融合的核心能力，合作关系比较稳定。装备制造业与生产性服务业互动融合系统组织网络中还存在着另外一些组织和个人，他们与装备制造业、生产性服务业之间的关系相对松散，在核心层网络需要更多的资源满足互动融合的需要时，政府、行业协会、中介机构、科研院所、高等院校及用户与装备制造业、生产性服务业之间的联系形成了系统网络组织中的松散层网络。松散层网络与核心层网络不同，松散层网络内的组织不是互动融合的核心主体，在装备制造业与生产性服务业互动融合中发挥着辅助作用。装备制造业与生产性服务业互动融合系统网络组织结构模型如图 5-1 所示。

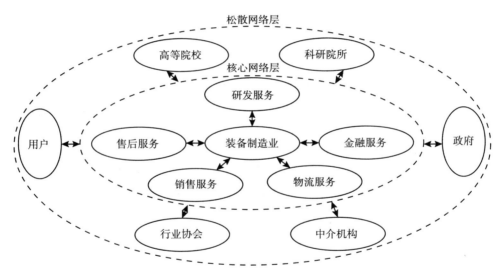

图 5-1　互动融合组织结构模型

二、互动融合组织社会网络构建

英国人类学家布朗通过对社会结构的分析提出社会网络的思想。社会网络指的是行动者及其关系的集合，在社会网络中由多个点（行动者）及点与点之间的连接线（不同行动者之间的联系）形成网络。社会网络分析是社会学家通过数学方法及图论方法形成的定量分析方法，通过对研究问题所建立的关系模型，能够深刻地表达出群体关系的结构特征，探究群体与群体内个体之间的关系及群体的相关特征，有助于对研究的深入挖掘。

1. 互动融合组织社会网络的组成

社会网络分析中的行动者指的是点（节点），不仅包括产业，还包括社会的相关组织机构。对装备制造业与生产性服务业互动融合组织的社会网络研究而言，其行动者包括装备制造业、生产性服务业及其他相关的组织机构，如科研院所、高等院校、政府、行业协会、中介机构、用户。社会网络中的线表示的是行动者（节点）之间的联系，互动融合组织社会网络中行动者的关系为多元关系，包括各要素之间的合作关系、合作的紧密程度及在各要素之间流动的知识、物质资源等。

2. 社会网络分析相关指标概述

SNA方法中含有多个测量指标，各个测量指标的含义都不相同。现对SNA中相关指标概念进行阐述，为后文互动融合组织社会网络指标分析提供理论支撑。

（1）中心性。

中心性描述的是行动者在网络中的重要性，由于重要性可以通过多种方式表现，因此关于中心性的度量拥有不同量化指标，包括中心度和中心势。现主要对中心度进行阐述，中心度包括点度中心度、中间中心度和接近中心度。

点度中心度衡量的是某点与其他点之间的关联程度，也就是该点与其他点关联关系的能力，点度中心度越高则该点拥有的直接联结越多；中间中心度测量的是行动者对资源控制的程度；接近中心度是针对不受他人控制的测度，一个点的接近中心度是该点与图中所有其他点的捷径距离之和，其表达式如下：

$$C_{APi}^{-1} = \sum_{j=1}^{n} d_{ij} \tag{5-1}$$

式（5-1）中，C_{APi}^{-1}表示点度中心度，d_{ij}表示该点与图中其他点的捷径距离，$\sum_{j=1}^{n} d_{ij}$表示该点与图中其他所有点的捷径距离之和。

（2）密度。

社会网络图的密度描述的是整体网络内所有行动者之间可实现的联结的密集程度，社会网络图的密度越高代表行动者受到社会网络影响形成的联系越紧密，单一行动者可以越多地获得整体网络提供的各种社会资源。在整体网络处于无向关系的情况下，n个行动者，m为整体网络内包含的实际关系数量，整体网络的密度为

$$d(G) = \frac{2m}{n(n-1)} \tag{5-2}$$

式（5-2）中，$d(G)$ 表示整体网络的密度，n 表示整体网络中行动者个数，m 表示整体网络内的实际关系数量。

（3）结构洞与异质性。

伯特将社会网络中的联结缺失称作结构洞，表示非冗余的联结。结构洞能够带来信息利益和控制利益，使得处在结构洞位置的行动者占据优势（刘军，2014）。对于结构洞的测量，伯特给出了四个指标，有效规模、效率、限制度和等极度（Burt，1992）。异质性指在同一网络中不同行动者具有的与所在网络外部联系的差异性。与所在社会网络外部拥有越多的弱联系，占据与外部网络的结构洞越多的行动者，其在所在社会网络中的异质性越强。Alevssia 和 Lucio（2008）的研究表明，在网络中企业与机构的异质性有助于知识的流动与创新。方壮志（1995）在对社会网络异质性的研究中，给出了异质性的计算公式：

$$H_j = 1 - \sum_{i=1}^{m} (y_i p_{ji}^2) \qquad (5-3)$$

式（5-3）中，H_j 为社会网络中个体行动者的异质性规模，它的变化范围为 0 到 1 之间，y_i 表示社会网络成员间是否存在联系或交往关系，p_{ji} 表示行动者与其他网络群体成员的关系占行动者所有网络关系的比例。

3. 互动融合组织社会网络模型构建

由于社会网络内各行动者之间的关联程度难以用统一数据进行衡量，为了明确装备制造业与生产性服务业互动融合组织社会网络的行动者及其关系，本书采用德尔菲法对互动融合组织社会网络进行研究。本次咨询主要目的是对互动融合组织社会网络内行动者之间的权重关系进行确定。本次咨询邀请包括装备制造业研究方面的专家和从事装备制造业、生产性服务业的技术及管理人员共 20 位。我们要求专家根据我国装备制造业与生产性服务业的发展现状，针对我国装备制造业与生产性服务业互动融合组织社会网络中行动者之间的关系进行打分，将行动者联系的密切程度分别用 1、0.5、0 表示，其中 1 代表行动者间的关系密切，0.5 代表行动者之间仅保持一般的联系，0 代表行动者之间没有联系。在对给出的权重进行处理后，让专家对之前的判断进行调整，直至结果达成一致，然后利用德尔菲法取得的最终数据，建立装备制造业与生产性服务业互动融合组织社会网络行动者关系权重矩阵，并运用 NetDraw 绘制互动融合组织社会网络模型图，如图 5-2 所示。

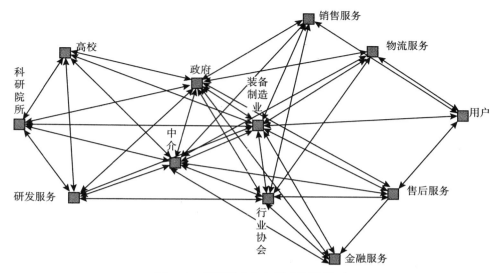

图 5-2　互动融合组织社会网络模型

三、互动融合组织社会网络测度及结果分析

装备制造业与生产性服务业互动融合组织社会网络测度，能够揭示装备制造业与生产性服务业互动融合组织内部各要素的状态，为促进装备制造业与生产性服务业互动融合运行发展奠定基础。

1. 基于 SNA 的互动融合组织社会网络测度

根据互动融合组织社会网络行动者关系权重矩阵，运用 UCINET 计算组织社会网络中各点的中心度指数、网络密度及结构洞，结果如表 5-2、表 5-3、表 5-4 所示。

表 5-2　互动融合组织社会网络中心度

	点度中心度（Degree）	接近中心度（Closeness）	中间中心度（Betweenness）
装备制造业	100.000	100.000	16.303
研发服务	54.545	68.750	0.909
金融服务	45.455	64.706	1.091
物流服务	45.455	64.706	1.091
销售服务	45.455	64.706	1.091
售后服务	45.455	64.706	1.091

	点度中心度 （Degree）	接近中心度 （Closeness）	中间中心度 （Betweenness）
高校	45.455	64.706	0.000
科研院所	45.455	64.706	0.000
政府	90.909	91.667	9.758
中介	90.909	91.667	9.758
行业协会	72.727	78.571	4.000
用户	45.455	64.706	2.182

表 5-3　互动融合组织社会网络密度

BLOCK DENSITIES OR AVERAGES

Relation：1

Density（matrix average）=0.3939

Standard deviation=0.3643

表 5-4　互动融合组织社会网络结构洞

限制度	装备制造业	研发服务	金融服务	物流服务	销售服务	售后服务	高校	科研院所	政府	中介	行业协会	用户
装备制造业	0.00	0.03	0.02	0.03	0.03	0.03	0.01	0.01	0.03	0.03	0.03	0.06
研发服务	0.11	0.00	0.00	0.00	0.00	0.00	0.09	0.09	0.05	0.05	0.02	0.00
金融服务	0.18	0.00	0.00	0.00	0.00	0.00	0.00	0.00	0.06	0.05	0.05	0.04
物流服务	0.15	0.00	0.00	0.00	0.00	0.00	0.00	0.00	0.04	0.04	0.04	0.10
销售服务	0.15	0.00	0.00	0.00	0.00	0.00	0.00	0.00	0.04	0.04	0.04	0.10
售后服务	0.15	0.00	0.00	0.00	0.00	0.00	0.00	0.00	0.04	0.04	0.04	0.10
高校	0.09	0.19	0.00	0.00	0.00	0.00	0.00	0.08	0.07	0.07	0.00	0.00
科研院所	0.09	0.19	0.00	0.00	0.00	0.00	0.08	0.00	0.07	0.07	0.00	0.00
政府	0.08	0.04	0.02	0.02	0.02	0.02	0.02	0.02	0.00	0.04	0.07	0.00
中介	0.09	0.04	0.02	0.02	0.02	0.02	0.02	0.02	0.05	0.00	0.04	0.00
行业协会	0.09	0.02	0.02	0.02	0.02	0.02	0.00	0.00	0.10	0.05	0.00	0.00
用户	0.20	0.00	0.02	0.06	0.06	0.06	0.00	0.00	0.00	0.00	0.00	0.00

续表

度量单位	有效规模	效率	限制度指数	等级度
装备制造业	7.559	0.687	0.298	0.036
研发服务	3.278	0.546	0.409	0.052
金融服务	2.750	0.550	0.380	0.113
物流服务	2.929	0.586	0.374	0.112
销售服务	2.929	0.586	0.374	0.112
售后服务	2.929	0.586	0.374	0.112
高校	2.083	0.417	0.496	0.063
科研院所	2.083	0.417	0.496	0.063
政府	6.318	0.632	0.335	0.081
中介	6.700	0.670	0.335	0.074
行业协会	4.611	0.576	0.359	0.097
用户	3.333	0.667	0.406	0.162

2. 互动融合组织结构测度结果分析

（1）互动融合组织社会网络中心度测度结果分析。

表5-2的点度中心度、接近中心度与中间中心度指标显示，在互动融合组织社会网络中装备制造业的中心性最高，点度中心度与接近中心度指数达到100，说明装备制造业与网内各行动者之间都建立了直接的联系，验证了装备制造业在互动融合组织社会网络中占据的核心主导地位，因此应当确保装备制造业在整个网络中发挥协调、决策的能力，保障装备制造业与生产性服务业互动融合顺利发展。在互动融合组织社会网络中心度测度中，政府、中介及行业协会的中心度也很高，说明政府、中介及行业协会在互动融合组织网络中同样具有重要的位置，政府、中介及行业协会应当积极发挥对装备制造业与生产性服务业互动融合发展有益的作用，促进互动融合的发展。生产性服务业的中心度整体处于中间位置，无论是对于信息、资源的获取，还是对其他行动者的控制能力都不强。这与当下生产性服务业的整体发展情况有关，由于我国生产性服务业处于发展初期，行业核心竞争能力不足，导致生产性服务业在互动融合组织社会网中从信息到资源都"受制于人"。用户及高校、科研院所的中心度最低，但并不能说明其不重要，互动融合组织社会网络是从价值链上游到下游形成的全链网络，用户及高校、科研院所是处于价值链两端的行动者，所以表

现出在社会网络内中心度相对偏低，但用户及高校、科研院所能够为装备制造业与生产性服务业互动融合提供必需意见及支持，是互动融合组织社会网络中的必要行动者。

（2）互动融合组织社会网络密度测度结果分析。

由表5-3可知，装备制造业与生产性服务业互动融合组织社会网络的密度为0.3939，网络中关系的标准差为0.3643。社会网络分析中整体网络的密度取值为0~1，密度越接近1说明整体网络的密度越大，由此可知装备制造业与生产性服务业互动融合组织社会网络的密度并不大。因此体现出在互动融合组织社会网络中，各行动者并没有受到互动融合社会网络结构的较大约束，各行动者拥有较强的自主行为能力。互动融合组织社会网络密度较低，可能是由于装备制造业与生产性服务业互动融合发展处于初始阶段，互动融合内各行动者信任程度不高，联系频率较低。

（3）互动融合组织社会网络结构洞测度结果分析。

从限制度数据可知，装备制造业的有效规模（EffSize）最大达到7.559，效率（Efficie）最高达到0.687，总限制度（Constra）最小为0.298，被限制的等级（Hierarc）最低为0.036，说明装备制造业受到网络内其他行动者的控制很低（见表5-4）。而装备制造业对于生产性服务业的控制则很高，对生产性服务业控制在0.11~0.18，再一次证明了装备制造业在整个网络中占据核心位置，同时也体现出生产性服务业与装备制造业在互动融合发展中地位的差距。在对互动融合组织社会网络结构洞的分析结果中发现，用户拥有对装备制造业最大的控制，达到0.06。用户对物流服务、销售服务及售后服务等的控制达到0.10，仅次于装备制造业对三项服务业的控制（0.15）。

（4）互动融合组织结构测度结果建议。

根据上文对装备制造业与生产性服务业互动融合组织社会网络测度结果，提出促进装备制造业与生产性服务业互动融合发展的对策建议。生产性服务业在互动融合组织社会网络中显现出的中心度水平低，与其行业发展现状直接相关。要增加对生产性服务业发展的资金投入，放宽生产性服务业发展相关的限制性政策，积极促进生产性服务业向着专业化、规模化及拥有较强竞争力的行业目标发展；政府、行业协会及中介机构应积极发挥引导和支持作用，建立更为紧密的装备制造业与生产性服务业互动融合社会网络；为装备制造业、生产性服务业与科研机构创造更多的合作交流机会，拓宽资源渠道，优化网络结构，提高互动融合组织社会网络异质性水平；用户拥有对装备制造业与生产性服务业较强的控制能力，应当增强用户在互动融合组织社会网络中的地位，积极建立用户参与的生产形式，营造用户至上的营销氛围。

第三节　互动融合组织机制设计

装备制造业与生产性服务业互动融合的组织结构属于复杂的网络形式，互动融合各参与主体相互作用共同完成两产业的互动融合，各参与主体间存在着复杂的关系，互动融合组织机制能够建立参与主体间有序的协作关系，促进互动融合的发展。

一、互动融合组织的主导者

传统组织管理理论中组织的主导者一般指能够对组织进行直接设计与管理的高层领导或者由高层领导与组织外部咨询专家共同组成，还有可能是高层领导与各层次员工代表组成。在高层领导等的组织设计工作完成后，形成组织框架，完成组织任务。对于组织主导者而言，设计工作并不是其主要职能，更为重要的是，组织主导者还要负责调节相关主体关系，形成组织运行的主导者（吴昀桥、任浩，2015）。装备制造业与生产性服务业互动融合具有复杂的网络组织结构，不同于一般的组织形式，互动融合组织的主导者自然也不同于传统组织理论中的主导者。

从上文对互动融合系统组织社会网络中心度测度的结果可知，在互动融合内部装备制造业占据着核心位置，承担互动融合组织工作中的协调、决策责任，属于互动融合组织的主导者。然而在装备制造业与生产性服务业互动融合组织体系中，装备制造业与其他参与主体之间是相互配合、协调运行的统一整体，并不是孤立存在的，并不能作为互动融合组织的唯一主导者。在互动融合组织体系中，各主体为自身的利益积极地为互动融合组织工作提供资源，并且主动参与、配合互动融合组织运行。更为突出的是，根据互动融合组织工作的需要，在互动融合发展的不同时期，是由装备制造业和不同主体组成主导组合，共同发挥主导作用的。例如，在互动融合运行初期，装备制造业作为主导者，主导两产业互动融合，包括融合参与主体的选择、融合技术的选择、融合产品类型的确定等。由于装备制造业与生产性服务业互动融合是动态的过程，互动融合的组织工作也同样是动态变化的。当互动融合运行到一定阶段时，可能会面临技术、管理等难题，装备制造业与生产性服务业组成的主导者组合共同协调与其他互动融合参与主体如行业协会、中介机构、高等院校、科研院所等的协调方式。当互动融合经过一段时间的发展后，可能会遇到发展瓶颈，政府与装备制造业会成为具有主导作用的主导者组合，解决系统遇到的问题，指引系统的未来发展方向。总之，在装备制造业与生产性服务业互动融合中，各个主体之间联系紧密，在不同阶段以不同主体为主导者进行协调合作，促进互动融合系统组织工作。

二、互动融合组织目标

在明确了装备制造业与生产性服务业互动融合组织在不同阶段的组织主导者基础上，为进一步探究互动融合组织工作，需对互动融合组织目标进行分析。

互动融合组织的目标是实现装备制造业与生产性服务业的技术融合、产品融合、市场融合，最后形成新的融合型产业模式。而互动融合组织目标的实现实质上也是互动融合参与主体的价值整合过程。价值整合包括价值的扩散、价值的引导，在此基础上完成最终的价值的整合。价值扩散模式指互动融合中装备制造业的价值链进行分拆，使得生产性服务业可以成为装备制造业价值网络中的组成部分，形成组织结构的核心网络层。价值引导模式则指互动融合中装备制造业与生产性服务业作为主导者，在不同时期通过对政府、行业协会、中介机构、科研院所、高等院校、用户进行引导，使互动融合内主体在装备制造业与生产性服务业主导者组合的引导下参与到两产业互动融合的价值创造过程中，为互动融合吸引更多的技术、知识、资金、政策等资源，并且形成互动融合的松散网络层组织结构。在价值扩散和价值引导的基础上，完成互动融合的价值整合，形成具有装备制造业与生产性服务业两产业特点的新型产业。价值扩散是价值引导的基础，价值引导是价值整合的前提，价值整合是价值扩散和价值引导的最终结果。通过对互动融合内各主体资源要素进行有效整合，实现组织内资源要素的合理配置，进而形成互动融合中各主体之间协同作用，实现装备制造业与生产性服务业互动融合组织目标。

三、互动融合组织方式

通过对互动融合组织主导者和互动融合组织目标的分析发现，互动融合组织的目标的实现可以通过互动融合主体利益整合、互动融合主体目标整合、互动融合主体文化整合实现。

装备制造业与生产性服务业互动融合各主体能否有序运行，其基础是建立在利益整合的基础上。在《马克思恩格斯全集》中，马克思提到"人们奋斗所争取的一切，都与他们的利益有关"。为组织各参与主体实现装备制造业与生产性服务业互动融合，首先要对各主体间的利益进行整合。对互动融合各主体利益整合指改变由于各主体在互动融合过程中地位的差异造成的主体间利益的不公平现象，或者参与个体与互动融合主体利益难以达成一致的现象。通过建立合理的利益分配机制，消除参与主体间的利益冲突，营造和谐的互动融合氛围，形成有序的主体共同作用效果。

装备制造业与生产性服务业互动融合目标整合在互动融合组织工作中处于核心地位。在互动融合组织运行的过程中，互动融合参与主体间的目标一致性是互动融合资源共享、主体匹配协作的基础。在互动融合组织工作中，设立互动融合参与主体的共同目标，即在实现组织整体目标（两产业互动融合）的同时，实现互动融合参与主体的价值创造。在组织过程中，需要明确制定和设计互动融合主导者装备制造业的战略目标与生产性服务业发展目标的一致，还要保证互动融合其他参与主体包括政府、行业协会、中介机构、高等院校、科研院所的短期目标与装备制造业的战略目标的匹配，另外在组织互动融合过程中还要重点关注用户日益差异化的需求变化，保障互动融合的有效发展。

装备制造业与生产性服务业互动融合的文化整合更是互动融合组织工作的灵魂。两产业互动融合的实现关键在于互动融合参与主体自觉、自愿地参与和选择。当互动融合参与主体的文化认同一致时，各参与主体将会积极主动地参与到两产业互动融合中，并且能够有效地协调。

四、互动融合组织过程

装备制造业作为互动融合组织的主导者，在组织内扮演着"系统设计师"的角色，同时兼具有互动融合组织内主导规则设计、制定和价值链分解与集成的任务。互动融合组织的主导规则主要是对互动融合参与主体的行为标准，即检验标准，更是对所选生产性服务业部门功能和性能的要求。而"系统设计师"还需要对自身价值链进行分解，吸引更多的生产性服务业部门，再与生产性服务业部门进行互动融合。在两产业部门进行互动融合时，互动融合组织主导者组合即装备制造业与生产性服务业，装备制造业与政府，装备制造业与行业协会、中介机构，装备制造业与科研院所、高等院校，装备制造业与用户，通过对辅助规则的制定和设计，满足装备制造业与生产性服务业的价值链融合，共同完成互动融合组织工作。辅助规则通常指政府对两产业融合出台的相关规制、行业协会和中介机构关于两产业融合的标准及发展方向、科研院所和高等院校为两产业融合提供支持的条件以及用户为两产业融合的产出的需求等。互动融合组织过程，划分为以下三个主要步骤：

第一步，处于互动融合组织核心主导地位的装备制造业对组织主导规则进行制定，并对互动融合的价值链进行设计与分解。

第二步，不同的主导者组合发挥主导组合的引领、支撑作用，通过对两产业融合规制放松和政策完善、相关信息的收集与沟通、知识技术的支持和用户及市场的需求等辅助规则的形成，同装备制造业与生产性服务业进行利益整合、目标整合、文化整合，实现互动融合的价值整合，促使互动融合组织高效运行。

第三步，系统组织的主导者及主导者组合，根据互动融合的外部环境及内部参与主体的变化，对已经形成的组织工作进行持续的优化。

互动融合组织过程中信息甄别与传递是影响组织运行的重要因素。主导者及主导者组合通过发挥自身的信息传递优势，为互动融合组织运行提供支撑。在全球价值链和信息时代的共同背景下，市场竞争日益激烈，商业信息、科技信息千变万化，互动融合组织过程中市场信息的交换与政策信息的传递是组织运行的关键。组织内装备制造业企业或者生产性服务业企业单一主体单独完成对相关信息的搜寻、甄别会耗费企业大量的人力、财力，而且对于优质信息的判断及选取可能并不能得到满意的结果。政府关于装备制造业与生产性服务业互动融合的相关政策，在制定或者执行的过程中都有可能因为信息传递问题而影响组织的整体价值整合。互动融合系统以网络组织结构的独特网状联结为依托，主导者组合行业协会、中介机构为信息主要传输主体，加快信息在组织内的多方向流动。行业协会作为政府与装备制造业、生产性服务业之间的有效连接，发挥着强大的信息传递功能，有利于实现全面快速的双向交流，改善政策的时滞问题。通过行业协会，政府可以更全面地获取装备制造业与生产性服务业互动融合的信息，了解互动融合的发展趋势和发展中遇到的问题，制定有利于装备制造业与生产性服务业互动融合的产业政策。装备制造业与生产性服务业同样可以通过行业协会了解相关政策的变化及趋势，为产业的良性发展做好准备。同时，行业协会作为信息交流的中心，通过学术研讨和论坛等形式创造行业内信息及技术的交流机会。中介机构作为独立的组织机构，对信息与资源拥有强大的收集与系统分析能力，不但为装备制造业与生产性服务业双向选择提供支持，而且还能够搭建装备制造业、生产性服务业与科研院所、高等院校技术沟通的桥梁，实现组织内信息流通作用，促进组织运行。

"系统设计师"（装备制造业）通过组织内健全的信息传导机制，对组织所掌握的知识、技术、市场等信息进行分解与整合，再将信息传递到组织中的各个主体，进而对组织内的主体进行调节。当现有组织结构不能够满足新的知识、技术、市场信息的需求时，将会再次通过组织主导者和主导者组合进行重新调整和整合，形成互动融合系统的组织架构优化动态模式。

五、互动融合组织机制模型

在揭示互动融合组织目标的基础上，通过对互动融合组织过程的探究，本书构建装备制造业与生产性服务业互动融合组织机制模型，如图5-3所示。

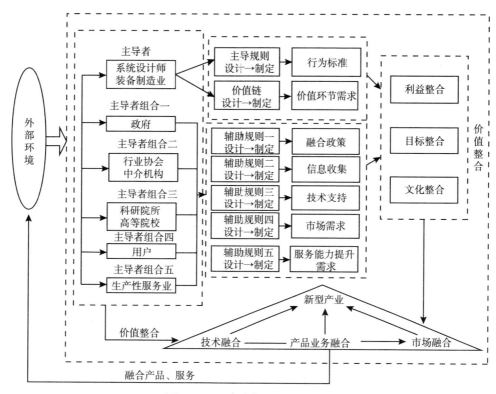

图 5-3 互动融合组织机制模型

在互动融合组织运行初期，处于主导地位的"系统设计师"即装备制造业掌握着组织的设计、制定等工作，此时装备制造业不但要对组织的主导规则进行设计、制定，而且还要完成自身价值链的分解工作。在此基础上，主导者组合实行自身的职责，设计和制定互动融合组织运行的辅助规则，支持互动融合内组织工作。在互动融合各参与主体明确自身位置及作用的基础上，实现互动融合的利益整合、目标整合、文化整合，促使互动融合完成技术融合、产品融合、市场融合，最终形成新型产业。通过互动融合组织工作的运行，互动融合能够向外部提供融合产品或服务，在外部环境的影响下，主导者也会发起对组织工作设计的改变，形成完整的组织动态优化过程。

本章小结

　　本章揭示了装备制造业与生产性服务业互动融合的网络组织结构，在此基础上构建互动融合网络组织结构模型，运用社会网络分析方法对互动融合组织进行分析和测度；分析互动融合中的组织主导者，揭示互动融合组织目标，探究互动融合组织方式、组织运行过程，在此基础上构建互动融合组织机制模型。

第六章

装备制造业与生产性服务业互动融合评价与调节机制

第一节 互动融合评价与调节机制构建

一、互动融合评价与调节机制内涵

1984 年诺伯特·维纳在他发表的《控制论——关于在动物和机器中控制和通讯的科学》中提出"控制论"一词，"控制论"来源于希腊文"mberuhhtz"。控制是为了改善受控对象的发展，以获得和使用信息为基础，对该对象形成作用的过程。在控制理论中，调节指通过系统状态的反馈，校正系统误差的过程。这反映出调节的关键步骤分别为反馈信息收集、评价、调节及传输。调节过程为系统输出信息通过恰当的监测装置进行收集，再实行收集信息反映状态的比较工作，通过相应的调节方式，改变输出信息而后再重新输入系统的过程。装备制造业与生产性服务业互动融合评价与调节机制是对互动融合过程中各主体从行为到资源及其与外部环境在运行过程中的相互作用，通过反馈的信息、评价、调节再到传输，形成的互动融合的动态作用循环。

在装备制造业与生产性服务业互动融合评价与调节机制中，反馈信息是其关键环节，也是贯穿于评价与调节机剖的基础。通过对反馈内涵的理解，对装备制造业与生产性服务业互动融合而言，评价与调节机制是通过对装备制造业与生产性服务业互动融合运行进行动态监测，获取相关信息，通过科学方法有效识别、收集互动融合输出信息，再对互动融合运行过程中输出的信息进行评价，进而针对评价结果进行调节，最后向装备制造业与生产性服务业互动融合进行信息反馈输入。在整个评价与调节机制中，还需要对整个机制运行过程实行管理和控制；以保障实现装备制造业与生产性服务业互动融合信息输出再返回到输入端的完整运行过程。

二、互动融合评价与调节机制设计

根据对装备制造业与生产性服务业互动融合评价与调节机制的分析，构建装备制造业与生产性服务业互动融合评价与调节机制，评价与调节机制包括信息收集传输机制、信息评价机制、管理控制机制、调节机制。如图 6-1 所示。

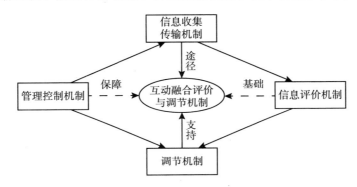

图 6-1 互动融合评价与调节机制

三、互动融合评价与调节机制路径

根据前文对互动融合评价与调节机制内涵的分析，揭示互动融合反馈运行路径，如图 6-2 所示。

1. 信息收集

以信息收集为主要任务，采取输出信息收集与甄别制度、信息标准化制度，将收集的信息进行甄选及标准化处理，同时运用信息储存与共享组织系统，将互动融合运行过程中的输出信息、计算数据和再次输入等进行储存，为互动融合运行提供信息支撑。

互动融合输出信息收集是进行评价与调节的关键，互动融合输出信息的相关数据是信息评价、调节及信息输入的前提与基础。信息收集最核心的任务是对互动融合输出信息进行收集和甄别，并且对重新输入后的再生信息进行汇总。在互动融合进行评价与调节工作时，输出信息的获取至关重要。在前文对互动融合评价与调节运行机制分析的基础上，考虑到时间等因素，得出在获取输出信息时应当遵从以下三点原则。

（1）关键性原则。

在互动融合信息输出时，对于互动融合所展现的全部信息并不是完全进行接收，而是要将其中的关键信息进行收集。互动融合是具有多主体的复杂系

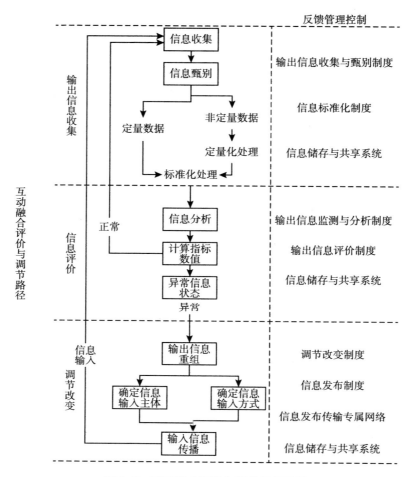

图 6-2　互动融合评价与调节机制路径

统，系统在运行过程中会输出大量的信息，随着互动融合的运行发展，输出信息也会不断地发生变化，互动融合反馈信息收集应当通过对互动融合关键环节的识别，汇总互动融合的关键信息，而不必苛求信息的全面性。

（2）及时性原则。

甄别和收集互动融合输出信息的及时性，可以保证所反映的信息为两产业互动融合运行的最新状态，有利于决策者对互动融合运行情况进行把握。在互动融合信息传输中，必然要经过信息的挑选和处理等环节，要尽可能缩减信息处理花费的时间，保障互动融合输出信息收集的及时性。

（3）准确性原则。

信息收集的准确性是进行互动融合评价与调节工作的基础。对于信息收集而言，一方面信息从互动融合中输出后经过甄别进行收集处理，另一方面经过处理后的信息将被重新输入互动融合过程，然后会再经过互动融合信息输出、输入进行新一周期的信息收集。在互动融合信息输出、处理、输入的过程中，信息经过传递、反馈等过程，都有可能造成信息失真，因此应尽量减少中间环节，并加强对信息传输环节的监督，确保收集的互动融合信息的准确性。

2. 信息评价

通过互动融合输出信息收集监测平台对信息数据进行提取，采用输出信息监测与分析制度、输出信息评价制度对数据进行计算，最终确定输出信息的情况。如果评价互动融合输出信息属于适宜互动融合运行范围，则将所得数据传输至信息储存与共享系统进行存储，并且重新将输出信息进行输入，但如果评价的输出信息不利于运行，则将进行下一步调节的准备。

互动融合输出信息评价过程实质是对运行情境进行描述，然后构建互动融合输出信息特定的认知地图的过程。该过程是对后文在寻找刺激点匹配即调节方案，最后形成有效匹配的输入信息的铺垫。互动融合情境描述是通过互动融合信息输出收集过程完成的，在输出信息收集完成后，经过信息评价中的基础信息分析，形成了初步的运行情况描述。构建互动融合输出信息特定认知地图，需要按照信息收集的三项原则对输出信息进行处理，计算指标数值，形成具有使用性的信息数据，进而构建输出信息认知地图，使决策者用最短的时间了解互动融合运行状态。

3. 调节及信息输入

在确定输出信息评价异常的前提下，需要将输出信息进行适当的调节，再确定信息输入的对象，并明确信息输入的方式，进而按照信息发布制度，运用信息发布网络发布信息，将输入信息有针对性地、迅速地传输至互动融合过程中的不同主体。在完成信息输入后，再进行对输入信息的传输效率、信息接收主体覆盖率以及接收主体的反应等信息的重新收集工作，形成互动融合输入信息反馈的实际效果汇总，并通过信息储存与共享对信息进行收集储存，增强互动融合信息反馈的完整回路。在互动融合输出信息收集和评价的基础上，完成评价与调节机制的最后阶段，即调节及信息输入，此过程实际是刺激点匹配与信息重组的过程。在已经构建的互动融合输出信息认知地图的基础上，利用评价与调节机制在管理控制中的预案信息库功能，在信息库中寻找解决方案与输出信息认知地图匹配。当然，如果在信息库中找不到可以匹配的解决方案，就需要建立专家咨询小组，对互动融合的信息重组进行建议，如图6-3所示。在解决方案被确定的情况下，进行互动融合评价与调节机制的最后环节，即信息重组及输入。此时，一方面要对互动融合进行信息重组的输入，另一方面还要对互动融合信息输入情况进行观测，利用信息储存与共享制度进行信息储存，完成评价与调节机制运行的完整路径。

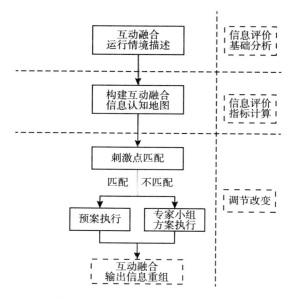

图 6-3　互动融合输出信息重组过程

第二节　互动融合信息收集传输机制与管理控制机制

一、互动融合信息收集传输机制

在装备制造业与生产性服务业互动融合运行的过程中，评价与调节机制可以有效收集互动融合输出的信息，通过评价互动融合状态，调节并改变互动融合的信息输入，以形成对互动融合功能的改变，促进装备制造业与生产性服务业互动融合顺利运行。根据对互动融合评价与调节机制内涵及路径的分析，本书认为互动融合信息收集传输机制主要包含互动融合输出信息收集和互动融合反馈信息发布及传输。

1. 互动融合输出信息收集

装备制造业与生产性服务业互动融合的信息输出有其运行发展的过程。通过信息收集，能够掌握互动融合信息输出的路径，就有机会通过评价与调节机制重新改变信息输入的可能。互动融合信息收集主要是通过对互动融合常规性信息进行广泛的收集，对已经出现或可能出现的风险迹象、征兆等信息进行观察，并且对相关的异常信息进行进一步的数据挖掘，通过信息分析手段甄别输出信息对互动融合运行的影响。互动融合信息收集主要包括对装备制造业与生产性服务业互动融合过程中的技术相关信息、组织相关信息、资源相关信息等进行数据收集、动态监测、寻找风险信息等。其中寻找风险信息的过程实际上是对数据收集和动态监测过程所获得信息的分析。

2. 互动融合反馈信息发布及传输

对于装备制造业与生产性服务业互动融合评价与调节机制的信息发布，首先，要判断互动融合反馈信息发布的对象。其次，将生成的反馈信息根据互动融合过程中包括的不同主体对于不同的信息需求，转换为针对不同主体的反馈信息，通过有效的渠道和通信方式进行传输。最后，提高互动融合中各主体适应能力，增强信息反馈的作用，实现互动融合的顺利运行。反馈信息的发布还应满足准确、迅速、全面等要求。

通过分析装备制造业与生产性服务业互动融合信息收集传输可以发现，互动融合评价与调节机制在互动融合运行中起着十分关键的作用。当互动融合信息收集传输机制得到很好的发挥时，能够在装备制造业与生产性服务业互动融合运行中遇到问题时，提供及时、准确的反馈信息，减少互动融合由于信息沟通产生的运行不畅，提高互动融合的运行能力。

信息收集传输机制一方面是对输出信息收集，另一方面是通过对已经修正的互动融合输出信息进行汇总并结合相关信息数据的分析结果，明确信息传输的范围和形式，再将信息分别输送给互动融合相关主体的过程。在互动融合信息传播中，首先通过输出信息收集、输出信息评价和调节输入信息等步骤，确定输入信息的特征，结合互动融合内部及外部的特殊环境，明确输入信息对象、输入信息范围和信息输入方式，然后利用互动融合信息发布传输专属网络将信息有效地传递给互动融合内的信息输入对象。信息输入范围的确定和信息发布传输专属网络的畅通是信息接收主体和输入信息传播效率的关键，直接关系到输入信息的准确性和有效性。

在完成互动融合信息输入后，互动融合的运行会发生一定的变化，再通过信息收集功能将信息接收主体覆盖率以及接收主体的反应等信息进行再收集，形成一套反馈信息收集传输完整回路。互动融合在输入信息传播及输入后，会通过信息储存与共享对信息进行收集储存，增强互动融合反馈信息收集及传输的完善性，进一步提升互动融合评价与调节机制的整体水平。

二、互动融合管理控制机制

互动融合的管理控制机制体现的是对信息收集传输、信息评价和调节的管理和控制职能。管理和控制机制的作用主要体现在两个方面：一是制度方面，二是方式方面。

系统性、完备性的信息反馈制度，能够有效推动评价与调节机制的运行，提高互动融合过程中各主体的响应能力和对信息反馈的管理与控制能力。评价与调节机制的建设需要依托制度的制定，设计制定适合互动融合特性的制度安排，加强信息反馈工作的深入，完善互动融合信息收集、信息评价、信息传输和信息输入功能，保障互动融合评价与调节的运行。互动融合评价与调节的相关制度包括信息收集与甄别制度、信息处理标准化制度、信息动态监测与分析制度、信息评价制度、信息发布制度和调节制度等。

互动融合过程包含多个主体，对其评价与调节机制的建设，需要建立专门的信息反馈网络，有效地协调互动融合内部不同主体的关系，调动资源并进行合理利用，实现信息反馈的一体化运作，并形成具有不同方式的信息处理手段，包括统一的输出信息收集监测平台、信息发布传输专属网络、信息储存与共享系统等。

第三节　互动融合运行状态评价机制

互动融合运行状态评价机制是通过将互动融合输出信息进行人工或计算机计算，生成反馈信息，再借助信息评价指标体系、科学分析方法及专家分析，对信息指标进行加权评分和综合评分，最后通过综合指标对装备制造业与生产性服务业互动融合运行状态进行评价。

一、互动融合运行状态评价指标体系构建

1. 互动融合运行状态评价指标的构成

在装备制造业与生产性服务业互动融合系统运行过程中，存在着众多的因素影响两产业互动融合系统的运行状态。首先，技术类因素显然是影响互动融合系统运行的重要因素，正是由于技术的创新、扩散、转移等促使装备制造业子系统与生产性服务业子系统形成共同的技术平台，实现两产业互动融合发展。其次，两产业互动融合系统是由多个子系统组成的复杂系统，系统内各子系统之间的关系决定着互动融合系统能否顺利运行，因此互动融合系统内的组

织因素成为实现系统运行的另一重要因素。最后，由于装备制造业与生产性服务业都具有知识密集的特性，同时装备制造业也属于资本密集型行业，两产业互动融合系统的运行对人力资源、信息资源等相关资源的需求很高，资源因素成为提升互动融合系统运行速率的主要因素。基于对两产业互动融合系统运行的分析，将两产业互动融合系统运行影响因素归纳为三类，即互动融合系统技术因素、互动融合系统组织因素、互动融合系统资源因素。在互动融合输出的信息当中，对于互动融合运行关联不大或者没有直接影响的信息不在此处进行分析，此处研究的是互动融合评价与调节机制中需要进行收集和评价的互动融合输出信息，此部分输出信息经过适宜的信息处理、重组，将再重新输入互动融合系统，影响互动融合的运行。

（1）互动融合系统输出技术因素。

技术的发展是推动两产业互动融合的重要因素。第一，技术创新、技术扩散、技术转移等因素能够直接影响互动融合系统的技术融合。第二，互动融合技术的兼容程度指新技术与现有生产能力的匹配程度，技术的兼容程度直接影响融合型产品的生产成本和融合型产品的产出，影响互动融合系统的产品融合。技术的成熟程度越高，越有利于将技术转变为融合产出，有效增强互动融合系统主体的积极性、主动性。第三，装备制造业产品具有知识密集程度高的特性，在这种情况下，技术复杂程度越高，两产业间表现出的彼此需求越强烈，越有利于融合型装备产品发展，为互动融合系统创造了更广阔的市场空间，直接影响互动融合系统的市场融合。此外，在互动融合系统运行的任何阶段，如果不利的技术因素累积到一定程度，会直接影响互动融合系统的稳定性和安全性，甚至会阻碍互动融合系统的正常运行，也就无法形成最终的融合型产业。这类与技术相关的，影响互动融合系统运行状态的因素称为互动融合系统运行技术影响因素。

（2）互动融合系统输出组织因素。

互动融合系统是一个拥有多个主体的复杂系统，建立和谐、有效的合作机制能够保障互动融合系统高效运行，相反，主体间的关系或者运行机制受到影响甚至遭到破坏，将导致系统运行障碍。例如，当出现资源分配、利益分配不合理时，会直接降低各主体间合作的积极性，导致互动融合系统出现组织问题，阻碍系统运行。互动融合系统主体间的合作还受到信任机制的影响，系统内各主体间的合作一旦遇到不公平、信息泄露、误解等，会直接造成信任危机，影响主体间的合作机制，使互动融合系统组织结构受到冲击，影响系统运行。另外，由于互动融合系统的特殊性，各主体在互动协作过程中，职能作用各不相同，但又相互关联，有时可能还会出现同一主体同时履行多种职能的情况，如行业协会需要引导装备制造业企业与生产性服务业企业互动融合发展，同时还会受到政府对互动融合宏观战略发展的指导。当系统内主体存在着多重复杂关系时，系统内各主体的沟通、关系的维护、合作机制的构建等成了影响互动融合系统稳定运行的重要因素，这类与系统组织相关的互动融合系统运行因素称为互动融合系统组织影响因素。

（3）互动融合系统输出资源因素。

互动融合系统运行实质上也是"资源开发—资源整合—资源转化—融合产出"的过程。资源的充足性和良好的分配及吸收能力是融合产出的必要条件。人力资源、信息资源、政策资源等都能够影响互动融合系统的运行，当这些资源的来源不稳定或者不充足时，都将破坏系统正常的运行秩序，这类与系统资源相关的因素称为互动融合系统资源影响因素。在互动融合系统运行过程中，三类影响因素可以单独发生，影响系统运行，但在大多数情况下系统并不是仅受到单一因素的影响，而更多的可能是同时受到两种或者三种因素的共同作用。

2. 互动融合系统运行指标内容

通过对装备制造业与生产性服务业互动融合系统运行因素的分析，将互动融合系统运行状态评价指标分为互动融合系统运行技术因素、互动融合系统运行组织因素、互动融合系统运行资源因素，互动融合系统运行状态评价指标如表 6-1 所示。

表 6-1　互动融合系统运行状态评价指标

目标层	准则层	指标层
装备制造业与生产性服务业互动融合运行状态	互动融合运行技术因素	技术兼容程度
		技术复杂程度
		技术成熟度
		技术创新能力
		技术扩散能力
		技术转化能力
	互动融合运行组织因素	组织间沟通能力
		组织间的信任程度
		组织间合作契约完善程度
		组织间的整合吸收能力
	互动融合运行资源因素	人力资源力量
		人力资源专业化水平
		科技环境发展水平
		信息平台完善程度
		政策支撑力度

二、互动融合运行评价信息的物元矩阵

1. 生成运行信息物元矩阵

互动融合运行状态的评价是根据互动融合运行评价指标，通过对指标信息的分析、计算，对互动融合运行状态做出判断，明确运行所对应的不同状态级别，现将运行状态等级由优至劣进行设定，分别为运行良好、运行正常、运行一般、运行受阻、运行严重受阻。结合互动融合运行指标的分析，根据技术因素、结构因素、资源因素三方面运行指标构建运行指标集 W，如表6-2所示。

表6-2 互动融合运行信息指标集合

技术因素指标集	组织因素指标集	资源因素指标集
技术兼容程度 W_1 技术复杂程度 W_2 技术成熟度 W_3 技术创新能力 W_4 技术扩散能力 W_5 技术转化能力 W_6	组织沟通能力 W_7 组织间的信任程度 W_8 组织间合作契约完善程度 W_9 组织间的整合吸收能力 W_{10}	人力资源力量 W_{11} 人力资源专业化水平 W_{12} 科技环境发展水平 W_{13} 信息平台完善程度 W_{14} 政策支撑力度 W_{15}

任意互动融合运行指标 W_k 满足 $1 \leq k \leq 15$，将 W_k 的取值范围划分为运行状态等级相对应的区间，即 W_k 的标准区间集为 $C_k = \{ [a_{k1}, b_{k1}], [a_{k2}, b_{k2}], \cdots, [a_{k5}, b_{k5}] \}$。构建互动融合运行的物元矩阵，其中包括运行状态等级集合 $W = \{ A^1, A^2, A^3, A^4, A^5 \}$、互动融合运行指标集合和标准区间集合。具体互动融合运行物元矩阵如下所示：

$$R = \begin{cases} W & A^1 & A^2 & \cdots & A^5 \\ W_1 & [a_{11}, b_{11}] & [a_{12}, b_{12}] & \cdots & [a_{15}, b_{15}] \\ W_2 & [a_{21}, b_{21}] & [a_{22}, b_{22}] & \cdots & [a_{25}, b_{25}] \\ \vdots & \vdots & \vdots & \ddots & \vdots \\ W_{15} & [a_{15,1}, b_{15,1}] & [a_{15,2}, b_{15,2}] & \cdots & [a_{15,5}, b_{15,5}] \end{cases}$$

2. 建立运行信息经典域和节域物元矩阵

本书选取互动融合运行相关的15个指标，对运行过程中这15个指标进行观测，识别运行指标的变化。在选定标准值之后，标准指标的值用 Z_k 表示，当指标向着不理想即负面变化时，变化的幅度越大，说明互动融合运行的不良状态级别越高，运行状态越差。以 V_k 表示指标的变化幅度，则有

$$V_k = W_k - Z_k \qquad (6-1)$$

当 $V_k>0$ 时，表明指标的状态向有利于运行的方向发展；当 $V_k<0$ 时，表明指标的状态向不利于运行的方向发展。互动融合运行的物元矩阵建立后，引入信号函数，将互动融合指标 W_k 进行变换运算，以解决运行指标出现负数的情况，同时确保互动融合运行指标 W_k 的取值范围在 ［0，1］，如式（6-2）所示。

$$W_k = \begin{cases} 0, & V_k \geqslant 0 \\ -V_k, & -1 < V_k \quad (1 \leqslant k \leqslant 15) \\ 1, & V_k \leqslant -1 \end{cases} \qquad (6-2)$$

将互动融合运行指标 W_k 的取值区间进行划分，共分为五个标准区间，W_k 的标准区间集合为 $\{[a_{k1}, b_{k1}], [a_{k2}, b_{k2}], \cdots, [a_{k5}, b_{k5}]\}$。为了强化互动融合运行指标的同步状态显现功能，运用归一化运算，将各个指标的变动进行同质化处理。设定运行指标的标准区间集合为 $\{[0, 0.10], [0.10, 0.30], [0.30, 0.50], [0.50, 0.70], [0.70, 1]\}$

针对互动融合运行的 5 个标准区间，运用物元可拓方法进行分析。结果表明，可拓区间能够覆盖各个指标的标准区间，满足拓展区间的设定条件。鉴于此。本书建立互动融合运行经典物元矩阵和互动融合运行节域物元矩阵，如式（6-3）所示。

$$R_1 = \begin{bmatrix} A^1级 & 技术兼容程度差别 & [0,0.10] \\ & 技术复杂程度差别 & [0,0.10] \\ & 技术成熟度差别 & [0,0.10] \\ & 技术创新能力差别 & [0,0.10] \\ & 技术扩散能力差别 & [0,0.10] \\ & 技术转化能力差别 & [0,0.10] \\ & 组织间沟通能力差别 & [0,0.10] \\ & 组织间的信任程度差别 & [0,0.10] \\ & 组织间合作契约完善程度差别 & [0,0.10] \\ & 组织间的整合吸收能力差别 & [0,0.10] \\ & 人力资源力量差别 & [0,0.10] \\ & 人力资源专业化水平差别 & [0,0.10] \\ & 科技环境发展水平差别 & [0,0.10] \\ & 信息平台完善程度差别 & [0,0.10] \\ & 政策支撑力度差别 & [0,0.10] \end{bmatrix}$$

$$R_2 = \begin{bmatrix} A^2级 & 技术兼容程度差别 & [0.10,0.30] \\ & 技术复杂程度差别 & [0.10,0.30] \\ & \cdots & \cdots \\ & 政策支撑力度差别 & [0.10,0.30] \end{bmatrix}$$

$$R_3 = \begin{bmatrix} A^3级 & 技术兼容程度差别 & [0.30,0.50] \\ & 技术复杂程度差别 & [0.30,0.50] \\ & \cdots & \cdots \\ & 政策支撑力度差别 & [0.30,0.50] \end{bmatrix}$$

$$R_4 = \begin{bmatrix} A^4级 & 技术兼容程度差别 & [0.50,0.70] \\ & 技术复杂程度差别 & [0.50,0.70] \\ & \cdots & \cdots \\ & 政策支撑力度差别 & [0.50,0.70] \end{bmatrix}$$

$$R_5 = \begin{bmatrix} A^5级 & 技术兼容程度差别 & [0.70,1.00] \\ & 技术复杂程度差别 & [0.70,1.00] \\ & \cdots & \cdots \\ & 政策支撑力度差别 & [0.70,1.00] \end{bmatrix}$$

$$R_P = \begin{bmatrix} 节域 & 技术兼容程度差别 & [0,1.00] \\ & 技术复杂程度差别 & [0,1.00] \\ & \cdots & \cdots \\ & 政策支撑力度差别 & [0,1.00] \end{bmatrix}$$

（6-3）

三、互动融合运行信息指标权重及其关联度

1. 互动融合运行信息指标权重

1948 年信息论之父 Shannon 提出"信息熵"一词，任何信息都存在冗余，冗余大小与信息中的字母、数字等出现的概率有关。信息熵是借鉴热力学中的热熵而来，可以根据出现的概率来衡量，描述的是信源的不确定性，是信息量加权的平均值。对于互动融合运行信息检测指标而言，信息熵越大，表明相对拥有确定的信息量越少，运行的无序状态越明显，对应的运行状态等级越低。关于权重设定，多数研究采用综合模糊评价方法，运用专家打分确定权重分配。本书基于对样本的监测获取实际数据，根据运行信息指标实际数据包含的信息量，从互动融合实际情况出发，采用信息熵对权重配置进行决策，拥有更强的客观性。

选取 n 个互动融合运行信息样本，以互动融合运行信息指标的实际数据为行向量，组成 n 个互动融合运行信息数据物元矩阵，如式（6-4）所示。运行指标值越小，说明指标对应的运行状态等级越低，表明运行状况越优，故对互动融合运行指标数据物元矩阵 D_x 中的各个指标 W_{ik} 所在的列向量进行标准化处理，得到 y_{ik}，由 y_{ik} 构成规范物元矩阵 D_y。

$$D_x = \begin{cases} & W_1 \quad W_2 \quad \cdots \quad W_{15} \\ & x_{11} \quad x_{12} \quad \cdots \quad x_{1,15} \\ & x_{21} \quad x_{22} \quad \cdots \quad x_{2,15} \\ & \vdots \quad\ \vdots \quad \ddots \quad \vdots \\ & x_{n1} \quad x_{n2} \quad \cdots \quad x_{n,15} \end{cases} \quad (6-4)$$

$$y_{ik} = \frac{\max(x_{ik}) - x_{ik}}{\max(x_{ik}) - \min(x_{ik})} \quad (6-5)$$

对矩阵 D_y 进行归一化处理，得到归一化矩阵 D_z，其中有

$$z_{ik} = \frac{y_{ik}}{\sum_{i=1}^{n} y_{ik}} \quad (6-6)$$

互动融合面对的运行指标在信息熵运算过程中，需要满足自然对数运算自变量为正实数，当 $z_{ik}=0$ 时，$\ln z_{ik}$ 无意义，故修正为

$$z'_{ik} = \frac{1 + y_{ik}}{\sum_{i=1}^{n} (1 + y_{ik})} \quad (6-7)$$

本书采用 E_k 表示互动融合系统运行指标的信息熵，根据信息论中信息熵的定义可知：

$$E_k = -\frac{1}{\ln(n)} \sum_{i=1}^{n} z'_{ik} \ln(z'_{ik}) \qquad (6-8)$$

通过信息熵计算互动融合反馈信息指标的权重为

$$w_k = \frac{1 - E_k}{15 - \sum_{k=1}^{15} E_k} \qquad (6-9)$$

2. 互动融合运行指标关联度

互动融合运行指标的实际取值与五个标准区间都有不同的归属程度，因此每个指标均存在五个关联度，关联度最大的标准区间为 $[a_{kl}, b_{kl}]$（$1 \leq l \leq 5$）。根据可拓学关于距的定义，本书引入距函数 $p(x, X)$，X 为标准区间 $[a, b]$，x 为指标的实际取值。

$$p(x, X) = \left| x - \frac{a+b}{2} \right| - \frac{b-a}{2} \qquad (6-10)$$

将距函数 $p(x, X)$ 的定义域进行扩充，用 Y 表示节域拓展区间，Y 的区间为 $[c, d]$，并且 X 的区间是 Y 的区间的子集，满足 $[a, b] \subseteq [c, d]$。由距函数 $p(x, X)$ 的定义可知：当 $x \in X$ 时，$p(x, X) < 0$；当 $x \notin X$，且 $x \in Y$ 时，则 $p(x, X) > 0$。用 $K(x)$ 表示互动融合系统运行指标的实际取值与标准区间的关联度为

$$K(x) = \begin{cases} -\dfrac{p(x, X)}{b-a}, & x \in X \\ \dfrac{p(x, X)}{p(x, Y) - p(x, X)}, & x \notin X \text{ 且 } x \in Y \end{cases} \qquad (6-11)$$

本书用 $K_j^l(x)$ 表示指标实际取值与运行指标的标准区间的关联度，则运行指标的实际取值与标准区间的关联度集合为

$$K_j^l(x) = \{ K_j^1(x), K_j^2(x), \cdots, K_j^5(x) \} \quad (1 \leq l \leq 5) \qquad (6-12)$$

四、互动融合运行信息及运行状态评价

1. 互动融合运行信息评估模型

任意互动融合运行指标 W_k 与五个状态等级都存在关联度，即任意指标 W_k

存在五个关联度。引入综合关联度即互动融合运行状态评价模型来评价互动融合的运行状态，综合关联度反映的是互动融合运行指标的实际取值与系统运行状态等级的综合归属程度，那么任意指标 W_k 也存在五个综合关联度。构建装备制造业与生产性服务业互动融合运行状态评价模型：

$$A_j^l = \sum_{k=1}^{15} w_k K_j^l \qquad (6-13)$$

其中，A_j^l 为两产业互动融合系统运行综合数值，w_k 为互动融合系统运行指标的权重，K_j^l 为互动融合系统运行指标关联度（$1 \leqslant l \leqslant 5$）。

2. 互动融合运行状态等级评价

根据互动融合运行状态评价模型可以得到关于互动融合的五个综合关联度，即 $A_j^l \in \{ A_j^1, A_j^2, A_j^3, A_j^4, A_j^5 \}$。在综合关联度集合中，综合关联度越大的指标与所属等级归属性越强，能够判定系统运行状态的等级。如果 A_j^i 为最大综合关联度，那么可以判定互动融合实际运行指标属于第 i 级（$1 \leqslant i \leqslant l$）。

3. 互动融合运行状态质量分析

在根据运行信息对装备制造业与生产性服务业互动融合运行状态进行评价时，可能会出现同一监测对象不同时期或者不同监测对象同一时期的运行状态等级相同。当运行状态等级相同时，监测的运行质量优劣差异还需再进一步分析比较。

在装备制造业与生产性服务业互动融合运行状态中存在 l 个运行状态等级，两个属于同一运行状态等级的运行信息监测样本 P 和 Q，其中 A_P 和 A_Q 分别为其最大的综合关联度，A_P^i 和 A_Q^i 分别是 P、Q 的第 i 个综合关联度。P、Q 的运行状态质量关系如下。

（1）当 $i=1$ 时。若 $A_P^2 < A_Q^2$，则可以判定 P 的运行状态质量略优于 Q。

（2）当 $1 < i < l$ 时。若 $A_P^{i-1} > A_P^{i+1}$ 且 $A_Q^{i-1} < A_Q^{i+1}$，则可以判定 P 的运行状态质量略优于 Q；若 $A_P^{i-1} > A_P^{i+1}$ 且 $A_Q^{i-1} > A_Q^{i+1}$，那么当 $A_P > A_Q$ 时，可以判定 P 的运行状态质量略优于 Q；若 $A_P^{i-1} < A_P^{i+1}$ 且 $A_Q^{i-1} < A_Q^{i+1}$，那么当 $A_P > A_Q$ 时，可以判定 P 的运行状态质量略优于 Q。

（3）当 $i=l$ 时。若 $A_P^{i-1} > A_Q^{i-1}$，则可以判定 P 的运行状态质量略优于 Q。

第四节　互动融合调节机制

对于装备制造业与生产性服务业互动融合评价与调节机制来说，调节机制是其完成评价与调节机制工作的重要环节。调节是在对输出的信息收集后，根据信息评价结果，采取相应的调节手段改变输入信息的过程。在面临输出信息不利于两产业互动融合运行时，互动融合主导者对输出信息的调节是利用机会制定最优解决方案的过程，为互动融合运行提供必要支撑。完善的调节机制不但要包含运行不利信息的调节解决方案，而且要涵盖适宜互动融合运行发展的输入信息调节预案。

一、调节机制的原则

在装备制造业与生产性服务业互动融合进行调节作用时，输出信息的调节至关重要，如果此环节运行不顺利，将会给互动融合运行带来巨大的损失。通过对互动融合调节的研究，能够有效改善和促进互动融合运行。在互动融合反馈信息调节过程中应遵循以下原则：

1. 时间性原则

通过研究成果可知，时间性是调节机制的关键。对于互动融合反馈信息的调节来说，调节的行动速度越快，互动融合反馈实行得就越顺利，因此互动融合能够在最短的时间内得到有利于运行的信息输入，完成两产业互动融合的调节改变作用，实现互动融合正常顺利运行。

2. 主动性原则

互动融合反馈信息调节是在反馈信息评价的基础上完成的，当反馈信息评价完成时，就意味着互动融合运行状态得以明确。此时应该根据运行状态等信息，明确反馈信息范围，确定调节方式，采取全面的、积极的、细致的反馈信息调节改变措施，实现调节机制的主动干预，缩短互动融合的评价与调节整体周期，强化信息在互动融合内传输的速度，促进互动融合运行。

3. 统一协调原则

装备制造业与生产性服务业互动融合是复杂多主体参与的过程，反馈信息的调节环节必然会改变整个互动融合的运行发展。一方面，在对互动融合输出信息的调节过程中，针对单一输出信息的单独调节，不能形成有效的调节作用，因此调节面对的是全面性信息的统筹控制；另一方面，互动融合输出信息经过调节后，进行传输的目标主体也并不是单一的主体，而是面向各主体之间的统一协调传输工作。统一协调不仅表现在对各个主体输出信息的收集上，还体现在各主体调节战略的一致性及主体间的资源互补性上。

二、技术类因素调节

装备制造业与生产性服务业都是技术密集型行业，互动融合的过程更是以先进技术为基础发展的。在互动融合运行过程中，由于技术本身因素形成的输出信息或者是其他因素导致的技术阻碍而输出的信息，是调节机制对技术信息方面调节的重点对象。针对以上两种输出技术因素信息特征，分别进行不同的调节策略，使互动融合在面临技术因素信息输出时可以进行快速应对。关于技术信息调节策略，可以将两产业互动融合参与主体间的人才进行共同组建，建立技术攻关团队，减少因技术研发、技术转化等技术难题造成的互动融合技术不足的情况；还可以设立互动融合技术专项准备金，防止由于资金短缺而引发的技术问题。此外，还可以积极与政府沟通，寻求政策补偿，改善技术阻碍因素对互动融合的影响，增强调节机制的效果。

　　除以上对于技术输出信息的调节外，装备制造业与生产性服务业互动融合输出技术因素信息的不利影响，主要由于互动融合内部技术兼容程度、技术复杂性、技术成熟度以及技术创新、技术扩散、技术转化等方面造成的互动融合阻碍而导致的。组织学习是技术创新的源泉，通过组织学习可以促进技术在企业中的发展和运用，同时组织学习也是企业成长的关键因素。对于装备制造业与生产性服务业互动融合反馈的技术因素信息而形成的互动融合阻碍，还可以通过组织学习对其进行调节。Huber（1911）提出的组织学习包括知识获取、信息分发、信息揭示和组织记忆。有效的互动融合内部参与主体间的组织学习，可以对两产业互动融合的相关技术问题进行调节。知识获取包括先天学习、经验学习、替代学习和移植学习，互动融合内部的知识获取能够提升参与主体对互动融合技术的掌握程度和促进技术的成熟度提高等。信息分发指将组织学习的信息分享给组织中全部成员，这样就能够化解互动融合过程中遇到的技术扩散难题。信息揭示体现的是通过组织学习形成组织上下一致的行动方案，这样有利于互动融合的技术转化。组织记忆实质就是对学习过程和学习结果的信息反馈，也是组织学习促进技术创新的过程。通过合理的组织学习，能够有效调节互动融合过程中形成的技术问题。

三、组织类因素调节

　　互动融合组织因素信息是输出信息的重要组成部分，组织因素信息主要体现在互动融合过程中各参与主体之间的合作，主要就是由于各主体间信息不对称、利益分配出现危机或者互动融合参与主体间由于注重自身利益而产生的缺乏有效沟通等问题。及时调节装备制造业与生产性服务业互动融合输出的结构因素信息，建立积极有效的信任关系，能够有效改善和预防互动融合参与主体间的结构性问题。

1. 合理地选择互动融合参与主体间信任建立的途径

　　在装备制造业与生产性服务业互动融合过程中存在多个主体，并且随着互动融合的发展，其内部主体组成也发生变化，因此要考虑，如何使参与互动融合的各方主体建立信任关系。根据 Doney 等（1998）归纳的结果，可以通过选择以下五种途径建立互动融合主体间的信任。

（1）计算途径。装备制造业与生产性服务业互动融合过程中参与各主体可以通过计算其他主体方诚信或者欺骗的成本，考虑范围包括其他主体方的名誉和财务等，来确定是否对其进行信任。当失信的成本大于利益时，没有哪一方愿意进行欺骗行为，即自身是可以被其他主体信任的。在互动融合中，各参与主体之间需要明确守信和失信的成本，并且评估在互信中获得和失去的价值，在合理的分析机会成本大于收益的情况下，可以更好地建立互动融合参与各方主体间的信任关系。

（2）预测途径。装备制造业与生产性服务业互动融合是一种长期的行为，在互动融合过程中，各主体的信任关系不能仅依靠计算途径，因为计算途径在一些情况之下不能够完全确定其他主体方是否守信。在这种情况下，可以通过对其他主体方的预测，完成互动融合参与主体间的信任确定。预测途径主要是通过对其他主体过去的行为进行判断，通过以往的行为一致性和其可预测性等对信任进行决策。

（3）动机途径。在两产业互动融合过程中参与各方如果愿意理解其他方的意图和动机，并愿意按照对方的方式进行互动，那么利他的动机能够有效地建立互动融合各方的信任。当两产业互动融合的参与主体拥有共同的规范和价值观时，有利于形成互动融合参与各方的责任感、互惠意识和合作精神，形成动机途径的互动融合各方的信任关系。

（4）能力途径。在互动融合过程中，参与各方之所以愿意与其他方建立信任关系，其中的一个重要原因是对方能够完成需要履行的义务，也就是拥有能够实现任务的能力。通过互动融合参与各方能力的展现，能够促进各方建立彼此信任的关系。

（5）转移途径。在两产业互动融合过程中，参与主体之间的信任可以通过信任转移传递给第三方，建立信任关系。例如，行业协会或中介机构拥有良好的信用机制，获得了装备制造业的信任，当其为装备制造业与生产性服务业、高等院校等主体进行沟通时，装备制造业对其的信任可以直接转移到第三方，这种信任的转移实质是信任的扩展。转移途径有利于互动融合参与主体间形成多方的信任关系。

在装备制造业与生产性服务业互动融合过程中，时间不同，主体则不同，因此需要选择不同的建立信任的途径。根据互动融合反馈组织信息的不同，可以选择一种或者多种信任途径的组合来实现对不同组织信息进行调节的目的。

2. 重视互动融合参与主体间的沟通

装备制造业与生产性服务业互动融合参与主体间良好的沟通和积极的信息交流是建立信任、化解矛盾的关键因素。互动融合主体间良好的沟通，能够有效消除互动融合过程中主体间潜在的冲突，增加参与主体间的可信程度，建立各方的共同价值标准，并建立参与各方管理人员和员工的个人关系，从而形成参与主体间坚固的信任机制。为使两产业互动融合参与主体拥有良好的沟通，需要为各主体建立有效的沟通渠道。首先，可以形成各方主体参与的会议制度，并且固定会议周期，为各方沟通提供机会；其次，可以通过行业协会组织相关会议，使互动融合相关各方共同学习，增加价值认同；再次，以研究机构或高等院校为技术的提供方，形成互动融合各方参与的专项小组，在解决互动融合过程中遇到问题的同时，增加参与各方人员个人友好关系；最后，还可以以用户为中心，形成对用户需求分析的研讨，使参与互动融合的各方可以形成信息的对称性，增强参与各方的参与感，建立良好的沟通氛围。

3. 信誉机制的建立

信誉机制的建立是维持互动融合参与主体信任，调节互动融合过程中组织因素的有效保障。信誉机制的建立，可以有效防范机会主义的发生，可以从以下三方面对信誉机制进行建立。首先，社会信誉的完善，社会信誉需要政府、中介机构等组织的共同作用，通过制定信誉保障制度及信誉评价、质量认证等相关制度，进而对社会信用机制进行建立。其次，两产业互动融合参与主体自身的信誉建立。互动融合参与主体自身的信用建立，一方面，可以通过对自身信誉进行长期投资，不为眼前小利诱惑，以增加自身的信誉记录；另一方面，可以通过与其他主体建立长期的合作互动关系，增加其他主体对自身的合作利益期望，以此增强自身的信誉。最后，还可以通过加强两产业互动融合参与主体间的文化建设，减少因各方管理模式、经营理念等不同而造成的信誉缺失问题，形成互动融合参与各方的共同追求和相同的价值观，增强互动融合参与主体共同的信誉。

四、资源类因素调节

互动融合资源因素的不利信息输出时，表现为互动融合过程中的资源可能出现供给不足的情况，资源的来源受到影响等，此时针对互动融合资源类因素的不利信息的调节，可根据运行信息评价结果，采取适应不同资源因素运行信息的调节策略。当关于装备制造业与生产性服务业互动融合的人力资源供给不足或者来源不稳定时，需要两产业互动融合内主体相互配合，拓宽互动融合人力资源的来源。通过政府部门与高等院校、科研院所、装备制造业、生产性服务业等互动融合参与主体共同作用，制定出台吸引互动融合相关人才的政策，从直接经济资助和间接经济补贴两方面实行人才吸引策略。直接经济资助包括装备制造业企业、生产性服务业企业、高等院校、科研院所在人才吸引中的"安家费"及"科研启动金"等资金的直接投入形式，间接经济补贴包括购房补贴、车补、医疗、子女教育等形式的资金投入。在吸引互动融合相关人才的同时，还要注重对互动融合内部现有人才的支持和培养。一方面，要加大对现有人才的经济补贴和拓宽人才的晋升渠道；另一方面，则可以通过装备制造业企业、生产性服务业企业与高等院校、科研院所、中介机构针对互动融合相关人才的联合培养方案，培养满足互动融合需求的人才，改善互动融合人力资源不足和来源不稳定等问题。关于知识、技术等信息资源表现出的资源不足而不能够支撑装备制造业与生产性服务业互动融合的情况，就需要对互动融合的相关资源进行整合。由于知识、技术等资源是在装备制造业、生产性服务业、行业协会、中介机构、科研院所、高等院校间进行传输的特性，因此知识、技术资源传输的通畅能够很好地改善这类问题。具体调节步骤为：疏通各主体间的资源传输渠道，改善互动融合资源淤积，并对知识、技术等资源进行规划，通过组织学习、信任建立等方式合理地对有限知识、技术资源进行扩散和传导。关于因互动融合资金资源而形成的对互动融合的阻碍，需要对资金来源进行拓展，如开展政府、企业、个人和风险投资等。

第五节　装备制造业与生产性服务业互动融合运行评价与机制调节：以东北地区为例

我国政府文件中明确提出要大力发展装备制造业，东北地区作为我国重要的老工业基地，对其两产业互动融合运行机制进行实证研究对于东北地区两产业互动融合发展具有重要的理论指导意义。

一、东北地区装备制造业与生产性服务业互动融合运行现状

1. 东北地区两产业互动融合发展现状

2016年，《中共中央　国务院关于全面振兴东北地区等老工业基地的若干意见》提出，到2020年，东北地区在重要领域和关键环节改革上取得重大成果，在此基础上再用10年左右时间，实现全面振兴。装备制造业作为东北老工业基地的支柱产业，具有一批比较优势明显的装备制造业，包括汽车、通用

设备、专用设备、铁路船舶、航空航天设备等。更形成了一批具有广泛市场影响力的知名品牌，包括沈阳机床（集团）有限责任公司（以下简称沈阳机床）、一重集团、瓦轴集团、哈电集团、特变电工沈变集团、沈飞集团、沈阳黎明、哈飞集团、大连船舶重工集团、中国一汽、长客股份、大连机车等。

沈阳机床作为沈阳重要的装备制造业龙头企业，不断调整自己的思路，通过提供定制化产品，为客户量身打造 i5 智能机床，并且将金融租赁服务引入，使 2016 年订单总量超过 2015 年订单总量的 11 倍；沈鼓集团在与生产性服务业融合方面已经形成具有自身特色的装备制造行业，从生产"心脏"设备到进行战略贮备库管理，从在线监测用户设备到为用户提供设备抢修，沈鼓集团在与生产性服务业互动融合的路上不断前行，且 2015 年 3 月 27 日沈鼓云服务平台远程监测中心上线，实现了沈鼓产品全生命周期服务和客户终身价值管理的核心价值；中国中车集团长春轨道客车股份公司（简称"长客股份"）三大主营业务包括研发服务、新造、检修及运维服务，2015 年长客股份董事长王润提出"单纯靠研发制造很难支撑长远发展"，必须形成成套的服务解决方案，从生产型企业向服务型企业转变，于是长客股份建设了国家技能大师工作室、国家轨道客车系统集成公车技术研究中心、高速列车系统集成国家工程实验室、国家级企业技术中心、博士后科研工作站等技术创新平台为制造的研发阶段提供服务，并且正在积极拓展城市轨道车辆检修及运维服务。

为加快实现"中国最好、世界一流"的战略目标，完成生产型制造向服务型制造的转变，哈电集团于 2009 年 12 月 18 日成立哈电集团现代制造服务产业公司，以延伸服务产业链为突破口，促进现代服务业加快向电站设备用户渗透。企业一方面发展生产服务环节，推动研发、设计、营销、品牌推广，系统集成等向上下游延伸；另一方面通过用户信息收集了解客户需求，并反馈形成技术研发信息输入，促进发电设备制造服务与先进制造技术的互动融合发展。2010 年 9 月 2 日成立哈电集团财务公司，为成员单位办理财务和融资顾问、信用鉴证及相关的咨询、代理业务，协助成员单位实现交易款项的收付、代理经批准的保险业务，对成员单位提供担保、办理票据承兑与贴现、办理成员单位之间的内部转账结算及相应的结算、清算方案设计、吸收成员单位的存款、同业拆借等业务。

东北地区装备制造业与生产性服务业互动融合发展已取得一定进展，但还存在一系列问题。东北地区服务业发展整体滞后，生产性服务业对东北地区两产业互动融合起到的促进作用非常有限，互动融合仍以装备制造业为主导。2013 年，东北地区人均第三产业产值为 21756 元，低于全国平均水平。2014 年东北地区服务业增长率为 7.6%，低于 2013 年的 7.8%，成为全国四大板块中服务增长率最低的地区，服务业发展不足（金凤君等，2016）。另外，虽然东北地区目前仍以装备制造业为两产业互动融合的主导者，但是不容乐观的是，东北地区装备制造业整体的发展趋势呈现出发展缓慢的状态（陈琳琳等，2016）。

2. 东北地区互动融合运行机制现状

根据东北地区现状分析东北地区互动融合运行机制，不但可以从理论层面对东北地区两产业互动融合进行指导，而且可以从实际出发对两产业互动融合运行相关理论进行检验。

（1）东北地区两产业互动融合动力机制现状。

东北地区装备制造业与生产性服务业互动融合动力的协同机制体现为东北地区两产业互动融合的政府推动力、技术支撑力、需求拉动力、企业带动力的共同影响，推动东北地区两产业互动融合运行发展。

东北地区两产业互动融合的政策推动力十分强劲，为东北地区提供持续的动力作用。东北地区自国家层面印发制造业发展相关文件以来，推动高端装备制造业以及发展服务型制造业成为各地发展的重点。为提高装备制造业的核心竞争能力，促进两产业互动融合发展，中央及各级政府发布了众多政策法规。2015年《关于促进东北老工业基地创新创业发展打造竞争新优势的实施意见》明确指出，要支持中德（沈阳）高端装备制造产业园、大连中以高技术产业合作重点区域建设，优先支持东北地区与国际产能合作，实现装备"走出去"的愿望，对并购海外科技型企业的装备制造业企业进行重点支持，依托政府创建两产业互动融合平台，并设立海外研发机构，以政策推动力促进东北地区高端装备制造业与生产性服务业互动融合发展。2016年，《中共中央 国务院关于全面振兴东北地区等老工业基地的若干意见》指出，优先支持东北装备制造业走出去，推进东北装备"装备中国"、走向世界，并且大力发展以生产性服务业为重点的现代服务业。同时，实施老工业基地服务型制造行动计划，引导和支持制造业企业从生产制造型向生产服务型转变。2016年，《国务院关于深入推进实施新一轮东北振兴战略加快推动东北地区经济企业向稳向好若干重要举措的意见》明确提出，支持东北地区提高服务型制造能力，通过鼓励采用国产装备等方案，使东北装备提升竞争能力。2017年，《沈阳市人民政府办公厅关于印发沈阳市贯彻落实东北振兴"十三五"规划工作任务分工方案的通知》指出，要积极发展高端装备制造业，对航空发动机、燃气轮机等重大工程项目重点支持，推动两产业互动融合。2017年3月7日，《国务院办公厅关于印发东北地区与东部地区部分省市对口合作工作方案的通知》，鼓励引导东部地区大型装备制造业企业在东北地区设立研发制造基地，支持东部工业设计企业与东北地区制造企业合作，提升东北制造的设计水平和品牌形象。中央、地方政府对东北地区装备制造业与生产性服务业互动融合实施的鼓励政策，有效促进了东北地区两产业互动融合运行发展。

东北地区的技术支撑力也是支持东北地区两产业互动融合发展的重要动力。东北地区科研基础比较好，拥有船舶制造国家工程研究中心、高档数控国家工程研究中心、国家水力发电设备工程技术研究中心、国家真空仪器装置工程技术研究中心、特高压变电技术国家工程实验室、高速列车系统集成国家工程实验室（北方）等科研机构对技术进行支撑（贾若祥，2015）。东北地区分别拥有全国12.4%和8.4%的研发机构和研发人员，10.2%和11.2%的高等学校和高级以上职称教师。仅辽宁重大东北制造协同创新中心就研发实现多项重大装备关键技术，如在高性能零部件制造理论与技术方面，"关联面形约束的大型复杂曲面加工技术与装备"获教育部技术发明一等奖；在大型石化压缩机关键技术方面，实现百万吨乙烯装置"中国心"的诞生，助推沈鼓集团跻身世界压缩机行业前三名；在管线压缩机关键技术方面，打破电驱长输管线压缩机依赖进口局面，解决国家重大需求；大型掘进机关键技术打破了国外技术封锁，实现我国自主技术研发；巨型起重装备关键技术使大型海洋平台建造周期缩短30%。东北地区拥有较强的研发能力，众多装备制造关键技术水平处于行业前列，能够为东北地区装备制造业与生产性服务业互动融合提供技术支持，促进互动融合的动力聚合。

东北地区经济发展总体水平在全国范围内而言发展较为缓慢，装备制造企业大多走制造发展的老路，此时东北地区的企业带动力，包括企业高层决策者的决策支撑和企业的收益动力成为东北地区装备制造业与生产性服务业互动融合运行发展的强大动力。中车长春轨道客车股份有限公司（简称"长客股份"）成立于2002年3月，是我国最大的轨道客车研发、制造、检修及出口基地，是中国地铁、动车组的摇篮。2015年3月《中国制造2025》出台，长客股份高层领导紧跟国家政策，提出"自主创新、深度掌控"的发展思路。按照企业高层决策者的发展规划，目前长客股份主营业务包括轨道客车研发服务、新造、检修及运维服务三大业务板块，其中研发服务业务主要是依托国家工程技术中心和国家工程实验室为供应商、客户、友商、合作伙伴提供各种试验、分析和测试服务，检修及运维服务业务方面正在拓展城市轨道车辆检修以及运维服务业务。在长客股份高层领导的决策支撑下，企业正在从生产型企业向服务型企业转变，直接推动互动融合运行。沈阳机床股份有限公司（简称"沈阳机床"）于1993年5月成立，据数据统计，2011年沈阳机床实现机床销售收入27.83亿美元，名列世界机床行业第一。2002年，关锡友担任沈阳机床总经理时提出："德国的工业制造为什么强大？因为人家的好产品背后是一个体系，或者说是一个生态在支撑。"关锡友觉得，对于沈阳机床未来想要打造的商业模式，以及这种商业模式的精神——利他意识和用户意识，必须让员工认清并内化为习惯。因此，关锡友和一帮高管亲自授课，就是要锻造一支懂得公司未来商业模式的强大服务团队（杨光等，2015）。在高层领导决策下，沈阳机床实现了对装备产品的全生命周期管理，推动了装备制造业与生产性服务业互动融合运行发展。沈阳机床的全生命周期管理是为每一台机床都建立专属档案，实现使用前的融资租赁、U2U 开机付费模式；使用中进行全程跟踪确保零部件运送，最大限度地保持机床的运转；使用后，当机床达到报废年限时进行回收，实现用户报废机床残值最大化。

东北地区两产业互动融合的需求拉动力主要表现为东北地区市场对高技术装备产品需求强烈、专用化装备产品需求迫切、老设备改造服务需求急切。市场与政府同样存在千丝万缕的联系，鲍德威在《公共部门经济学》、萨缪尔在《经济学》以及安东尼·唐斯在《民主经济理论》中都提到政府与市场的关系问题（Salamon，2002；赛威尔森，2008），政治学和经济学理论学派也都从各自学派角度出发强调对政府干预或市场自由（詹姆斯·M. 布坎南，2015），还有观点认为政府市场协同可以推动科技经济协同发展（Liu et al.，2011）。在东北地区装备制造业与生产性服务业互动融合运行过程中，无论是市场环境还是政府政策都为其提供动力支持。受 2008 年金融危机影响，东北地区装备制造业低端产品订单大幅下降，相反，自主创新的高端新产品订单保持旺盛势头。以沈阳机床为例，普通经济型机床与一般数控机床的订货量下降了 45% 和 5%。瓦轴集团汽车、冶金和机床轴承需求量分别下降 60%、30% 和 30%。自主创新高端产品的市场应变能力和抵御风险能力显著提高。一重集团自主研发的高技术含量、高附加值的百万千瓦级核电、大型铸造锻件订单已占年订货量的 60%，其中承接核电主设备锻件 16 套，占国内市场份额的 90%。大连重工起重集团的先进兆瓦级风电机组订货量高达 6200 套。东北地区对高技术装备产品的需求强烈，而高技术产品对于研发环节的要求很高，需要装备制造业同生产性服务业及互动融合内科研院所、高等院校等共同协作，以完成高技术装备产品的研发工作，形成互动融合的动力聚合作用。另外，东北地区是我国工业的摇篮，其装备制造业在全国工业中占据着相当大的比重。中华人民共和国成立以来，东北地区在数控机床、大型船舶、海洋工程、铁路机车等重大装备上取得了许多次"全国第一"。近年来，东北攻关的一批大型装备打破了海外垄断，对于服务中国制造的下游产业、提升"世界工厂"的整体制造水平，起到了带动作用。东北地区拥有明确自身优势的装备制造行业，所以市场对专用或专门化数控机床需求巨大，特别是铁道机车车辆制造业、汽车零部件制造业、空调制冷设备制造业、航空设备制造业等对专门或专业化机床需求较大，鉴于东北地区的此种市场需求，满足客户需求的专业化定制和全面解决方案是市场需求的最优选择。东北地区市场对装备产品的专业化、定制化产品需求迫切，需要装备制造业与生产性服务业及互动融合内政府、行业协会、中介机构等协同合作，推动东北地区装备制造业与生产性服务业互动融合运行。在对东北老工业基地的调查中发现，大型国有企业拥有的设备很多，但设备数控化率非常低，数控化率为2%~4%，一些机床企业的数控化率也低于5%。部分行业拥有重型、超重型机床，但设备陈旧，不能适应生产需要，急需数控化改造升级。对基础装备的升级改造需求，也是东北地区两产业互动融合需求拉动力的重要组成部分。

（2）东北地区互动融合组织机制现状。

2012年，辽宁重大东北制造协同创新中心成立，该中心由大连市政府、高校和企业共同组建。其中，大连理工大学作为牵头单位，东北大学、沈阳工业大学、大连交通大学和沈鼓集团为核心协同单位，西南交通大学、北方重工、大连重工和瓦轴集团为主要参与单位。5家高校成员负责重大装备基础理论与共性技术研究；4家企业成员负责重大装备的产品化实施；辽宁省政府提供政策、资金、项目等支撑条件，引导和推进高校参与装备制造业服务化发展。沈鼓集团作为装备制造业与生产性服务业互动融合发展的企业，与政府、高等院校及其他装备制造业企业共同实现两产业互动融合，突破一批关键技术，实现百万吨乙烯装置"中国心"的诞生，助推沈鼓集团跻身世界压缩机行业前三名；围绕重大关键共性技术研究和产品开发方面需求进行人才培养，参与高校设立重大装备制造领域创新实践班、机械工程国际班、机械类"茅以升班"等，并聘请国际知名大学教师、企业科研人员作为指导教师，实现人才的共同培养，改变单纯由高等院校等组织提供人才培养的模式，实现培养适合东北制造协同创新，并且拥有实践背景和国际化视野的两产业互动融合人才。辽宁重大东北制造协同创新中心，以装备制造业、大连市政府、高等院校等为组织主导，共同完成组织的价值整合。

2012年9月24日，由沈阳远大企业集团、沈阳市科技局、沈阳市经信委共同建立东北地区重要的科研基地及公共研发服务平台，其由企业主导、政府参与、高等院校提供人才支持，为远大装备制造企业及省内其他企业提供信息服务、人才服务、融资服务、市场退关服务、生产制造、管理运营、成果交易等生产性服务，实现以远大装备制造企业为中心的装备制造业与生产性服务业的互动融合。主要成效包括动态混合控制机器人实现代替人力进行繁杂机械加工工业，实现制造航空航天发动机机体及发动机叶片、舰船推进器旋桨和汽车发动机表面自动化精加工等。

通过对东北地区装备制造业与生产性服务业互动融合组织运行分析发现，东北地区互动融合组织运行的总体状况一般，仅有部分地区、部分企业形成具有一定组织规模、运行机制完整的互动融合系统，尚未形成东北地区完善的装备制造业与生产性服务业互动融合组织运行机制。

现有东北地区互动融合组织中组织主导者以行业龙头国有企业居多，且能够完成作为互动融合组织的主导者进行主导规则和价值链的设计与制定。其他主导者包括政府、行业协会、中介机构、科研院所、高等院校也能较好地参与并完成两产业互动融合组织内的辅助规则设定工作。东北地区互动融合组织内的用户主导作用并未有效发挥，究其原因在于融合型产品多数属于高技术或高端制造设备，其用户分布较广，并且东北地区分布的融合型装备产品的用户较少。由于地域原因和东北地区两产业互动融合组织内用户数量少、地位不受重视等情况，东北地区互动融合组织内用户作用并没有得以有效发挥。东北地区装备制造业与生产性服务业互动融合组织内以国有大型装备企业为主导，以地区政府为推动，行业协会、中介机构、科研院所、高等院校在政府的主导下，为融合提供支撑。通过对东北地区两产业互动融合组织机制的研究发现，生产性服务业在组织运行中地位偏低，其主要原因在于东北地区生产性服务业行业水平较差，生产性服务业不具备在互动融合组织中发挥主导者的条件，难以与装备制造业进行匹配，从而阻碍了两产业互动融合运行。

（3）东北地区互动融合运行评价与调节机制。

由前文对东北地区装备制造业与生产性服务业互动融合动力机制和组织机制的分析可知，东北地区动力运行比较顺畅，拥有较好的动力潜能，但东北地区互动融合的组织机制并不完善，组织内生产性服务业主体相对薄弱，不能与组织进行良好的匹配，组织运行受到一定影响，并且目前还没有形成完整的东北地区互动融合组织运行机制。

东北地区装备制造业与生产性服务业互动融合的评价与调节机制是通过东北地区互动融合反馈信息收集、反馈信息评价、调节、信息再输入等过程完成的。评价与调节机制是基于对信息的作用来完成的，大数据的发展对于信息的收集、评估和传输等都具有重要的作用。目前，我国已经形成8个国家大数据综合试验区，2017年全国大数据发展水平指数东北地区的辽宁省为33.28，吉林省为20.00，黑龙江省为20.89，在全国31个省份的综合排名中黑龙江省和吉林省位于倒数第八和倒数第七，辽宁省作为东北地区唯一拥有国家级大数据综合试验区的地区，其发展指数位列全国第十一，辽宁省的大数据产业发展可以带动整个东北地区产业发展。2016 年 12 月，"东北智库网络合作平台"揭幕，东北地区相关政府部门、高校、科研院所、企业等组成的开放式合作平台，通过共同开展信息沟通、资源共享、课题研究、政策咨询、人才培养等构建全方位、多层次的智库合作机制。东北地区通过大数据产业的发展和"东北智库网络合作平台"等平台的成立，装备制造业与生产性服务业融合反馈运行提供基础，支撑反馈信息的收集、传输等具体工作。在此基础上还可以进行互动融合评价运行的管理控制的建设，形成符合东北地区地域特性的评价与调节运行制度。在互动融合调节与评价机制中，反馈信息评价是评价与调节运行的基础，只有对东北地区装备制造业与生产性服务业互动融合运行进行合理评价，才能够采取相应的调节机制。为构建完善的东北地区互动融合评价与调节机制，有必要对东北地区互动融合反馈信息评价建立可行性、代表性、稳定性、持续性、灵敏性的反馈指标体系。

二、东北地区装备制造业与生产性服务业互动融合运行状态评价

1. 东北地区互动融合运行指标体系

关于东北地区装备制造业与生产性服务业互动融合指标的选取，需根据前文对互动融合信息评价指标的分析，包括技术因素信息、组织因素信息、资源因素信息来进行具体分析，并结合东北地区现状，构建适宜于东北地区特征的两产业互动融合信息评价指标，如表 6–3 所示。

东北地区装备制造业与生产性服务业互动融合信息评价指标的原始数据主要来源于《中国统计年鉴》、《中国工业统计年鉴》、《中国科技统计年鉴》、《中国第三产业统计年鉴》、《中国教育统计年鉴》以及地方统计年鉴。本书选取的装备制造业数据是参考孙晓华和郭旭（2015）的研究，根据国民经济分类方法，包括金属制造业、通用装备制造业、专用设备制造业、交通运输设备制造业、电气装备及器材制造业、电子及通信设备制造业、仪器仪表及文化办公用装备制造业 7 大类，其中消费品制造业并不属于装备制造业范畴，考虑数据可得性及消费品制造业所占比重很小，故只将 7 大类行业数据作为装备制造业数据。关于生产性服务业数据获取，考虑数据的可得性等原因，在《中国第三产业统计年鉴（2016）》分类的基础上，选取交通运输、仓储和邮政业，信息传输软件和信息技术服务业，金融业，租赁和商务服务业，科学研究和技术服务业作为生产性服务业代表。由前文分析可知，东北地区装备制造业与生产性服务业互动融合反馈信息指标的标准值是很难判断的，随着经济的发展变化，其判断标准一直处于变化当中，为反馈信息指标的标准值判定增加了很大难度，关于东北地区互动融合反馈信息指标的对比标准值，本书选取北京作为标

准值，北京不但是我国政治文化的中心，更是我国的经济中心，第三产业规模位居中国大陆第一，同时装备制造业的发展也在全国前列，反映出互动融合运行的良好状态。当信息指标向着不理想即负面变化时，说明东北地区互动融合运行状态越差，反映的互动融合运行不良状态级别越高。对此，本书研究分别选取来自辽宁、吉林、黑龙江、北京的数据，并以北京的数据为比较基准，以第六章引入的信号函数将信息指标进行变换运算，即可得到东北地区装备制造业与生产性服务业互动融合信息指标所对应的实际数据取值。

表 6-3　东北地区互动融合信息评价指标

目标层	指标层	指标说明
东北地区装备制造业与生产性服务业互动融合运行状态	技术兼容程度	技术引进经费支出／技术改进经费支出
	技术复杂程度	技术引进支出／技术消化支出经费
	技术成熟度	专利实用新型数量／专利申请数
	技术创新能力	有效发明专利数／专利申请数
	技术扩散能力	新产品开发数／专利授权数
	技术转化能力	新产品数量／专利授权数
	组织间沟通能力	装备制造业信息化的 R&D 经费外部支出（对研究机构及高校）
	组织间的信任程度	1/ 应收账款平均回收期
	组织间合作契约完善程度	区域法学研究生毕业人数
	组织间的整合吸收能力	装备制造业信息化技术消化吸收经费支出
	人力资源力量	装备制造业信息化平均用工人数
	人力资源专业化水平	区域 R&D 经费投入／区域 R&D 人员
	科技环境发展水平	区域科学研究和技术服务业产值
	信息平台完善程度	技术市场技术输出地域合同数
	政策支撑力度	R&D 经费内部支出政府资金

2. 互动融合运行指标信息熵权重与综合关联度

（1）东北地区互动融合运行指标信息熵权重。

为准确判断东北地区互动融合运行状态，本书将辽宁（L）、吉林（J）、黑龙江（H）所对应的实际数据分别生成相应物元矩阵，并且以行向量的形式进行排列，最终生成数据物元矩阵 D_X。将物元矩阵 D_X 中的各个指标所在的列向量进行标准化处理，通过信息熵计算东北地区装备制造业与生产性服务业互动融合运行指标权重，如表6-4所示。

$$D_X=\begin{matrix} W_1 & W_2 & W_3 & W_4 & W_5 & W_6 & W_7 & W_8 & W_9 & W_{10} & W_{11} & W_{12} & W_{13} & W_{14} & W_{15} \\ 0.94 & 0 & 0.88 & 0.68 & 0.06 & 0.48 & 0.65 & 1 & 0.76 & 0.54 & 0.65 & 0.78 & 0 & 0.83 & 0.87 \\ 0.51 & 0 & 0.61 & 0.82 & 0.48 & 0.61 & 0.90 & 1 & 0.77 & 0.97 & 0.80 & 0.83 & 0 & 0.97 & 0.94 \\ 0.20 & 0 & 0 & 1 & 0.86 & 0.23 & 1 & 1 & 0.88 & 0.96 & 0.77 & 0.83 & 0 & 0.97 & 0.92 \end{matrix}$$

表6-4　东北地区样本指标权重

运行指标	权重
技术兼容程度	0.0593
技术复杂程度	0.0594
技术成熟度	0.0759
技术创新能力差异	0.0634
技术扩散能力差异	0.0592
技术转化能力差异	0.0706
组织间沟通能力差异	0.0662
组织间的信任程度差异	0.0683
组织间合作契约完善程度差异	0.0695
组织间的整合吸收能力差异	0.0656
人力资源力量差异	0.0680
人力资源专业化水平差异	0.0660
科技环境发展水平差异	0.0764
信息平台完善程度差异	0.0648
政策支撑力度差异	0.0662

（2）样本综合关联度。

样本关联度计算。

本书选取样本L、J、H的物元矩阵数据，以反馈信息经典域和节域物元矩阵为基准物元，根据前文给出的关联度计算公式，得到样本L、J、H的各个指标值与五个运行等级之间的关联度，分别如表6-5、表6-6、表6-7所示。

样本综合数值计算。

构建如下互动融合反馈信息评价模型：

$$A_j^l = \sum_{k=1}^{15} w_k K_j^l \qquad （6-14）$$

表6-5　辽宁省样本指标值与五大运行等级之间的关联度

样本 L\\指标	K_J^1	K_J^2	K_J^3	K_J^4	K_J^5
技术兼容程度	−0.822	−0.771	−0.680	−0.467	0.300
技术复杂程度	−0.722	−0.643	−0.500	−0.167	0.000
技术成熟度	−0.700	−0.614	−0.460	−0.100	−0.067
技术创新能力	−0.644	−0.543	−0.360	0.100	−0.179
技术扩散能力	0.400	−0.400	−0.800	−0.880	−0.920
技术转化能力	−0.442	−0.273	0.100	−0.040	−0.360
组织间沟通能力	−0.611	−0.500	−0.300	0.250	−0.222
组织间的信任程度	−1.000	−1.000	−1.000	−1.000	−0.167
组织间合作契约完善程度	−0.767	−0.700	−0.700	−0.300	0.133
组织间的整合吸收能力	−0.489	−0.343	−0.080	0.200	−0.313
人力资源力量	−0.611	−0.500	−0.300	0.250	−0.222
人力资源专业化水平	−0.756	−0.686	−0.560	−0.267	0.100
科技环境发展水平	0.000	−1.000	−1.000	−1.000	−1.000
信息平台完善程度	−0.811	−0.757	−0.660	−0.433	0.400
政策支撑力度	−0.856	−0.814	−0.740	−0.567	0.400

表6-6　吉林省样本指标值与五大运行等级之间的关联度

样本 J\\指标	K_J^1	K_J^2	K_J^3	K_J^4	K_J^5
技术兼容程度	−0.900	−0.871	−0.820	−0.700	0.133
技术复杂程度	−0.911	−0.886	−0.840	−0.733	0.100
技术成熟度	−0.900	−0.871	−0.820	−0.700	0.133
技术创新能力	−0.800	−0.743	−0.640	−0.400	0.233
技术扩散能力	−0.442	−0.273	0.100	−0.040	−0.360

续表

样本 J 指标	K_J^1	K_J^2	K_J^3	K_J^4	K_J^5
技术转化能力	−0.567	−0.443	−0.220	0.450	−0.264
组织间沟通能力	−0.889	−0.857	−0.800	−0.667	0.167
组织间的信任程度	−1.000	−1.000	−1.000	−1.000	−0.167
组织间合作契约完善程度	−1.000	−1.000	−1.000	−1.000	−0.167
组织间的整合吸收能力	−0.744	−0.671	−0.671	−0.233	0.067
人力资源力量	−0.967	−0.957	−0.940	−0.540	−0.067
人力资源专业化水平	−0.778	−0.714	−0.600	−0.333	0.167
科技环境发展水平	−0.811	−0.757	−0.660	−0.433	0.267
信息平台完善程度	0.000	−1.000	−1.000	−1.000	−1.000
政策支撑力度	−0.967	−0.957	−0.940	−0.900	−0.067

表 6-7 黑龙江省样本指标值与五大运行等级之间的关联度

样本 H 指标	K_J^1	K_J^2	K_J^3	K_J^4	K_J^5
技术兼容程度	−0.967	−0.957	−0.940	−0.900	−0.067
技术复杂程度	−0.900	−0.871	−0.820	−0.700	0.133
技术成熟度	−0.778	−0.714	−0.600	−0.512	0.500
技术创新能力	−0.844	−0.800	−0.720	−0.462	0.300
技术扩散能力	−0.844	−0.800	−0.720	−0.533	0.300
技术转化能力	−0.361	0.350	−0.233	−0.540	−0.378
组织间沟通能力	−1.000	−1.000	−1.000	−1.000	0.167
组织间的信任程度	−1.000	−1.000	−1.000	−1.000	−0.167
组织间合作契约完善程度	−0.867	−0.829	−0.829	−0.368	0.600
组织间的整合吸收能力	−0.956	−0.943	−0.920	−0.692	−0.067
人力资源力量	−0.744	−0.671	−0.540	−0.233	0.167
人力资源专业化水平	−0.811	−0.757	−0.660	−0.433	0.267

指标＼样本 H	K_J^1	K_J^2	K_J^3	K_J^4	K_J^5
科技环境发展水平	0.000	−1.000	−1.000	−1.000	−1.000
信息平台完善程度	−0.967	−0.957	−0.940	−0.900	−0.067
政策支撑力度	−0.911	−0.886	−0.84	−0.733	0.033

计算样本 L、J、H 分别与五个等级的综合关联度，如表 6-8 所示。

表 6-8　东北地区样本与五大运行等级的综合关联度

监测样本＼综合关联度	A^1	A^2	A^3	A^4	A^5
L	−0.589	−0.640	−0.536	−0.296	−0.149
J	−0.767	−0.798	−0.721	−0.538	−0.051
H	−0.784	−0.784	−0.781	−0.667	0.039

3. 样本运行状态等级评价及结果分析

样本综合关联度是样本区域与互动融合运行等级之间归属的综合反映，综合关联度越大的样本与其等级归属性越强，越能够判定信息样本所对应的运行状态等级。根据实证结果可知，辽宁、吉林、黑龙江三省运行指标的综合关联度与运行等级 A^5 运行严重受阻关联度最大，可以判定辽宁、吉林、黑龙江三省装备制造业与生产性服务业互动融合运行状态不佳，都处在运行严重受阻状态，需要进行全面调节。关于辽宁、吉林、黑龙江三省互动融合运行状态质量的比较，根据上文可知，当三个样本同时处于 A^5 级时，若 $A_P^{i-1} > A_Q^{i-1}$，则可以判定 P 的运行状态质量略优于 Q，此处样本 $A_L^4 > A_J^4 > A_H^4$，即辽宁省互动融合运行质量略优于吉林省，吉林省装备制造业与生产性服务业互动融合运行质量略优于黑龙江省。

东北三省互动融合系统运行状态不佳，主要有以下原因：第一，2013 年全国三大产业结构为 10.0∶43.9∶46.1，东北地区为 11.6∶49.7∶38.7，东北地区第三产业占比与全国产业比重结构相差较大，东北第三产业发展明显不足，互动融合系统内相关的知识、技术发展水平与先进地区存在较大差距。2003~2013 年，东北地区第三产业年均增长率低于全国平均水平 0.3 个百分点，东北地区研发、金融业、电子商务、快递业等生产性服务发展严重滞后，导致互动融合系统的研发、创新能力不足，严重影响互动融合系统的运行。第二，东北地区国有经济和大型企业的比重仍然高于全国水平，有些仍保持着"一企独大"，并未形成众多企业共同发展、相互协作的局面，单纯依靠个别装备制造企业难以带动整个东北地区互动融合系统的运行。第三，东北地区 2/3 以上的装备制造业规模和资产集中在辽宁省。吉林省拥有少量具有一定的竞争力且效益较好的装备制造企业，如汽车工业装备制造等。黑龙江省的产业发展问题最为严峻，虽然拥有个别发展较好的装备制造业企业，如哈电集团、哈飞集团等，但是整体水平较差。三省资源差距明显，导致辽宁省略优于吉林省，吉林省略优于黑龙江省。

三、东北地区装备制造业与生产性服务业互动融合调节与实现策略

1. 东北地区互动融合动力机制调节与实现策略

（1）提升东北地区互动融合运行动力。

当前东北地区互动融合运行动力能够起到一定的支撑作用，但东北地区互动融合运行整体效果不佳，需要增强两产业互动融合的动力，带动互动融合运行状态向上一级别跃迁。为实现增强东北地区互动融合运行动力的目标，应从以下方面对东北地区互动融合动力进行提升。

1）提升企业带动力。

互动融合的企业带动力主要来源于企业收益的提高和高层领导对互动融合支持的决策支撑。东北地区由于其所处的地理位置和经济发展水平，致使其金融行业发展缓慢，严重影响了互动融合企业带动力。企业的资源禀赋能够影响企业的价值整合（綦良群、张昊，2017），通过改善东北地区互动融合的金融环境，减少资金困难，从而增加企业的收益，提升领导的决策支撑。一方面，从政策性金融机构方面改善东北地区互动融合的金融环境。依据国家与省级政府政策在信贷利率方面体现出倾斜性，以扶持装备制造业与生产性服务业的互动融合，同时对提供高附加值产品或服务的装备制造业与生产性服务业实行差异化利率，引导更多的企业和资本进入市场。东北地区政策性金融机构需要承担更多的融资担保业务，同时东北地区各省级政府应鼓励民间资本商业性担保公司的发展，两者共同配合，建立能够支持互动融合发展的担保体系。另一方面，从市场性金融机构方面改善东北地区互动融合金融环境。市场性金融机构具有更高的自由度，对互动融合的资金支持更加灵活、便捷。第一，针对东北三省各省需要大力发展的且能够提供高附加值产品或服务的装备制造业与生产性服务业企业，在审核其信贷能力时，由于新进入市场的企业在净资产项上通常难以达到审核标准，因此可以将审核重点放在产品或服务的潜力和未来预期收益上。第二，为了促进装备制造业与生产性服务业的互动融合运行，市场性金融机构可以创新金融产品如知识产权质押融资、产业链融资等，并建立与之

配套的协同推进机制、风险管理机制与评估管理机制（姚芊，2011）。第三，应加快风险投资行业的建设。目前东北地区的高新技术企业和风险投资发展明显增加，无论是装备制造业企业还是风投机构都应抓住发展机会，利用自身的发展带动另一方的发展。建议鼓励民间资本进入，设立多层次的交易市场，并建立行之有效的产权交易机制和风险退出机制。通过完善东北地区互动融合金融环境，为互动融合提供充足资金及融合渠道，提升东北地区互动融合的运行动力。

2）提高互动融合技术支撑力。

互动融合运行技术支撑力对运行具有重要作用。现阶段东北地区对于知识产权的保护力度和产学研合作都有待加强，以保障互动融合所需的知识、技术创新，进而提高东北地区两产业互动融合的技术支撑力。一方面，加大知识产权保护力度，实现企业技术人员知识产权转化为技术股份、知识产权质押融资等，鼓励知识产权及相关法律类生产性服务业的发展，形成健全的保护机制和专利预警机制，不间断地为东北地区互动融合提供所需知识、技术。另一方面，产学研合作不但有利于互动融合内各要素协调发展，而且是为互动融合提供必要技术动力的主要通道。加速推动东北地区产学研结合的进程，能够有效提升互动融合技术动力。目前，辽宁省的创新财力资源和专利申请基本都是以企业为主，大专院校和科研单位为辅；吉林省与黑龙江省的创新财力资源基本以企业为主、政府资金为辅，专利申请以企业和大专院校为主、科研单位为辅。由此可以看出，辽宁省的企业创新能力相对较强，主要由企业进行创新投资，而吉林省与黑龙江省的技术创新还要依靠政府资金进行拉动。东北地区的高校资源丰富，其中不乏国内一流高校，具有产学研合作的基础。对于达成协议的高校、企业与科研院所，高校和科研院所应安排相关人员多次进入企业进行实地考察，避免研究与生产脱离实际。推进产学研合作的重点是提高三方信任程度，政府需要构建安全有保障的契约环境，在开发出新技术以后明确技术的产权与合作期限，使整个流程透明化（黄劲松，2015）。

3）扩大市场需求实现对互动融合的拉动力。

市场需求是推动互动融合运行的重要动力，为扩大东北地区互动融合的市场需求，必须要形成具有东北地区地方特色的装备制造业与生产性服务业互动融合发展方向。一方面，辽宁省拥有沿海经济带，较吉林省和黑龙江省具有地理位置上的优势，因此，在保持现有装备制造业优势地位的情况下，继续发展辽宁省的智能装备产业，利用辽宁省现有生产性服务业发展优势，进一步提升生产性服务业与互动融合匹配，大力发展智能装备与先进生产性服务业互动融合，形成高端互动融合产品，扩大特色市场规模，引领东北地区互动融合向高端智能方向发展。另一方面，考虑到辽宁省生产性服务业在东北地区的先进水平，规划可考虑发展面向东北三省的金融服务业、商务服务业以及面向国内外的现代物流业，扶持生产性服务业向吉林省和黑龙江省扩大，改善吉林省和黑龙江省的互动融合要素匹配问题。吉林省装备制造业与生产性服务业互动融合的发展，应注重示范企业的带头作用，以省内汽车装备制造龙头企业的需求为中心，发展与之配套的生产性服务业，对于一些中小型装备制造业，鼓励其将服务环节外包出去，加快吉林省装备制造业与生产性服务业互动融合的运行发展，实现以单一突出行业带动吉林省两产业互动融合的目标，并且在单一突出行业逐步扩大市场占有率，扩大市场范围。黑龙江省装备制造业与生产性服务业互动融合应顺应区域特点，利用电力装备、航空航天装备、轨道交通装备优势与生产性服务业实现小规模深度融合，还可以依靠农业大省的资源优势，发展农业机械装备制造业及配套的生产性服务业。从现有优势行业和现有资源优势两方面扩大黑龙江省装备制造业与生产性服务业互动融合市场规模，提升市场需求对东北地区两产业互动融合的拉动力。

（2）政策推动力降低东北地区互动融合运行阻力。

1）改善要素水平不匹配产生的阻力。

生产性服务业是互动融合中的重要组成要素，东北地区由于地理位置偏远，经济发展缓慢，生产性服务业水平在全国处于靠后位置，成为东北地区两产业互动融合运行的阻力。要改变东北地区生产性服务业现状，减弱由于要素不匹配而产生的阻力，需从以下内容进行改善。一方面，要加大政府对东北地区生产性服务业的支持力度，特别是增强对知识、技术相关服务业发展的扶持，提升东北地区生产性服务业总体水平；另一方面，要加强东北地区生产性服务业人才福利。东北地区的经济环境和水平相对发达地区及沿海省份相差较大，因此缺乏吸引外来人才的能力，所以留住及用好本地人才是人才配置体系的重点。考虑到生产性服务业具有产品附加值高、硬件设备投资小的特点，对于在读的高校学生应鼓励其在生产性服务业方向创业，符合认证条件的学生创业可以申请免息贷款。对于自主研发的技术成果，其技术转化收益可全部归自身所有；对于选择留在本地的省内大学一流学科毕业的应届生，可以依据其签订就业合同的年限由省级政府出资按月给予补贴；对于科研院所等事业单位的科技人员，应改善包括户口、住房、医疗、子女教育等方面的待遇条件，提高其收益分配比例，激发创新热情。

2）降低创新能力低下产生的阻力。

长期以来，东北三省的大型装备制造业创新能力和在全国市场上的竞争能力日趋下降，究其原因，主要是由于过度依赖资本的直接投入而带动增长，影响了东北地区互动融合组织的价值整合，阻碍了互动融合运行的活力。因此，政府的投资方式需要从直接的资本投入转向间接的资金投入。政府投资政策需要避免直接干预资源配置的做法，对内需要吸引发达地区的企业和资本进入东北市场，给东北地区装备制造业企业带来竞争和活力，为组织内部选择组织成员提供更为广阔的选择范围；对外应该扩大贸易范围，包括省外贸易和进出口贸易，给省内企业提供更多合作和交流的机会。对于生产性服务业应采取激励措施，针对高技术类服务业实际投入使用的专利产品应进行一定金额的奖励，若担保类金融服务业为高技术类服务业企业担保，发生担保代偿损失，政府可以适当补贴代偿损失，提升组织价值整合的利益，建立优质的东北地区两产业互动融合运行状态。

3）减少设备老化产生的阻力。

东北地区是我国的老工业基地之一，装备制造设备老化现象严重，严重影响装备企业发展，阻碍高技术生产性服务业嵌入发展，形成了东北地区互动融合运行的阻力。政府应允许生产设备老旧的企业加速折旧，3~5年对省内装备制造业企业所得税酌情减免10%~15%，有长期合作协议的装备制造业企业与生产性服务业企业的企业所得税酌情减免15%~20%。装备制造业与生产性服务业企业当年应纳税额中的R&D支出，可允许在税前加倍扣除，根据企业与上一年度的增长幅度可实行差异化比例，最高不超过3倍（顾海峰，2011）。政府可设立硬件设备投资专项基金政策，涉及对象主要为东北地区的交通运输设备、通用设备及专用设备等基础性的装备制造业，其生产效益不高且资源利用率低下，主要是由于该部分企业生产设备普遍老化。政府政策可针对部分具有一定实力的企业等联合出资成立专项投资基金，用于老旧设备的更换，并且被选定的装备制造业企业需将下一年度较之前平均水平实际提高的生产利润的50%用于还款，申请专项投资基金的企业需要由评估机构对其信用水平和生产能力进行评估，并以此为依据规定实际投资率。除此之外，由于高附加值的装备制造业如电气装备及器材制造业、电子及通信设备制造业在东北地区并未形成规模，因此政府可选择几家有潜力的企业着重进行硬件设备投资，回收资金的速度和周期可相应延长以促进高技术装备制造业在东北三省的发展，进而改善因设备老旧而引起的互动融合阻力问题。

2. 东北地区互动融合组织机制调节与实现策略

（1）增强东北地区互动融合组织的动态协调能力。

装备制造业与生产性服务业互动融合中包含多个主体。利益相关者理论强调，组织内任意一个利益相关者的投入都会影响整个企业的发展，并且企业追求的是利益相关者的总体利益，而非单一的利益相关者利益。为建立完善的东北地区装备制造业与生产性服务业互动融合组织机制，应增强东北地区互动融合的组织动态协调能力。通过对互动融合组织社会网络中心度测度的结果可知，在互动融合组织内部装备制造业占据着核心位置，承担互动融合组织运行的协调、决策责任，故需加强东北地区装备制造业在互动融合中的主导位置。然而在装备制造业与生产性服务业互动融合组织体系中，装备制造业与其他参与主体之间是相互配合、协调运行的统一整体，并不是孤立存在的。在互动融合组织体系中，各主体为自身的利益积极地提出互动融合组织协调发展的意见，并且主动参与、配合互动融合组织运行。更为突出的是，根据运行需要，在互动融合发展的不同时期，是由不同主体发挥主导作用的。东北地区互动融合运行整体状态不佳，需要将组织内装备制造业和生产性服务业需要进行有效对接，而由于东北地区地理位置特殊，生产性服务业发展缓慢，如何实现生产性服务业的寻找与匹配，成为影响东北地区互动融合组织运行的问题之一。建议加大东北地区中介机构与行业协会的发展力度，进行适当的政策引导，鼓励形成东北地区装备制造业与生产性服务业发展行业协会，给予中介机构一定的政策，支持中介机构的发展，使两者在东北地区互动融合组织运行中发挥辅助主导者的作用。同时，形成东北地区装备制造业与生产性服务业互动融合系统内各个主体之间的紧密联系，在不同阶段以不同主体为主导进行协调合作，促进东北地区互动融合发展运行。

（2）加强东北地区互动融合组织的信息沟通。

装备制造业与生产性服务业互动融合过程中市场信息的交换与政策信息的传递是装备制造业与生产性服务业互动融合运行的关键。在全球价值链和信息时代的共同背景下，市场竞争日益激烈，商业信息、科技信息千变万化。装备制造业企业或者生产性服务业企业单独完成对相关信息的搜寻、甄别，会耗费企业大量的人力、财力，且对于优质信息的判断及选取并不能得到满意的结果。同时，政府关于装备制造业与生产性服务业互动融合的相关政策，在制定或者执行的过程中都有可能因为信息传递问题而影响互动融合的运行。

针对东北地区装备制造业与生产性服务业互动融合现状，建立以网络组织的独特联结，以行业协会、中介机构为信息主要传输主体，加快信息在组织内的多方向流动，是强化东北地区互动融合组织沟通的高效办法。建立东北地区装备制造业与生产性服务业行业协会，并加强行业协会的信息收集及传输功能，使东北地区互动融合内通过行业协会实现东北地方政府与装备制造业、生产性服务业之间的有效连接，实现全面快速的双向交流，改善东北地区关于装备制造业与生产性服务业相关政策的时滞问题。此外，还需建立行业协会向东北地区政府部门的信息输送通道，在东北地区建立行业协会直接对口政府部门，通过行业协会使东北地区地方政府可以更全面地获取区域内装备制造业与生产性服务业互动融合的信息，了解互动融合的发展趋势和发展中遇到的问题，制定有利于东北地区的装备制造业与生产性服务业互动融合发展的产业政策。装备制造业与生产性服务业同样可以通过行业协会了解相关政策的变化及趋势，为产业的良性发展做好准备。同时，需要进一步增强东北地区行业协会信息交流功能，通过学术研讨和论坛等形式创造东北地区装备制造业、生产性服务业与国内、国际其他区域行业内信息及技术的交流机会，实现东北地区互动融合组织的信息沟通，促进东北地区装备制造业与生产性服务业互动融合良性运行发展。

3. 东北地区互动融合评价与调节机制实现策略

建议提高东北地区互动融合的信息收集传输功能，建设东北地区互动融合信息化平台，促进东北地区互动融合评价与调节机制的信息收集传输功能的提升。从表 6-5 至表 6-7 可看出，吉林省和黑龙江省在组织间的有效沟通差异指标在 [0.7，1] 区间上表现出了紧密的关联度，与其他区间的关联度差距非常大，这说明吉林省和黑龙江省的装备制造业与生产性服务业互动融合间的联系不紧密，信息交流程度滞后，辽宁省在这一指标差异上优于吉林省与黑龙江省，但其关联度仍然在关联第四区间最大，组织间的沟通障碍不可忽视；对于组织间的信任程度差异，东北三省表现出了同等水平的低信任程度，从侧面反映各组织之间较高的信息不对称性。基于数据分析可知，建设东北三省区域内互动融合信息化平台有其必要性和紧迫性。省级政府掌握着丰富的行业信息，应由政府投资建立针对装备制造业与生产性服务业互动融合的信息平台，通过招标的形式选择能够提供高技术服务业的企业进行平台的后续维护，将省内大小企业的相关资料在平台上进行注册，并由各企业进行信息完善。平台提供发布需求信息服务、订单管理和追踪服务、物流链服务、企业综合素质评估、咨询服务以及组织学习服务，对于已经实现智造的装备制造业企业还可以提供对生产过程中产品的设备号跟踪，以便订购方估算产品周期以及自身资金回收周期，有利于增强产业信息透明度。基于此平台可以逐步实现东北地区装备制造业的云制造模式，实现资源利用最大化，也为第三方物流、供应链的管理及优化、企业管理咨询和评估、长期协议等融合方式提供了条件和保障，完善东北地区互动融合的评价与调节机制。

本章小结

本章在分析互动融合评价与调节机制内涵的基础上，设计了互动融合评价与调节机制，包括信息收集传输机制、管理控制机制、信息评价机制、调节机制，在此基础上揭示了互动融合评价与调节的运行路径；阐述了互动融合信息收集传输及管理控制的内容。从技术类因素信息、组织类因素信息和资源类因素信息三方面，构建运行状态评价指标体系，基于信息熵权物元可拓模型方法设计互动融合运行状态评价模型，提出根据运行状态信息评价互动融合运行状态的方法，并给出相同等级的运行状态的质量比较方法；基于互动融合评价机制，构建互动融合调节机制，包括对技术类因素的调节、结构类因素的调节、资源类因素的调节。

本章在对东北地区装备制造业与生产性服务业互动融合运行机制现状分析的基础上，运用前文选择的方法及设计的模型对东北地区装备制造业与生产性服务业互动融合运行状态进行了评价，结果显示辽宁、吉林、黑龙江三省装备制造业与生产性服务业互动融合运行状态均不佳。根据东北地区装备制造业与生产性服务业互动融合运行状态，提出了适宜东北地区装备制造业与生产性服务业互动融合发展的策略建议。

第七章

装备制造业与生产性服务业互动融合保障机制

装备制造业与生产性服务业互动融合通过动力机制、组织机制、评价与调节机制的共同作用，可以使装备制造业与生产性服务业互动融合有效运行，但在两产业的互动融合过程中不仅需要以上机制的作用，还需要一定的保障作用，以保障动力机制、组织机制、评价与调节机制的正常运行。本章从互动融合的信息化保障、资源支持、政策保障三个方面分析其对互动融合的保障作用。

第一节　互动融合运行信息化保障

一、互动融合信息化内涵

装备制造业与生产性服务业互动融合信息化是指以现代通信、网络、数据库技术为基础，对互动融合所研究对象的相关要素汇总至数据库，供互动融合内各主体进行研发、生产、管理、学习、运行的一种技术，实行该技术后，可以提高运行的效率，为推动互动融合运行提供保障。

装备制造业与生产性服务业互动融合由复杂的多主体参与，互动融合信息化包含两方面内容：一方面是对于单一主体而言的企业内部或者政府、行业协会等组织内部形成的数字化设计、数字化装备、数字化管理等；另一方面是互动融合内各主体间需要建立的信息、资源、管理等协同合作的信息化平台；在互动融合信息化保障的研究中，本书以互动融合各主体间的信息化平台为主要研究对象。

二、互动融合信息化目标

1. 改善互动融合主体间沟通环境

互动融合过程包括装备制造业、生产性服务业、政府、行业协会、中介机构、用户等多个主体。各主体间的沟通方式各不相同，给互动融合带来了极大的挑战，在互动融合过程中往往由于沟通不畅，造成信息不对称、利益不平等危机，严重地影响了互动融合的正常运行。实现互动融合信息化，可以有效改善各主体间的沟通环境，形成完善的信息流、资金流、人流、物流、技术流。

2. 建立技术协作，提升互动融合产业链总体水平

通过建立互动融合技术协作平台，可以改变原有独立技术研发路径，促进技术信息在各主体间高效传输，形成众包设计、用户参与设计、云设计、协同设计多种模式和多主体参与的设计模式，从而提高互动融合各主体间合作的效率，提高融合型产品的核心竞争能力，提升互动融合产业链总体水平。

3. 增强知识学习，形成良性的学习循环模式

通过互动融合的信息化平台建设，将各主体的知识资源、信息资源、数据资源整合为统一的知识学习资源库，有利于互动融合中个体或组织进行学习。学习资源的丰富性和易得性是组织学习的基础，通过信息化平台，增加了组织间合作的频率，不但丰富了组织自身互动融合的经验，而且通过其他组织间的合作经验，可以进一步完善互动融合相关知识体系，有利于互动融合组织间学习模式的形成。

三、互动融合信息化平台构建

互动融合信息化平台可以有效实现协同设计，为互动融合过程中各参与主体提供统一的平台服务，为组织间搭建信息桥梁，实现内部资源的动态分配。组织在信息化平台的基础上，实现组织间的联盟合作、共同管理等工作，可以有效避免由于地域差距形成的沟通障碍。互动融合信息化平台由协同设计平台、敏捷制造平台、服务咨询平台、组织学习平台构成。

1. 协同设计平台

互动融合协同设计平台通过将互动融合各参与主体有效地连接，形成用户、高等院校、科研院所、行业协会、中介机构、生产性服务业与装备制造业的有机结合，并通过平台形成以用户需求为中心、数据传输为形式的资源整合、协同设计、合作共赢的众包设计、用户参与设计、云设计、协同设计模式。在协同设计的同时，对数据进行收集和管理，实现跨地域、跨组织的协同设计、数据管理。

2. 敏捷制造平台

提供装备制造过程中全价值链的整合平台，能够实现互动融合过程中信息的互通、互联，形成产品维度的综合集成、管理维度的综合集成、价值链维度的综合集成，并将价值链上的各个环节通过制造平台进行展现，实现敏捷制造

平台不同主体参与、协作管理、无缝连接的互动融合模式。

3. 服务咨询平台

一方面，服务咨询平台对互动融合提供全方位的咨询服务，包括建立各组织及共有的基础数据库，通过资源的共享，实现互动融合过程中资源的合理分配，实现协调运行；另一方面，提供以装备制造业和生产性服务业企业为服务对象的，政府、行业协会、中介机构、科研院所、高等院校为服务主体的服务咨询业务，提供以用户为服务对象，装备制造业和生产性服务业企业共同为服务主体的两种类型的服务咨询业务，为互动融合信息化提供支持，保障互动融合运行。

4. 组织学习平台

装备制造业与生产性服务业属于知识密集型行业，互动融合运行需要大量拥有高等知识、高技术的人才，还需要互动融合参与主体形成学习型组织。世界先进技术、高端管理模式、创新能力等对我国装备制造行业都至关重要，只有通过互动融合组织的学习，不断培养高技术人才，改善管理模式，增强创新能力，才能实现互动融合的有效运行。因此，应利用互动融合过程建立的基础数据库，建立互动融合组织学习平台，形成以基础数据为依托，互动融合参与主体内专家为后盾的组织学习模式，从而保障互动融合的人才、技术、管理支撑能力。

第二节　互动融合运行资源支持

一、互动融合运行资源

资源支持是装备制造业与生产性服务业互动融合运行的重要保障。资源的充足是各个时期运行的基础。在诸多与互动融合相关的资源类因素中，本书选取与互动融合关系最为紧密的知识和技术资源、人力资源、物力资源、资金资源等进行分析。

在知识经济时代，知识已经成为继土地和劳动力资本之后的主体生产资料和价值创造的核心来源。知识可以分为编码知识和隐性知识，互动融合知识资源是指能够直接或者间接应用于运行的知识集合。互动融合知识资源又可以分为基础知识资源和应用知识资源。其中，基础知识资源指经过长期积累形成的，可以为研究、开发等工作提供知识投入的资源，一般由互动融合参与主体中的科研院所和高等院校提供；应用知识资源指在实际生产中能够直接应用的知识，如管理技术、制造技术等，是以技术知识为主体的知识集合。由于知识资源具有特殊性，即知识资源是一种需要持续获取和长期积累的资源，因此必须加强对互动融合资源的获取和积累工作，从而保障互动融合系统正常运行。

互动融合人力资源、物力资源和资金资源指的是互动融合各参与主体，包括装备制造业、生产性服务业、政府、行业协会、中介机构、科研院所、高等院校和用户，在互动融合运行过程中运用的人力、物力、财力的总和。互动融合人力资源按照其来源可以分为两类，一类是外部人才的引进，另一类是内部人才的培养。一方面，伴随着互动融合的发展，其对技术、知识及融合管理等提出了新要求，需要及时引进互动融合相关人才为互动融合的运行提供支撑；另一方面，互动融合在运行过程中会遇到很多问题，作为参与互动融合过程的内部人员，其在互动融合的熟悉程度和相关知识的深入性方面都有优势，因此增加对互动融合参与主体的人力资源的培训，可以不断充实互动融合人力资源库，满足互动融合对人力资源的需求。互动融合物力资源指在互动融合运行过程中，与互动融合运行直接相关的物质要素，如科研仪器、设备等，其来源往往是通过互动融合资金资源进行的投资或者购买。互动融合资金资源能够为互动融合人力资源和物力资源提供资金支持，推动互动融合运行发展。对于互动融合运行而言，资金资源主要为政府投资、企业投资、个人投资和金融投资等。

二、互动融合运行资源整合

两产业互动融合运行资源整合指通过合理设计构建资源整合平台，进而实现两产业互动融合资源合理分配、高效利用的过程。根据互动融合资源类型、运行需求，构建如下互动融合资源整合服务平台。

1. 知识技术、科技数据服务

以两产业互动融合各参与主体为知识、技术的提供主体，完成对知识、技术资源的统筹工作，实现参与各主体对知识、技术需求的查询、检索功能；实现我国装备制造业与生产性服务业互动融合各类离散科学数据资源的集成，收集国外相关科学研究的数据资源，形成互动融合科技数据，为互动融合各参与主体提供便捷的数据服务。

2. 设备共用

建立行业协会、科研院所、高等院校、装备制造业企业等主体设施备案数据库，并形成设施共用机制；促使各类大型科学仪器设备、先进加工装备等有偿共用，增加仪器利用率，减轻两产业互动融合运行的资金压力。

3. 资金服务

一方面，建立由政府、企业、个人等投资主体组成的装备制造业与生产性服务业互动融合资金网络平台；另一方面，将两产业互动融合运行的资金需求、两产业互动融合项目信息等数据也同时呈现在资金网络平台上。两产业互动融合资金网络平台，不但可以实现投资主体对投资相关信息的查询，而且还能够实现互动融合运行资金需求的发布，满足投资方与两产业互动融合需求方的双向需求。

三、互动融合运行资源分配

1. 资源分配主体分析

宏观层面的资源分配指以国家管理部门为主体，调动互动融合内外部资源，并实现对其统一调节的过程。以国家为主体的资源分配大多以法律、法规、制度等形式出现，能够实现跨地区、跨行业的资源调配，并且对两产业互动融合运行中观层与微观层资源分配起到引导作用，从整体上保障装备制造业与生产性服务业互动融合协调发展；两产业互动融合中观层面的资源分配是以装备制造业、生产性服务业、行业协会、中介机构、科研院所、高等院校等主体协同的部门为参与分配的主体，在国家宏观层面的引导下，实现互动融合资源的优化组合和分配。以中观层面为主体的资源分配，具有管控力度明显、调节效果直接等特点，是互动融合运行资源分配的关键环节，是联结宏观层次资源分配与微观层次资源分配的中间环节；两产业互动融合微观层面的资源分配属于两产业互动融合中最基层的资源分配，微观层面关注的是两产业互动融合参与主体中某一主体为达成互动融合目标，而实行的资源运用和组合。微观层次的资源分配以互动融合目标为导向，强调的是单独主体内部的资源优化匹配。

互动融合资源分配的三个层次既相对独立，又需要组合运用。宏观层次主体通过了解互动融合资源需求，以政策形式进行规划和指导，引导互动融合资源分配方向。中观层次主体在宏观层次主体的指导下，对互动融合资源进行匹配和重组，微观层次主体再进行具体实施，从而高效地运用资源。同时，微观层次主体的资源分配结果将反作用于宏观层次和中观层次的资源分配主体，使三个层次的资源分配主体不断地对资源分配进行调整，进而实现三个层次主体共同作用于互动融合资源分配，保障互动融合资源分配的合理性、高效性。

2. 资源分配模式

通过上文对互动融合资源分配主体的分析可知，互动融合资源分配机制并不是单一机制，而是融合了计划机制和市场机制的组合资源分配模式。我国装备制造业与生产性服务业很大程度上依赖于政府指引发展，具有明显的宏观调控特点，但政府对互动融合资源分配只起引导和调控的作用，在有限范围内参与并激发市场对互动融合资源的调节是促进互动融合的重要手段。互动融合中的融合资源和融合成果等最终还是要受市场的调节，因此互动融合资源分配是一种以政府宏观调节为指导的市场机制资源分配模式。

第三节 互动融合运行政策保障

一、互动融合运行财政政策

互动融合运行财政政策是政府部门在社会发展、经济、政治的要求下，根据财政工作的原则，运用相应财政手段，包括税收、政府补贴等，帮助调节装备制造业与生产性服务业互动融合的供求关系，支持互动融合运行发展的一系列与财政相关的政策。互动融合财政政策主要包括财政支出政策和税收政策。两产业互动融合的财政补贴政策和针对互动融合的财政拨款政策以及互动融合型产品的政府采购政策等是互动融合财政支出政策的主要内容，而互动融合税收政策包括两产业互动融合相关的税收减免、退税和互动融合相关技术的技术准备金制度等。结合互动融合运行的特点，从以下方面对互动融合运行保障的财政政策进行分析。

1. 互动融合财政支出政策

本书从财政拨款、财政补贴和政府采购三方面对互动融合运行的财政支出保障政策进行研究。

（1）互动融合财政直接拨款。

两产业互动融合财政直接拨款政策是一种将财政资金直接投入互动融合发展中的政策手段，是比较常用的政策手段，具有明确的指向性。财政拨款指定两产业互动融合发展为直接拨款对象，具有两大优势：一是采取无偿直接拨款方式，免去两产业互动融合发展的后顾之忧，能够做到专项资金专项使用，可以有效改善科技投入分配的结构失衡等问题；二是通过财政直接拨款，能够将更多资金用于与两产业互动融合发展相关的人才培养和引进，以及知识、技术及设备等资源的网络建设，起到迅速增强互动融合技术创新的作用。

（2）互动融合财政引导补贴与政府采购。

两产业互动融合财政引导补贴指国家财政为实现互动融合发展目标，向互动融合主体提供的一种补偿机制。在互动融合发展处于起步阶段时，两产业互动融合参与主体可能会处于效益低于成本的状态，在这样的情况下政府对互动融合实行的财政补贴政策，可以有效改善互动融合参与主体的积极性，保障两产业互动融合发展。

政府财政贴息是财政补贴中运用较为普遍的政策手段，为支持两产业互动融合顺利运行，代替其支付全部或者部分互动融合相关活动的利息，同时能够加强互动融合抵抗市场风险的能力。此项政策既能够鼓励金融机构为互动融合进行贷款，又满足了政府对两产业互动融合的间接资助方式。

政府采购被广泛地采用，是财政支出的基本手段。建立、完善对两产业互动融合型产品的采购机制，在允许的范围内，优先制定融合型产品订单，增加对融合型产品采购的比例，可以实现对互动融合运行发展的保障作用。

2. 互动融合税收政策

（1）互动融合税收直接优惠政策。

为保障两产业互动融合运行发展，对两产业互动融合运行相关行为实行税收减免政策。根据互动融合运行特征，从以下方面对互动融合相关税收进行减免。首先，对于两产业互动融合相关的技术咨询、技术服务及两产业互动融合相关的中介服务等进行税收减免；其次，鼓励个人或者风险投资公司对两产业互动融合的资金投入，可在特定时期内对为两产业互动融合进行投资的金融企业实行税收减免政策，且对于个人投资可实行减征或者免征个人所得税的政策；最后，对于以培养和培训两产业互动融合相关技术、管理人才资源的培训机构，实行税收减免的政策。

（2）互动融合税收间接优惠政策。

退税是政府实行的对两产业互动融合间接支持的财政政策。对于两产业互动融合运行发展而言，将其已经获得的利润再用于投资两产业互动融合发展，可实行抵消其正常投资所需缴纳的部分所得税。技术准备金制度，指在正常应缴纳税收额度的基础上，按照相应比例将所得税的其中部分扣除，用于专项技术准备金。技术准备金的目的是保证未来投资方向的确定性。对于两产业互动融合而言，可以制定专项的技术准备金，将这部分准备金用于互动融合在未来一段时期的发展，具体用于融合技术创新、融合技术交流、技术网络建设等融合相关技术的发展。

二、互动融合运行金融政策

互动融合运行金融政策指通过相关政策、制度完善两产业互动融合的融资渠道和环境，实现金融市场对互动融合运行发展的促进作用。

改革开放以来，我国资本市场得到了长足发展。装备制造业与生产性服务业互动融合运行需要大量的资金支持，为保障两产业互动融合资金的充足，需要从以下方面进行分析。首先，需要构建能够同时满足两产业互动融合发展的资金需求，以及能够实现风险管理的多层次资本市场体系。多样化的资本市场体系可以有效促进两产业互动融合运行发展。其次，金融机构可以从改善自身服务功能角度出发，实现对两产业互动融合的资金支持。装备制造业与生产性服务业互动融合运行发展具有多主体共同参与的特性，金融机构对两产业互动融合贷款时，可考虑削弱传统金融机构贷款担保，而考虑增加贷款担保方式，如转变为信用担保抵押的贷款模式等，降低两产业互动融合参与主体贷款的难度。支持成立小额装备服务贷款担保公司，根据发展情况进行审查，对贷款进行分阶段发放，并且对担保公司进行融资担保引导和长期支持。再次，建立完善两产业互动融合风险投资体系，支持风险投资公司开展对两产业互动融合发展的投资业务，鼓励其与互动融合参与主体中的科研院所、高等院校合作，增加风险与收益共担的投资项目，并加大引入风险资本对两产业互动融合的资金支持，拓宽两产业互动融合的融资渠道，促进两产业互动融合的运行发展。最后，由于金融支持对两产业互动融合发展具有明显的滞后性，政府无论是对资本市场体系的建设，还是对相关金融机构及风险公司的政策支持，都应保持政策的长期性，以满足两产业互动融合运行的发展要求。

三、互动融合运行科技政策

互动融合科技政策是在国家科技政策方向的指导下，针对装备制造业与生产性服务业互动融合相关的技术、信息等的获取与共享、利用与保护的政策集合。本书将两产业互动融合科技政策分为科技计划政策、产学研扶持政策、互动融合信息政策。

1. 科技计划政策

我国相关政策文件明确指出，要大力推动高档数控机床和机器人、海洋工程装备及高技术船舶、航空航天装备、先进轨道交通装备等一系列高技术装备制造业发展。在装备制造业与生产性服务业互动融合运行过程中，作为高技术和创新技术等科技含量高的融合项目必然成为两产业互动融合发展的重要组成部分。因此，在考虑两产业互动融合发展阶段的前提下，制定合理长期的互动融合相关科技规划显得十分重要。首先，需要将两产业互动融合运行过程中存在的关键性、共性技术纳入我国现有科技计划当中；其次，需加强两产业互动融合科技计划设立的规范性，要避免科技计划设立过杂，防止不合理交叉等情况的发生；最后，关于两产业互动融合相关科技计划需定期进行公告，以便于相关专家、学者进行分析研究，为科技计划的实行和修改提供理论支持。

2. 产学研扶持政策

科研院所、高等院校是互动融合运行过程中重要的参与主体，能够为装备制造业与生产性服务业互动融合提供大量的技术、信息和人才资源，政府通过改变产学研资源供给，促进互动融合发展。一方面，通过政府相关部门设立两产业互动融合专项产学研项目，形成两产业互动融合技术攻关产学研联合体，进而通过政府发放专项资金；另一方面，由于产学研合作的特殊性和装备制造业与生产性服务业对先进技术的需求，有必要出台适应于两产业互动融合的产学研合作促进相关法律法规，营造适宜两产业互动融合产学研合作的法制环境，减少各方对创新技术产权的担忧，从而促进两产业互动融合的产学研合作。

3. 互动融合信息政策

装备制造业与生产性服务业互动融合信息政策是通过政府相关部门的引导和支持，以现代通信、网络、数据库技术为基础，促进两产业互动融合相关要素数据库的形成，帮助两产业互动融合构建主体间的协同信息平台。政府相关部门应尽快出台关于装备制造业与生产性服务业互动融合相关信息的规范化制度，强化两产业互动融合相关信息的使用和存储功能。通信技术、软件技术及数据库技术等是两产业互动融合运行的必要基础，政府通过建立两产业互动融合相关信息产业发展专项资金，保障两产业互动融合运行。

本章小结

本章从三个方面分析两产业互动融合保障机制，包括信息化保障、资源支持、政策保障。在分析两产业互动融合信息化内涵和目标的基础上，构建互动融合信息化平台，具体包括协同设计平台、敏捷制造平台、服务咨询平台、组织学习平台；揭示两产业互动融合运行资源，探究互动融合资源整合和资源分配方式；从两产业互动融合运行财政政策、金融政策、科技政策三方面分析互动融合保障政策。

第八章

装备制造业与生产性服务业互动融合政策构成假设检验

第一节　理论分析与研究假设

前文关于两产业互动融合政策的分析，从互动融合产业组织政策、产业结构政策、产业布局政策、产业技术政策、产业发展政策等方面进行了研究，而关于各项互动融合政策的具体构成，还需要进行进一步的研究，本节在对相关理论分析的基础上，提出关于各项具体政策内容的相关假设。

一、互动融合产业组织政策相关假设

产业组织政策是指政府为了达到一定的经济发展目标而制定的一系列鼓励或限制相关产业发展的政策，从政策对象角度进行划分，产业组织政策分为市场结构控制政策和市场行为控制政策两大类。对于装备制造业与生产性服务业互动融合来说，市场结构控制政策应着眼于降低行业进入壁垒、扩大行业规模等方面；市场行为控制政策的重点应在于营造良好的市场竞争环境，减少不正当竞争行为。

1. 制度性壁垒

对于行业进入壁垒的分析最早来源于哈佛学派的代表人物 Bain，他认为行业进入壁垒就是潜在进入者与在位者相比处于不利竞争地位的因素，包括在位者的绝对成本优势、产品差异以及规模经济（Joe，1956）。通过 Bain 的观点可知，他对行业进入壁垒的分析主要从经济角度出发，认为行业进入壁垒是由市场在竞争过程中自发形成的，是一种市场行为。而 Stigler 所代表的芝加哥学派并不同意 Bain 对于行业进入壁垒的看法，他认为要想进入一个存在壁垒的行业，新进入者必须要负担在位者无须负担的成本，从这一角度出发，除了政府管制以外，产品差异、规模经济等便不再被认为是行业进入壁垒（Stigler，

1983）。此后，Broadman（2000）对前人的研究进行了总结，他将行业进入壁垒分为经济性进入壁垒、制度性进入壁垒以及策略性进入壁垒三类，其中策略性进入壁垒是在位企业针对潜在进入者而专门操纵的，以便获得事前不对称优势。总的来说，经济性进入壁垒及策略性进入壁垒主要发生在发展较为成熟、有条件实现充分竞争的行业之中，除此之外，制度性壁垒成为了大多数行业进入的主要阻碍因素（Faccio，2006）。

公共选择理论认为，政府管制以严格的标准、烦琐的准入程序、产品监管等形式，为企业自由进入市场设置了壁垒，增加了运营成本。张峰和王睿（2016）研究了政府管制对制造业企业的影响，发现政府的过度管制不利于制造业的转型发展。邵骏和张捷（2015）的研究表明，中国目前服务行业壁垒林立，行业竞争长期不足，特别是技术密集型生产性服务业，进入门槛较高，不利于我国经济结构优化。何哲等（2011）以我国山寨机产业的发展为例，发现宽松的政府管制环境促进了山寨机产业服务型制造的发展，为促进装备制造业服务化的发展提供了经验。以我国电信网、广播电视网、互联网的"三网融合"为例，在我国正式提出推进"三网融合"以前，由于政府管制的存在，这三个行业之间的业务和市场是相互分立的，随着数字、光通信、软件等技术的进步，我国通过试点运营、网络建设、基础设施改造等步骤，使行业间壁垒逐渐降低，网络电视、视频邮件等融合型产品应运而生，三个产业逐渐实现了融合发展。同理，行业进入壁垒的降低能够使得装备制造业与生产性服务业逐渐完成技术融合—产品融合—市场融合的过程，实现互动融合。由此可以提出假设：

H1a：产业制度性壁垒的降低对装备制造业与生产性服务业的互动融合具有正向影响。

2. 市场竞争

亚当·斯密在其著作《国富论》中具体阐释了自由竞争思想和竞争机制，他认为每个人都在追求各自的经济利益，在这个过程中受到"一只看不见的手"的指导，有效地促进了社会利益的实现，而这只看不见的手就是市场。尽管亚当·斯密这种理想化的市场竞争状态受到诸多约束，如厂商同质化、无政府干预、交易者平等且独立、信息交换完全等，但是我们依然可以从自由竞争理论中得出结论，即激烈市场竞争能够使市场充分发挥其强大的调节作用，实现资源配置最优化。自由竞争既不代表低市场集中度，也不是直接导致恶性竞争的原因，出现不当竞争的根本原因是规范市场的法律法规体系不够健全，而自由、公平的市场竞争所带来的激烈的价格竞争也不属于恶性竞争的范畴，这种价格竞争能够加速市场优胜劣汰的筛选过程，使过剩产能加速退出市场，是市场调节发挥自身机制作用的外在形式之一（江飞涛，2017）。对于装备制造业来说，激烈的市场竞争迫使企业降低生产成本、重新配置资源，而利用生产性服务业将自身非核心的业务如设计、物流、包装、维修等服务进行外包，不仅能够有效降低装备制造业企业运营成本，实现自身资源的优化配置，还能为生产性服务业扩大市场空间，增加有效需求。对于生产性服务业来说，生产性服务业企业为满足装备制造业企业的需求而存在，激烈的市场竞争使得服务同质化的企业难以生存。在此情况下，生产性服务业的选择有两种：一是对服务进一步细分，增强其专业性；二是向高技术服务业转型，为装备制造业提供高端化服务，获得比较优势。无论生产性服务业采取哪一种方式应对市场竞争，在实现自身发展的同时，均有利于装备制造业的转型升级。总之，一方面，市场竞争扩大了装备制造业对于专业化生产性服务的需求；另一方面，生产性服务业在市场竞争中完善了自身的发展，增加了对于装备制造业的服务供给，促进了装备制造业与生产性服务业的互动融合。

余东华和巩彦博（2017）指出，市场失灵理论为政府管制提供了理论依据，同样地，政府失灵的出现意味着政府需要放松管制。在当前供给侧结构性改革背景下，放宽行业管制能够加快形成竞争有序的市场体系，增强行业竞争力。通过上述分析可提出假设：

H1b：良好的市场竞争环境对装备制造业与生产性服务业的互动融合具有正向影响。

H1c：制度性壁垒的降低对市场竞争程度具有正向的影响。

二、互动融合产业结构政策相关假设

产业结构政策通常指通过政府作用，调节和优化产业结构，进而促进经济增长的相关产业政策。在装备制造业与生产性服务业互动融合的过程中，产业之间的关系发生了变化，由于完全自由的市场机制中存在着外部性和规模经济等，会形成生产性服务业资源或者装备制造业资源受到限制或者浪费等问题，不能实现装备制造业与生产性服务业的最优资源配置。在市场失灵的情况下，就需要实行政府的产业结构政策手段，调节装备制造业与生产性服务业产业结构，促进两产业互动融合发展。

装备制造业与生产性服务业互动融合产业结构政策的基本内容与传统产业结构政策相同，都是要促使产业结构的合理化以及产业结构的高度化。产业结构合理化是产业结构优化的基础，是要素投入结构和生产结构耦合程度的度量，强调产业间的聚合质量，而产业结构高度化则是产业结构发展的方向，是产业部门高端化程度的度量（冀刚、黄继忠，2018）。对于装备制造业与生产性服务业互动融合产业结构政策而言，一方面，产业结构的合理化更多体现的是生产性服务业作为投入要素与装备制造业生产结构的匹配，以生产性服务业的供给能力的改变，提升装备制造业与生产性服务业互动融合的质量；另一方面，关于装备制造业与生产性服务业互动融合的产业结构高度化发展，往往是通过装备制造业信息化带动两产业互动融合的高端化发展方向，提高装备制造业与生产性服务业互动融合产业结构的高度。

1. 生产性服务业专业化水平

生产性服务业专业化水平的提升，能够促进生产性服务业企业的功能从多样化功能向单一化功能转变，为制造业企业提供更加细致与专业的生产性服务（苏晶蕾等，2018）。装备制造业不同于一般制造业，装备制造业是技术密集型产业，且其技术、产品的更新迭代速度快，装备制造业的特征决定着装备制造业在其发展和价值链升级中，无法同时兼顾价值链的整链条同时升级，而是需要从价值链的某一环节或者部分链条对装备制造业进行价值链升级。生产性服务业专业化水平的提高，一方面，使生产性服务业企业的核心业务得以专项化发展，可以提高生产性服务业企业的创新能力，并通过将生产性服务业创新能力施展到装备制造业的生产经营中，而提升装备制造业企业的技术创新，促进两产业互动融合发展；另一方面，生产性服务业专业化水平的提升，能够为装备制造业提供更细致化的服务，满足装备制造业环节附加值提升的需求，促进两产业互动融合。装备制造业在与生产性服务业互动融合发展时，较高的生产性服务业专业化水平是装备制造业选择与其互动融合发展的重要条件。因为装备制造业行业具有特殊性，所以装备制造业对生产性服务业提出了更高的要求。装备制造业需要通过生产性服务业提高自身的技术、研发水平，需要生产性服务业提供具有更高附加价值的环节服务，因此生产性服务业专业化水平的提高，有利于装备制造业与生产性服务业互动融合发展。

2. 装备制造业信息化

在技术不断进步的基础上，装备制造业与生产性服务业互动融合的产业结构高度化是贯穿两产业互动融合发展的一条主线。林毅夫等的观点认为，在经济不断发展的基础上，资本得以累计，区域的资源禀赋结构得以提升，那么区域的主导产业发展方向会从劳动密集型向资本密集型转变，再向技术密集型转变，最终向信息密集型转变。綦良群和李庆雪（2016）指出，在装备制造业与生产性服务业互动融合的过程中，装备制造业作为互动融合的主导者，推动着装备制造业与生产性服务业互动融合的发展方向。装备制造业信息化发展是两产业互动融合发展结构高度化的保障。

纵观世界装备制造业的发展，装备制造业正向着信息化方向迈进，并向着智能化发展，如装备制造业的柔性制造系统、计算机集成制造系统等的开发和应用，实现了装备制造业的信息化、软件化、高附加值化。网络技术的发展，从根本上改变着装备制造业的生产、消费及流通方式，形成的网络化贯穿于装备制造业的产品技术开发、设计、制造、销售、售后等装备制造业的全生命周期环节。王江和陶磊（2016）指出，装备制造业与"互联网＋"的结合，推进了装备制造业产业链由低端迈向高端，促进了装备制造业由生产型制造向服务型制造转变，有利于装备制造业与生产性服务业互动融合。装备制造业的信息化，不但改变了装备制造业的经营生产方式，而且也对装备制造业的组织结构提出了新的要求。装备制造业的设计、生产、销售乃至服务一体化改变了装备制造业原有的纵向一体化结构，使其产生了对生产性服务业的强烈需求。装备制造业大而全的生产方式无法应对其信息化的发展要求，需要通过专业的生产性服务业与之形成合力，完成装备制造业信息化发展，进而促进装备制造业与生产性服务业互动融合。基于以上分析可提出相关假设如下：

H2a：生产性服务业专业化对装备制造业与生产性服务业互动融合发展具有正向影响。

H2b：装备制造业信息化对装备制造业与生产性服务业互动融合发展具有正向影响。

三、互动融合产业布局政策相关假设

产业布局政策在内容上通常包括地区发展重点的选择及产业集中发展战略的制定等。从产业布局手段上看，主要包括以国家直接投资方式，支持区域发展交通、能源和通信等基础设施，发挥产业集聚的经济效应等。装备制造业与生产性服务业互动融合的相关产业布局政策，可以通过产业集聚和产业转移等方面，促进装备制造业与生产性服务业互动融合。

1. 产业集聚

古典政治经济学时期，亚当·斯密在《国富论》中以绝对利益理论为基础，基于分工的角度，对产业集聚进行了描述，他提出产业集聚是一群具有分工性质的企业为了完成某种产业的生产联合而组成的群体。马歇尔于1890年在《经济学原理》中提出了产业集聚和空间外部经济的概念。产业集聚能够有效促进相关服务的发展，能够形成溢出效应，使集聚企业获得相关的技术、信息溢出，同时产业集聚还能够形成特定的劳动力市场，改善劳动力短缺的问题。关于装备制造业与生产性服务业互动融合的产业集聚，体现为装备制造业集聚、生产性服务业集聚和装备制造业与生产性服务业两产业的集聚。无论是单一装备制造业或者生产性服务业的集聚，还是装备制造业和生产性服务业两产业的集聚，都有利于两产业的互动融合。一方面，单一装备制造业或者生产性服务业的产业集聚，虽然给装备制造业带来了固定的劳动力市场，解决了劳动力等外部资源的障碍，但是同时也给装备制造业企业带来了竞争，即新增的装备制造业竞争使得装备制造业企业为实现差异化发展，与生产性服务业互动融合的意愿增强；另一方面，生产性服务业的集聚同样带来了新的市场竞争，使得生产性服务业为在竞争中获得竞争优势，不断提升自身的专业化程度等，使其能够更好地嵌入装备制造的环节中，以此赢得市场，促进两产业互动融合。还有一种情况，当装备制造业企业、生产性服务业企业共同形成产业集聚时，两产业的集聚发展缩短了两产业的地理距离，通过产业集聚的溢出效应，形成两产业知识、技术的相互传递，形成两产业共同的技术平台，直接促进技术融合，促进装备制造业与生产性服务业的互动融合发展。产业集聚能够促进装备制造业与生产性服务业互动融合，产业集聚还能通过影响市场竞争进而促进装备制造业与生产性服务业互动融合发展。基于此可提出以下假设：

H3a：单一产业或两产业的集聚都对市场竞争具有正向影响。

H3b：单一产业集聚或者两产业集聚都对装备制造业与生产性服务业互动融合发展具有正向影响。

2. 产业转移

以经典产业转移理论和新经济地理学理论作为支撑，我国希望通过由东向西的产业转移来改善区域发展不平衡的产业布局问题（杨玲丽、万陆，2017）。以经典产业转移理论为基础，Akamatsu（1961）及小岛清（1987）等提出，由于生产成本等问题，会使产业由发达地区向低成本地区转移。以新经济地理学为理论基础，Krugman（1991）提出，由于拥挤效应的产生及交通运输成本的下降，产业布局也会随之发生改变，即产业布局会从发达地区的集聚向产业扩散转变。目前，我国东部地区产业集聚过度，中西部工业结构与东部的产业分布处于不平衡状态（吴福象，2014）。对于装备制造业与生产性服务业互动融合发展而言，产业转移在调节我国产业布局不平衡的同时，也为两产业互动融合带来了新机遇。对于装备制造业的产业转移而言，并不是对整体装备制造业进行转移，而是要将低端装备制造或是区域内相对低端的装备制造业进行转移。这样不但有利于我国整体产业布局的优化，而且能改善东部装备制造业的拥挤效应，为留在东部的高端装备制造业提供更多的空间。更为重要的是，通过将低端装备制造业转移到中、西部地区，可以为转移的装备制造业节省大量的生产成本，并通过国家对转移支持的政策，而获得对转移的低端装备的支持，从而促进发展。在发生产业转移时，国家往往会对转移地区实行配套建设，这有利于基础生产性服务业的发展，还能够形成新的两产业互动融合关系。装备制造业的产业转移可以从两方面促进装备制造业与生产性服务业的互动功能融合，一方面，通过产业转移，改善了高端装备制造的拥挤效应，降低其与生产性服务业互动融合的成本，促进两产业互动融合发展；另一方面，进行产业转移的低端装备制造业，降低了其生产的综合成本，获得了国家、地区的支持，更有利于其产业发展，带动本地生产性服务与其匹配发展而形成其与生产性服务业互动融合的新机遇，促进两产业的互动融合。基于此可提出以下假设：

H3c：装备制造业的产业转移对装备制造业与生产性服务业互动融合具有正向影响。

四、互动融合产业技术政策相关假设

产业技术政策以产业技术为政策作用的直接对象，是所实施的指导、选择、促进与控制的政策总和。装备制造业与生产性服务业互动融合产业技术政策的主要目标是促进有利于两产业互动融合的技术发展，主要包括技术创新和产学研协同发展等方面。

1. 技术创新

技术创新最早来源于熊彼特的创新理论，他认为技术创新包括对于新产品的开发、旧产品的改造、新生产方法的采用以及新原材料的利用等。此后，熊彼特的追随者们将技术创新理论与新古典经济理论进行结合，推动了技术创新的完善和发展。20 世纪 80 年代以后的技术创新理论研究趋向于实用性，傅家骥等（1992）认为技术创新有广义和狭义之分，狭义的技术创新是研究开发所导致的新产品、新工艺、新方法进入某一生产经营的过程，而广义的技术创新则是从研究开发到市场实现，再到技术扩散的全过程。对于装备制造业来说，技术创新这一过程不仅能够开发出新产品和新技术，而且还会导致装备制造业生产流程产生变化。迈克尔·波特（2002）认为，当企业价值链中充满了复杂的产品以及各式专精技术时，它必然需要更多设计、营运和维修方面的服务。从这个角度来看，技术创新能够使得装备制造业的价值链变得复杂，企业必须将核心资源配置到更具优势的生产制造环节，因而产生了更多的服务需求。在此过程中，通过技术扩散，新产品和新技术带来的变化逐渐渗透到生产性服务业当中，进一步又影响了生产性服务业的发展路径和方向（杨仁发、刘纯彬，2011）。技术创新在装备制造业与生产性服务业之间的扩散能够使两产业之间逐步实现技术融合，两产业之间的技术壁垒随着技术融合达到一定规模而逐渐消失，进而形成共同的技术基础，产业边界出现模糊，有利于促进装备制造业与生产性服务业实现互动融合（李文秀、夏杰长，2012）。

由此可提出假设：

H4a：技术创新对装备制造业与生产性服务业互动融合发展具有正向影响。

2. 产学研协同发展

产学研协同发展的思想由美国学者 Chesbrough（2003）提出，他的"开放式创新"理念认为，随着知识创新、扩散速度以及人力资本流动速度的加快，企业应采用开放式创新的模式，加强与高校等外部知识源的合作。Etzkowitz（2003）在其研究中指出，各大高校应将与企业的合作作为除教学、研究任务以外的"第三使命"，产学研三方的互动合作能够提升国家整体创新效率。

樊霞等（2018）对于生物领域产学研合作对于共性技术创新的影响效果进行了探究，通过 MTCR 和 MTCI 两指标的对比发现，产学研合作能够有效促进共性技术的创新研发，并且产学研合作的效果明显高于企业之间的合作研发和企业单独研发。蒋伏心和季柳（2017）运用 2009~2014 年全国规模以上工业企业的省级面板数据，基于企业内外部研发互动的视角，运用 DEA 方法对工业企业技术创新的效率进行了测算，发现产学研的合作强度与企业技术创新效率之间是折线对应的关系，在折点之下，产学研能够较为显著地促进工业企业技术创新。江志鹏（2018）从测量技术位势的角度研究了处于不同位势的企业方和学研方之间协同发展对于企业技术创新能力的影响，发现低位势企业与高位势学研方在短期内能够提高企业的技术创新能力。目前我国学者普遍认同产学研协同发展是合作方在资源共享的条件下，以"共同参与、共担收益、共担风险"为原则，以分工协作的方式共同完成某项技术开发或创新，其中企业为需求方，高校和科研机构为其提供技术供给。装备制造业与生产性服务业互动融合中的产学研协同发展的主要参与者为装备制造业企业、生产性服务业企业、高校和各科研机构。在产学研协同发展的过程中，生产性服务业能够及时了解装备制造业的技术及服务需求，通过与高校的合作研发，不仅加快解决了装备制造业技术障碍，而且使生产性服务业也提高了自身服务水平。这意味着通过产学研合作，装备制造业与生产性服务业企业之间信息透明度增加，供给和需求进一步匹配，有利于两产业互动融合发展。基于以上分析可提出以下假设：

H4b：产学研合作对装备制造业与生产性服务业互动融合具有正向影响。

H4c：产学研合作对技术创新具有正向影响。

五、互动融合产业发展政策相关假设

1. 政府采购

政府采购作为政府财政投入的主要形式之一，在引导产业发展方面起着重要作用。1792年美国颁布了第一部与政府采购相关的法律，此后不断对其进行发展和完善。1929年美国爆发了经济危机，此后很长一段时间内世界经济一直处于萧条的状态，相对应地，政府采购规模随着政府职能的扩大而不断扩大，成为了美国政府调节产业发展、参与社会经济发展的重要手段。高天辉（2013）通过对美国政府采购政策的分析发现，联邦政府对于计算机、半导体以及集成电路等高技术行业的政府采购支持，在降低产业初期进入市场的风险的同时为其增加了巨大的需求，促进了行业发展。李方旺（2015）对世界各国政府采购政策进行了梳理和总结，发现政府采购可以通过四个方面支持战略性新兴产业的发展，即降低企业成本并分摊研发风险、调节产业集中度、强化本国买方垄断地位从而突破技术壁垒、扶持中小企业科技活动。正是由于政府采购为发展中的战略性新兴产业提供了保护和发展的市场，使其具备了与发达国家竞争的能力，因此其刺激了本国战略性新兴产业的发展。白志远（2016）在其研究中指出，政府作为调控者，其工作就是利用相关资源引领企业，进而引导产业发展方向，政府采购的真正目的是通过大量的政府采购带动社会对于某一特定产业的关注，从而促进其发展。对我国装备制造业与生产性服务业互动融合来说，为了促进其发展，政府采购不能只注重采购的经济性和公平性，更要把握政府采购的目的性，增大对装备制造业与生产性服务业互动融合产品、技术等的采购规模，扩大市场对于互动融合产品及技术的需求，提高两产业互动融合的动力，从而引导装备制造业与生产性服务业的互动融合。基于此提出假设：

H5a：政府采购规模对装备制造业与生产性服务业互动融合具有正向影响。

2. 金融环境

税收是国家调控经济社会发展的重要手段之一，良好的税收环境能够在以下两方面对装备制造业与生产性服务业的互动融合起到调节作用。第一，消费替代效应。税收的消费替代效应能够促进装备制造业与生产性服务业互动融合是因为政府对装备制造业与生产性服务业某些子行业进行增税或减税后，改变了装备产品或服务的相对价格，进而影响了企业的选择。通过偏好理论可知，对于某类产品进行征税所导致的价格上升意味着消费者在保持原有效用水平的条件下，逐渐减少该类产品的购买。相应地可推出，如果政府对于装备制造业与生产性服务业互动融合中所涉及的装备产品、服务及活动实施减税政策，那么就能够在一定程度上降低价格，从而扩大市场对于融合产品、技术及服务的需求，从而促进装备制造业与生产性服务业的互动融合。第二，生产替代效应。税收的生产替代效应主要是指税收能够通过增加或降低某类融合产品或服务的税收，间接调节其成本价格，从而调节互动融合市场上此类产品或服务的供给量，进而调节装备制造业与生产性服务业互动融合结构，促进互动融合向高端方向发展（杨志安、张鹏，2015）。

现代金融体系的金融主体包括银行、保险、信托、证券、金融租赁公司等，而这些金融主体所能为企业提供的融资成本、服务效率、开放程度等各方面的总和就是融资环境。根据学者迈尔斯和迈勒夫的优序融资理论，若规模较大的企业在发展的过程中需要外部融资，首次选择是风险较小的债券，其次是可转换债券，最后才是股权融资。而中小型企业所面临的融资约束较大，由于规模限制、核准周期等原因，直接融资渠道不够畅通，因此中小型企业难以通过正规渠道获得企业发展所必需的资金（吕劲松，2015）。同样地，在装备制造业与生产性服务业互动融合过程中，参与互动融合的企业规模大小不同，需要多样化的融资方式以满足不同规模企业互动融合的需要。在完善的融资环境中，银行、保险、证券、租赁等多样化的融资方式能够满足不同规模企业的需求，能够从资金方面为装备制造业与生产性服务业互动融合提供支持。

根据以上分析可提出假设：

H5b：完善的金融环境对装备制造业与生产性服务业互动融合具有正向影响。

第二节 研究设计

一、模型构建及变量确定

1. 方法选择

在两产业互动融合政策假设模型中，各种政策对互动融合发展都存在作用，且政策之间还存在着相互作用关系。在两产业互动融合政策假设模型中，除包含一部分可观测的显变量以外，还包含着大量的不可直接观测的潜变量。SEM 在分析时可以考虑并处理多个因变量，而且对某一个因变量计算时，可以忽略其他因变量的存在对结果的影响。SEM 在测量中既包含可观测的显变量，也可以包含不能直接观测的潜变量，并且可以深入地分析众多变量之间的载荷效应及路径效应，从而避免多方程回归的局限性，因此使用 SEM 对互动融合政策假设模型进行研究较为适宜。

2. 模型构建

根据理论推演以及对装备制造业与生产性服务业的分析，构建两产业互动融合产业政策相关内容的理论模型，如图 8-1 所示。

3. 变量确定

在互动融合政策作用模型中，存在的外衍潜变量分别为制度性壁垒降低、市场竞争、生产性服务业专业化、装备制造业信息化、产业集聚、产业转移、技术创新、产学研合作、政府采购规模和金融环境内衍潜变量为装备制造业与生产性服务业互动融合。根据本书研究的目的，对潜变量的观测变量进行选择，如表 8-1 所示。

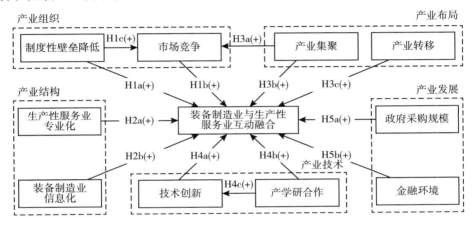

图 8-1　互动融合政策相关假设理论模型

表 8-1　潜变量及观测变量

代码	潜变量名称	潜变量种类	观测变量数目	观测变量来源	观测变量说明
BR	制度性壁垒降低	外生	3	杨永忠和游文城（2008）	相关法规数量减少为 V_1，审批流程简化为 V_2，生产绝对成本降低为 V_3
MC	市场竞争	外生	3	綦良群和李庆雪（2016）	从业人数为 V_4，市场集中度为 V_5，产品利润为 V_6
PSIS	生产性服务业专业化	外生	3	吴安波（2009）	能够替代的生产制造环节为 V_7，服务流程周期为 V_8，装备制造业对于服务的满意程度为 V_9
EMII	装备制造业信息化	外生	3	政府文件	智能装备制造产品为 V_{10}，ERP 类软件应用为 V_{11}，云制造模式推广为 V_{12}
IG	产业集聚	外生	3	张威（2002）、盛龙和陆根尧（2013）	区域内企业数量为 V_{13}，信息传输费用为 V_{14}，市场占有率（区域装备产品或服务占全国比重）为 V_{15}

续表

代码	潜变量名称	潜变量种类	观测变量数目	观测变量来源	观测变量说明
IT	产业转移	外生	3	樊士德和姜德波（2014）	地区之间发生较大规模的人力资源为 V_{16}，资金为 V_{17}，技术的流动为 V_{18}
TI	技术创新	外生	3	司林波（2016）	技术创新效率为 V_{19}，技术创新绩效为 V_{20}，技术创新能力为 V_{21}
PLR	产学研合作	外生	3	李梅芳等（2012）	共建实验室数量为 V_{22}，合作申报课题数量为 V_{23}，合作研发次数为 V_{24}
GP	政府采购规模	外生	3	王文庚（2012）	相关法律法规政策增加为 V_{25}，国产装备技术服务短期大批量销售为 V_{26}，与企业签订采购合同的数量为 V_{27}
FE	金融环境	外生	3	乔军华（2013）	风险投资基金为 V_{28}，贷款利率为 V_{29}，公私协作为 V_{30}
CI	互动融合	内生	3	郑明高（2010）	技术融合为 V_{31}，产品融合为 V_{32}，市场融合为 V_{33}

二、样本与数据

1. 数据收集

本书的调查按照李克特 5 级量化进行打分，调查对象包括装备制造业企业、生产性服务业企业、高等院校、政府相关部门四类。样本来自于北京、上海、江苏、广东、天津、辽宁、吉林、黑龙江 8 个地区。本次问卷共发放 550 份，主要通过邮件、手机问卷、信件等方式，收回问卷达到 537 份，其中 35 份问卷由于填写内容一样或未完成全部问卷内容被视为无效问卷，不进行统计，共形成有效问卷 502 份，最终有效问卷占比达到 91.27%。

在运用 SEM 时，需要考虑问卷的数量问题，根据 James Stevens 对统计量的要求，每个观测变量需要拥有 15 个以上的个案是比较合理的，本书中的观测变量数量为 33 个，那么当样本数量达到 495 个以上时是比较合理的，而本书最终的有效问卷数量为 502 个，满足本书装备制造业与生产性服务业互动融合政策作用 SEM 的样本数量要求。

由于本书 SEM 要解决的是装备制造业与生产性服务业互动融合政策作用方面的问题，在本次问卷中所涉及的调查对象包括装备制造业企业、生产性服务业企业和相关政府部门，在本次调查的对象中除以上三类调查对象以外，还对高等院校研究装备制造业与生产性服务业的相关人员进行了问卷调查，来完善本书样本的多样性。通过整理后，对调查对象的统计如表 8-2 所示。

表 8-2　调查问卷对象的分类型统计

调查对象类型	发放问卷数量（份）	回收有效问卷数量（份）	回收率（%）
通用设备制造业	65	60	92.3
交通运输设备制造业	75	68	90.7
电气机械及器材制造业	70	67	95.7
电子通信设备制造业	60	55	91.7
研发设计与其他技术服务	55	47	85.5
信息技术服务	50	46	92.0
金融服务	50	49	98.0
工业和信息化委员会	30	28	93.3
高等院校	95	82	86.3

2. 同源偏差检验与描述性统计

本书的数据都是通过调查问卷获得，考虑到同一张问卷的题目是由同一调查对象回答，故需要对数据进行同源偏差检验。按照学者对同源偏差研究的惯例（綦良群等，2017），运用 Podsakoff 和 Organ（1986）提出的单因子检测方法，对本书的问卷数据进行检测。将潜变量制度性壁垒降低、市场竞争、生产性服务业专业化、装备制造业信息化、产业集聚、产业转移、技术创新、产学研合作、政府采购规模和金融环境、装备制造业与生产性服务业互动融合的所有题项共同做因子分析，累计解释方差为 67.30%，数据的同源偏差问题并不明显，可以正常使用。在对模型进行拟合之前，首先需要对问卷进行描述性统计。每个统计变量的最大值为 5，最小值为 1，每个变量的统计次数为 502 次，每个统计变量的均值代表被调查者对该题项的统一程度，具体描述性统计情况如表 8-3 所示。

表 8-3　变量的描述性统计

潜变量	观测变量	最大值	最小值	均值	标准偏差
BR	V_1	5	1	3.35	0.736
	V_2	5	1	2.76	0.743
	V_3	4	1	2.80	0.825
MC	V_4	5	1	3.13	0.723
	V_5	4	1	2.88	0.689
	V_6	4	1	2.57	0.751
PSIS	V_7	4	2	3.04	0.782
	V_8	5	1	3.16	0.677
	V_9	5	2	3.01	0.692
EMII	V_{10}	4	1	2.77	0.756
	V_{11}	5	1	2.87	0.674
	V_{12}	5	1	2.88	0.787
IG	V_{13}	5	1	3.18	0.847
	V_{14}	4	1	2.39	0.793
	V_{15}	4	1	3.42	0.825
IT	V_{16}	4	1	2.74	0.623
	V_{17}	5	2	3.11	0.754
	V_{18}	5	1	3.05	0.738
TI	V_{19}	4	1	2.96	0.823
	V_{20}	5	1	2.84	0.781
	V_{21}	4	1	2.97	0.698
PLR	V_{22}	4	1	3.28	0.745
	V_{23}	4	1	3.07	0.738
	V_{24}	4	2	2.74	0.682
GP	V_{25}	5	1	3.26	0.691
	V_{26}	4	1	3.31	0.720
	V_{27}	5	1	3.05	0.606
FE	V_{28}	5	1	2.81	0.728
	V_{29}	5	1	2.62	0.711
	V_{30}	5	1	3.35	0.812

续表

潜变量	观测变量	最大值	最小值	均值	标准偏差
IF	V_{31}	5	1	2.73	0.702
	V_{32}	5	1	3.31	0.761
	V_{33}	4	2	2.62	0.693

3. 信度分析与效度分析

对数据进行信度分析是为了检验所收集数据的可靠性，数据的一致性能够表现被衡量数据的质量，是数据能否支撑模型的重要依据。对于数据的一致性检验，一般采取 Cronbach's α 来进行检验。一般来说当 Cronbach's α 的值大于 0.700 时，数据表现出的可信程度为可以接受。本书使用 SPSS 对数据进行分析，考察问卷数据的信度情况，具体如表 8-4 所示。通过对数据进行效度分析，可以明确本书所选的观测变量是否代表潜变量要测量的内容，本书采用主成分分析法对数据进行效度分析，结果如表 8-4 所示。

表 8-4　信度分析和效度分析

潜变量	观测变量	因子载荷	累计方差贡献率（%）	KMO	Cronbach's α 系数
BR	V_1	0.744	75.43	0.751	0.864
	V_2	0.865			
	V_3	0.687			
MC	V_4	0.759	81.42	0.776	0.894
	V_5	0.846			
	V_6	0.842			
PSIS	V_7	0.769	74.85	0.762	0.837
	V_8	0.694			
	V_9	0.793			
EMII	V_{10}	0.821	73.53	0.743	0.813
	V_{11}	0.659			
	V_{12}	0.758			
IG	V_{13}	0.823	79.22	0.759	0.856
	V_{14}	0.816			
	V_{15}	0.767			

续表

潜变量	观测变量	因子载荷	累计方差贡献率（%）	KMO	Cronbach's α 系数
IT	V_{16}	0.773	78.85	0.797	0.883
	V_{17}	0.825			
	V_{18}	0.754			
TI	V_{19}	0.833	80.21	0.772	0.901
	V_{20}	0.824			
	V_{21}	0.797			
PLR	V_{22}	0.732	71.57	0.747	0.857
	V_{23}	0.807			
	V_{24}	0.766			
GP	V_{25}	0.716	73.39	0.754	0.861
	V_{26}	0.736			
	V_{27}	0.813			
FE	V_{28}	0.656	75.49	0.763	0.828
	V_{29}	0.814			
	V_{30}	0.832			
IF	V_{31}	0.765	77.34	0.783	0.832
	V_{32}	0.831			
	V_{33}	0.732			

由表8-4的结果可以对数据的信度进行分析，各项数据的可信程度Cronbach's α系数值大于0.700，完全符合Cronbach's α的信度要求，并且数据的整体Cronbach's α系数值也为0.830，数据的信度得到了很好的验证，数据表现出了良好的一致性。被测数据的Bartlett球形检验显著概率为0.000，并且KMO值最小为0.743，表明适合进行因子分析。再观察各变量的聚合效度，通过表8-4可以对各项的因子载荷进行观测，结果显示因子载荷在0.656以上，符合数据聚合效度因子载荷大于0.500的要求。在数据的结构效度方面，对累计方差贡献率进行分析，本书的累计方差贡献率最低值为73.39%，高于30%

的对于通用指标需解释的标准（武柏宇、彭本江，2018），具有较高的结构效度。

三、模型拟合

在对收集的数据进行信度分析和效度分析之后，可以进行下一步的模型拟合。运用 AMOS21.0 对本书的 SEM 进行单数估计和模型拟合。在对初始模型进行参数估计中，各项误差均为正数，并且各项外衍潜变量对内衍潜变量的影响均为正向，各项路径的系数都为正数。在此基础上，对模型的拟合进行分析，模型的拟合程度越好，即符合统计指标的要求，说明模型具有较强的合理性。参考吴明隆的《结构方程模型》，关于模型拟合主要指标的评价标准，对模型进行拟合，结果如表 8-5 所示。

根据对模型的拟合结果，模型拟合中存在多项不合格，卡方与自由度的比值、TLI（非范拟合指数）、CFI（比较拟合指数）都不在合理范围之内，因此有必要对模型进行修正。在运用 AOMS 的过程中，AOMS 提供了模型修正指标的数据，但不可以仅依靠提供的修正指标作为依据来对模型进行直接修改，不能简单地受数据驱使，而应当在理论基础之上，借鉴修改指标，再对模型进行修改。通过分析发现，装备制造业与生产性服务业产业壁垒的降低有利于两产业的技术创新发展，从而能够促进两产业互动融合发展，因此考虑增加"产业壁垒降低→技术创新"路径。在通常情况下，产业壁垒的降低确实能够促进市场竞争，但本书研究的是装备制造业与生产性服务业两产业间的问题，当装备制造业与生产性服务业两产业间的壁垒降低后，会给两产业带来更多的合作、互动机会，促进两产业融合发展，而并不能带来同类企业的增加，不会引起同类产业的市场竞争，因此可以考虑删除该路径。考虑到学者提出的在修正时，应本着一次修正一处的原则，本书首先增加"产业壁垒降低→技术创新"路径，即为 H6。修正指标显示，增加此路径可以改善卡方值和改变估计参数。

表 8-5　模型拟合指标评估

项目	χ^2/df	IFI	TLI	CFI	RMSEA	PNFI	PCFI
指标值	3.157	0.921	0.532	0.581	0.074	0.803	0.718
衡量标准	<2	>0.9	>0.9	>0.9	<0.08	>0.5	>0.5
评价结果	不合格	合格	不合格	不合格	合格	合格	合格

在修正之后，各项拟合指标确实有所改善，但还没有完全达到理想范围。对模型进行第二次修正，删除"产业壁垒降低→市场竞争"路径，然后再次对修正的模型进行拟合，结果各拟合项均达到可接受范围。χ^2/df 为 1.85、IFI 为 0.927、TLI 为 0.934、CFI 为 0.919、RMSEA 为 0.071、PNFI 为 0.862、PCFI 为 0.774。经过两次修正模型后各潜变量路径系数均达到显著，如图 8-2 所示。

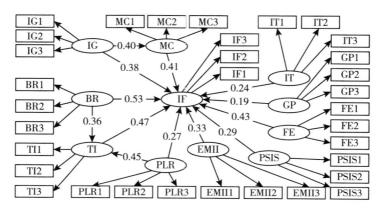

图 8-2　互动融合相关假设模型路径系数

第三节　实证结果与分析

一、假设验证

以上文对装备制造业与生产性服务业互动融合相关假设模型的拟合为基础，在进行了两次模型修正后，各拟合项结果均在可接受范围，关于各项假设的情况如表 8-6 所示。

表 8-6　假设检验

假设	路径代码	标准化路径系数	C.R.	检验结果
H1a	BR → IF	0.70	5.393	支持
H1b	MC → IF	0.41	2.289	支持
H1c	BR → MC	已删除	已删除	不支持
H2a	PSIS → IF	0.29	3.091	支持
H2b	EMII → IF	0.33	4.934	支持

假设	路径代码	标准化路径系数	C.R.	检验结果
H3a	IG → MC	0.40	4.197	支持
H3b	IG → IF	0.54	5.025	支持
H3c	IT → IF	0.24	6.637	支持
H4a	TI → IF	0.47	3.571	支持
H4b	PLR → IF	0.48	7.532	支持
H4c	PLR → TI	0.51	4.182	支持
H5a	GP → IF	0.19	3.997	支持
H5b	FE → IF	0.43	6.339	支持
H6（新增）	BR → TI	0.36	3.575	支持

由表 8-6 可知，在模型修正的过程中删除了 BR → MC 路径，此项假设没有得到支持。除上述删除的假设以外，其余各项假设的 C.R. 绝对值范围在 2.289 与 7.532 之间，最小值为 2.289，通过了 C.R.>1.96 的标准，各项假设均得到了支持。

二、结果分析

由于本书中结构模型比较复杂，不但存在着各潜变量之间的直接效应，而且潜变量之间还存在着间接效用，为进一步明确各项假设之间的作用关系，现将各潜变量之间的作用效果进行分析，揭示各项假设之间的直接效应、间接效应以及总效应，如表 8-7 所示。

本书运用 SEM 理论，对装备制造业与生产性服务业互动融合的相关假设进行检验，通过构建理论模型对模型进行拟合，再对模型进行修改等，最终完成对装备制造业与生产性服务业互动融合的相关假设的检验，还对各潜变量之间的关系进行了研究，为后文设计装备制造业与生产性服务业互动融合的各项具体政策奠定理论基础。各项假设最终结果如下：

在所有关于装备制造业与生产性服务业互动融合的相关假设中，"H1c：制度性壁垒的降低对市场竞争程度具有正向影响"由于在对模型修正的过程中被删除，故没有得到验证，删除原因已在前文分析，此处不进行赘述。其余各项假设都已得到支持。另外，在对模型修正的过程中增加了"H6：制度性壁垒的降低对技术创新具有正向作用"，此项假设已经得到支持。

表 8-7　标准化效应

变量关系	直接效应	间接效应	总效应
BR → IF	0.53	0.17	0.70
MC → IF	0.41	—	0.41
PSIS → IF	0.29		0.29
EMII → IF	0.33		0.33
IG → IF	0.38	0.16	0.54
IT → IF	0.24	—	0.24
TI → IF	0.47	—	0.47
PLR → IF	0.27	0.21	0.48
GP → IF	0.19	—	0.19
FE → IF	0.43	—	0.43

通过假设的结果可以看出，制度性壁垒降低、市场竞争、生产性服务业专业化、装备制造业信息化、产业集聚、产业转移、技术创新、产学研合作、政府采购、金融环境对装备制造业与生产性服务业互动融合都存在正向的影响，各项的总效应分别为 0.7、0.41、0.29、0.33、0.54、0.24、0.47、0.48、0.19、0.43。

关于各假设对装备制造业与生产性服务业互动融合的效应中，不仅存在着直接的正向影响，而且也存在着对装备制造业与生产性服务业互动融合的间接作用。具体包括：第一，制度性壁垒降低通过技术创新对装备制造业与生产性服务业互动融合的间接作用，作用效应为 0.17；第二，产业集聚通过市场竞争对装备制造业与生产性服务业互动融合的间接作用，作用效应为 0.16；第三，产学研合作通过技术创新对装备制造业与生产性服务业互动融合的间接作用，作用效应为 0.21。

通过对假设检验的结果分析，证明了相关假设对装备制造业与生产性服务业互动融合的正向作用，为后文设计装备制造业与生产性服务业互动融合的各项具体政策奠定理论基础。

本章小结

　　本章在前文两产业互动融合政策构成及互动融合政策作用机理的基础上，对两产业互动融合政策促进互动融合进行相关假设，并运用结构模型对相关假设进行检验，结果显示除"H1c：制度性壁垒的降低对市场竞争程度具有正向影响"假设没有得到验证外，其余假设均得到支持。

第九章
装备制造业与生产性服务业互动融合政策模拟

第一节　互动融合政策模拟的理论基础

装备制造业与生产性服务业互动融合发展不仅有助于我国向全球价值链高端环节攀升，而且是提高我国综合国力的有力保障。为有效推动两产业互动融合发展，政府出台了多种政策，在两产业互动融合过程中从战略规划、资金支持、人才资源供给、信息平台搭建等多个方面对互动融合发展进行支持。然而政府对装备制造业与生产性服务业的政策实施不仅包含政策类型及数量的多寡，还应考虑不同的政策组合所能产生的效果。也就是说，装备制造业与生产性服务业互动融合政策模拟，应注重不同力度的政策组合及政策力度对于互动融合的影响。

一、互动融合政策模拟目的

装备制造业与生产性服务业互动融合政策模拟，根本目的就是考察互动融合政策实施效果的过程，根据模拟结果有针对性地对互动融合政策提出改进建议。本书认为，装备制造业与生产性服务业互动融合政策模拟的目的主要是通过模拟不同政策组合的政策实施力度，观察模拟值和实际值以及不同力度模拟值之间的差别，进而分析不同政策组合以及不同力度的政策作用效果，为装备制造业与生产性服务业互动融合政策的实施提供参考。

二、互动融合政策模拟原则

为保证装备制造业与生产性服务业互动融合政策模拟的客观性、准确性，在对互动融合政策进行评估时需要遵循一定的模拟原则，具体内容如下：

第一，全面性原则。关于装备制造业与生产性服务业互动融合政策模拟，不仅应充分考虑互动融合政策对装备制造业与生产性服务业自身的作用，还应考虑两产业互动融合给我国经济发展水平以及技术发展水平带来的促进作用。在此基础上明确政策参与主体、政策作用对象及识别政策工具，全面展开对装备制造业与生产性服务业互动融合政策的模拟。

第二，指标代表性原则。装备制造业与生产性服务业互动融合政策作用效果较为复杂，特别是在多个政策同时实施的情况下，各因变量之间相互联系、相互影响。因此，在选取指标时，应坚持指标代表性原则，避免因指标选择不当造成数据与实际情况脱节的问题，保证政策模拟过程的可操作性。

第三，科学性原则。运用数理方法对装备制造业与生产性服务业互动融合政策进行模拟，初衷就是利用科学手段代替主观直接的判断。因此，在互动融合政策模拟框架的构建、指标的建立和选取以及评价方法的选择问题上，都应该以科学性为第一原则。

三、互动融合政策模拟基础

伴随科技的发展和经济全球化，全球价值链理论得以形成，装备制造业与生产性服务业互动融合在全球价值链背景下得到长足发展，但同时两产业互动融合发展的外部环境变得更加复杂化。装备制造业与生产性服务业互动融合发展面对的复杂环境也为互动融合政策模拟带来新的难题，不断增加的互动融合政策利益相关者和不断涌现的互动融合政策新工具是政策模拟之前首先要明确的问题。伴随着社会参与度的提升，不仅装备制造业和生产性服务业是互动融合政策的利益相关者，在互动融合政策实施的过程中还包含着众多其他的利益相关者。关于互动融合政策工具也不仅仅是财政工具、税收工具，还包括金融工具、服务工具、平台工具、环境工具、人才工具等多种政策工具的共同使用。

关于装备制造业与生产性服务业互动融合政策作用对象的分析，需根据两产业互动融合过程进行研究，前文分析两产业互动融合过程包括关联发展、深度协作、理念融合阶段，在此基础上本书提出基于两产业互动融合过程的互动融合实际"装备＋服务"的产出环节，如图9-1所示。

根据"装备＋服务"的产出环节及前文对两产业互动融合政策对象的研究可知，互动融合政策对象包括装备制造业、生产性服务业、行业协会、中介机构、科研院所、高等院校、金融机构及用户等。关于互动融合政策的工具则应该根据政策对象进行进一步的识别。

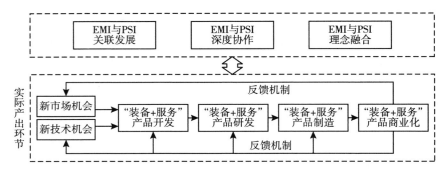

图 9-1　互动融合"装备 + 服务"的产出环节

关于两产业互动融合政策模拟的理论基础，首先要从互动融合的实际产出环节出发，明确政策作用对象即政策客体，其次识别互动融合所使用的政策工具，最后对互动融合政策进行模拟。装备制造业与生产性服务业互动融合政策模拟基础如图 9-2 所示。

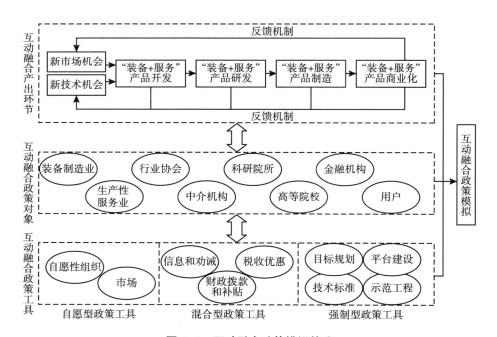

图 9-2　互动融合政策模拟基础

第二节　互动融合政策模拟
方法选择及模型构建

一、互动融合政策模拟方法选择

关于政策模拟的方法存在着多种选择，目前应用较为广泛的政策模拟工具有可计算一般均衡（CGE）模型、动态随机一般均衡（DSGE）模型、系统动力学（SD）模型、LEAP 模型（Nojedehi et al.，2016；Hong et al.，2016）。其中，CGE 与 DSGE 模型多被用来分析税收政策、货币政策、外贸政策等经济类政策对于市场供需关系的调节作用，以及对区域间的福利、收入分配产生的影响进行模拟。Fortuna 等（2016）利用 CGE 模型模拟了在亚速尔群岛经济中消除欧盟资金对于亚速尔群岛 GDP 和就业的影响。Condon 等（2015）为了模拟美国国家税制改革的影响，建立了 CGE 模型，并在此基础上对现有的区域 CGE 模型进行了改进。Lim 等（2015）利用 CGE 模型检验了教育投资政策对移民和经济增长的区域影响，该模型主要关注移民、大学教育、劳动生产率和人力资本形成在短期和长期内的结构性关联。Fagiolo 和 Roventini（2016）基于 DSGE 模型的政策分析方法的理论，对经验和政治经济的缺陷进行了批判性讨论。Marsal 等（2016）为了回答财政政策能否免除其对利率期限结构的影响，探讨了在 DSGE 模型相关宏观金融文献中成为范式的财政政策对资产定价的影响。LEAP 模型则专用于研究能源与环境之间的关系，模拟各种情况下环境政策及节能政策对于能源消费情况、二氧化碳排放情况的作用及影响。相比之下，SD 模型的应用较为广泛，自 1958 年美国麻省理工学院 Forrester 教授创立以来，不同领域的学者运用系统动力学进行了政策模拟或仿真研究，Ulli-Beer（2003）通过构建固体废弃物的管理模型分析了不同区域地方的激励政策所带来的影响，结论表明政策对于固体废弃物的循环利用有着重要的影响作用。Berzina 等（2010）运用系统动力学模型分析了包装废弃物管理系统，并说明了政策机制如何提高材料利用效率从而降低了垃圾填埋厂的包装囤积率。装备制造业与生产性服务业互动融合政策是复杂的政策集合，包含多种政策，如互动融合产业组织政策、互动融合产业结构政策、互动融合产业布局政策、互动融合产业技术政策、互动融合产业发展政策等。考虑到互动融合政策在实施过程中并不是单一政策的发布和实施而是多个政策进行组合实施，运用 SD 模型能够较为直观地反映出不同政策组合以及不同的政策实施力度对于装备制造业与生产性服务业、我国经济及科技发展的促进作用，因此本书选择 SD 模型对装备制造业与生产性服务业互动融合政策的实施效果进行模拟。

二、互动融合政策模拟 SD 模型构建

1. 模型基本假设

装备制造业与生产性服务业互动融合作为提升我国综合国力的重要手段，受到各种因素的影响，为了方便下文对于互动融合政策实施效果的分析，做出以下假设：

H1：装备制造业与生产性服务业互动融合政策的实施是个封闭系统，不考虑其他行业及政策对于两产业互动融合的影响。

H2：该政策模拟模型在假定经济平稳发展的前提下运行，是一个连续不断的发展过程。

H3：模型只考虑互动融合政策对于装备制造业与生产性服务业的影响，不考虑对于其他产业的影响。

H4：不考虑由于不可抗力、国际贸易冲突、罢工等因素带来的影响。

2. 互动融合政策实施因果关系图及流图

在第二章中互动融合运行机理分析以及第三章中互动融合政策构成理论分析与研究假设的基础上，以互动融合产业组织政策、互动融合产业结构政策、互动融合产业布局政策、互动融合产业技术政策、互动融合产业发展政策对于装备制造业与生产性服务业的影响为主线，建立装备制造业与生产性服务业互动融合政策实施因果关系，如图 9-3 所示。

图 9-3 中主要的因果反馈回路有以下 15 个：

（1）互动融合政策—产业组织政策—市场环境—生产性服务业供给—装备制造业需求—互动融合市场规模—两产业融合度—区域 GDP—互动融合政策。

（2）互动融合政策—产业结构政策—装备制造业信息化—互动融合市场规模—两产业融合度—区域 GDP—互动融合政策。

（3）互动融合政策—产业结构政策—生产性服务业专业化—互动融合市场规模—两产业融合度—区域 GDP—互动融合政策。

（4）互动融合政策—产业布局政策—装备制造业集聚规模—生产性服务业集聚规模—互动融合市场规模—两产业融合度—区域 GDP—互动融合政策。

（5）互动融合政策—产业技术政策—企业研发投入—企业科技成果—专利申请量—两产业融合度—区域 GDP—互动融合政策。

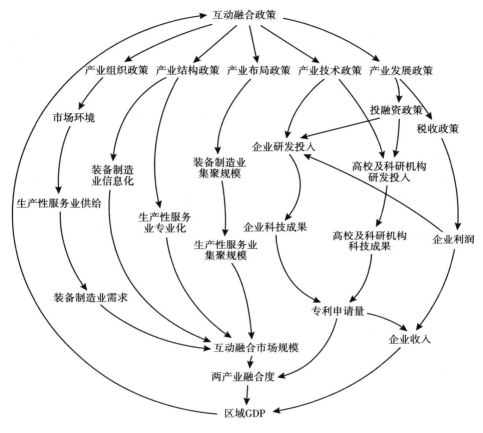

图 9-3　互动融合政策实施因果关系

（6）互动融合政策—产业技术政策—企业研发投入—企业科技成果—专利申请量—企业收入—区域 GDP—互动融合政策。

（7）互动融合政策—产业技术政策—高校及科研机构研发投入—高校及科研机构科技成果—专利申请量—企业收入—区域 GDP—互动融合政策。

（8）互动融合政策—产业技术政策—高校及科研机构研发投入—高校及科研机构科技成果—专利申请量—两产业融合度—区域 GDP—互动融合政策。

（9）互动融合政策—产业发展政策—投融资政策—企业研发投入—企业科技成果—专利申请量—两产业融合度—区域 GDP—互动融合政策。

（10）互动融合政策—产业发展政策—投融资政策—企业研发投入—企业科技成果—专利申请量—企业收入—区域 GDP—互动融合政策。

（11）互动融合政策—产业发展政策—投融资政策—高校及科研机构研发投入—高校及科研机构科技成果—专利申请量—两产业融合度—区域 GDP—

互动融合政策。

（12）互动融合政策—产业发展政策—投融资政策—高校及科研机构研发投入—高校及科研机构科技成果—专利申请量—企业收入—区域 GDP—互动融合政策。

（13）互动融合政策—产业发展政策—税收政策—企业利润—企业研发投入—企业科技成果—专利申请量—两产业融合度—区域 GDP—互动融合政策。

（14）互动融合政策—产业发展政策—税收政策—企业利润—企业研发投入—企业科技成果—专利申请量—企业收入—区域 GDP—互动融合政策。

（15）互动融合政策—产业发展政策—税收政策—企业利润—企业收入—区域 GDP—互动融合政策。

因果关系图展示了装备制造业与生产性服务业互动融合政策作用反馈效果，然而仅依靠因果关系图难以反映出不同性质变量之间的区别，为了便于对因果关系图中各变量进行量化分析，建立如图 9-4 所示的互动融合政策模拟流。

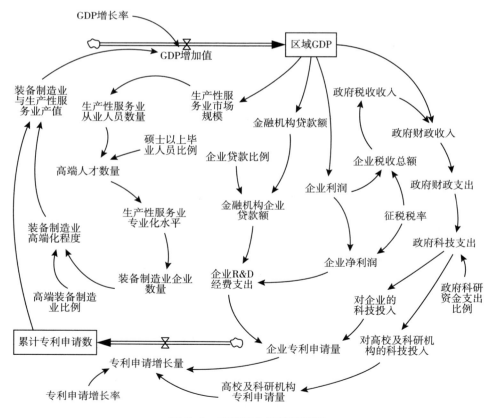

图 9-4　互动融合政策模拟流

3. 互动融合政策模拟 SD 模型变量方程

根据图 9-4 的装备制造业与生产性服务业互动融合政策模拟流可知，在图中有 2 个水平变量，即累计专利申请数和区域 GDP，有 2 个速率变量，即专利申请增长量和 GDP 增加值，其他均为辅助变量。为了模拟东北三省装备制造业与生产性服务业互动融合政策实施效果，本书以《中国统计年鉴》《中国科技统计年鉴》《中国第三产业统计年鉴》《中国城市统计年鉴》《中国金融年鉴》《辽宁统计年鉴》《吉林统计年鉴》《黑龙江统计年鉴》等为数据来源，其中由于从 2009 年开始东北三省才有较为明确的针对两产业互动融合的相关政策，且 2018 年数据不完善，2017 年的统计年鉴实际上收录的是 2016 年数据，因此实际选取 2009~2016 年装备制造业与生产性服务业互动融合相关数据为政策模拟主要数据，其中缺失的部分数据运用指数平滑法对其进行补充。根据以上分析，互动融合政策模拟模型变量表达式如下：

（1）INITIAL TIME = 2009

单位：年。

（2）FINAL TIME = 2030

单位：年。

（3）SAVEPER = TIME STEP

单位：年。

（4）TIME STEP = 1

单位：年。

（5）区域 GDP = INTEG（GDP 增加值，37289.6）

单位：亿元。

（6）生产性服务业市场规模 = 0.234 × 区域 GDP+19291

单位：无量纲。

（7）生产性服务业从业人员数量 = 9.858 × 生产性服务业市场规模 +1000000

单位：人。

（8）高端人才数量 = 生产性服务业从业人员数量 × 硕士以上毕业人员比例

单位：人。

（9）生产性服务业专业化水平 = 1.9853 × 高端人才数量 –9753.7

单位：Dmnl。

（10）装备制造业企业数量 = 0.0514 × 生产性服务业专业化水平 +861.61

单位：个。

（11）装备制造业高端化程度 = 高端装备制造业比例 × 装备制造业企业数量

单位：个。

（12）金融机构贷款额 = 高端装备制造业比例 × 装备制造业企业数量

单位：个。

（13）金融机构企业贷款额 = 金融机构贷款额 × 企业贷款比例

单位：亿元。

（14）企业 R&D 经费支出 = 0.003 × 金融机构企业贷款额 +0.887 × 企业净利润 –38.78

单位：亿元。

（15）企业专利申请量 = –13.017 × 对企业的科技投入 +52.482 × 企业 R&D 经费支出 –7780.53

单位：个。

（16）企业利润 = 0.0125 × 区域 GDP+555.4

单位：亿元。

（17）企业净利润 = 企业利润 ×（1– 征税税率）

单位：亿元。

（18）企业税收总额 = 企业利润 × 征税税率

单位：亿元。

（19）政府税收收入 = 14.122 × 企业税收总额 +36106

单位：亿元。

（20）政府财政收入 = 1.688 × 政府税收收入 –0.031 × 区域 GDP+244.263

单位：亿元。

（21）政府财政支出 = 1.2727 × 政府财政收入 +4 265.3

单位：亿元。

（22）政府科技支出 = 政府科研资金支出比例 × 政府财政支出

单位：亿元。

（23）对企业的科技投入 = 0.0277 × 政府科技支出 +3.764

单位：亿元。

（24）对高校及科研机构的科技投入 = 0.1533 × 政府科技支出 –1.0056

单位：亿元。

（25）高校及科研机构专利申请量 = 0.0305 × 对高校及科研机构的科技投入 +7798

单位：亿元。

（26）对高校及科研机构的科技投入 = 0.0277 × 政府科技支出 +3.764

单位：亿元。

（27）对高校及科研机构的科技投入 = 0.1544 × 政府科技支出 −1.1836

单位：亿元。

（28）GDP 增加值 = GDP 增长率 × 装备制造业与生产性服务业产值

单位：亿元。

（29）GDP 增长率 = 0.081378

单位：无量纲。

（30）硕士以上毕业人员比例 = 0.44

单位：无量纲。

（31）高端装备制造业比例 = 0.3275

单位：无量纲。

（32）企业贷款比例 = 0.63

单位：无量纲。

（33）征税税率 = 0.72

单位：无量纲。

（34）政府科研资金支出比例 = 0.015287

单位：无量纲。

（35）专利申请增长量 =（企业专利申请量 + 高校及科研机构专利申请量）× 专利申请增长率

单位：个。

（36）专利申请增长率 = 0.22673

单位：无量纲。

其中，根据各变量方程复杂程度的不同，其方程式的设定方式也不同。对于逻辑较为简单的变量采取数学表达式进行运算，而对于逻辑复杂的变量则通过回归分析法确定方程式。采用回归分析法确定方程表达式应保证回归方程能够通过检验，并且注意方程拟合度的高低，从而确保回归方程能够较为准确地反映因变量与多个自变量之间的关系。另外，模型表达式中共有 GDP 增长率、硕士以上毕业人员比例、高端装备制造业比例、企业贷款比例、征税税率、政府科研资金支出比例、专利申请增长率 7 个参数，均通过各统计年鉴整理得出。

第三节　互动融合政策模拟 SD 模型检验

对装备制造业与生产性服务业互动融合政策模拟模型进行检验主要基于以下三个方面：第一，量纲一致性检验，其目的是检验除了无量纲化的一些参数之外，其他变量的量纲是否能保证前后一致；第二，极端条件检验，极端条件检验是为了观察在模型中的变量及参数采用极端值时，模型是否会因为这些变化而失去合理性；第三，灵敏度检验，对于一些受政策影响较大的变量，通过调节相关参数，观察模型中变量值的变化是否显著。

基于以上分析，对装备制造业与生产性服务业互动融合政策模拟模型进行如下检验：

（1）量纲一致性检验。在进行数据收集的过程中，对专利申请量、企业数量等变量一律用"个"作为单位，对于从业人数或 R&D 人员统一用"人"作为单位，而区域 GDP、企业 R&D 支出、政府财政收入等，原始数据以"亿元"或"万元"为单位，在模型构建过程中均化为"亿元"，因此可视为模型通过量纲一致性检验。

（2）极端条件检验。本书将 GDP 增长率设为 0 进行极端情况检验，检验结果如图 9-5 所示。

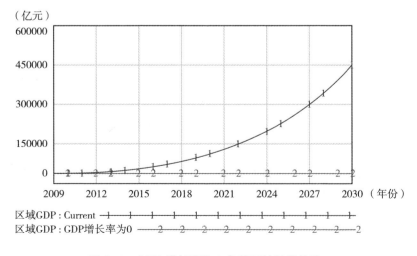

图 9-5　GDP 增长率为 0 条件下的极端检验 1

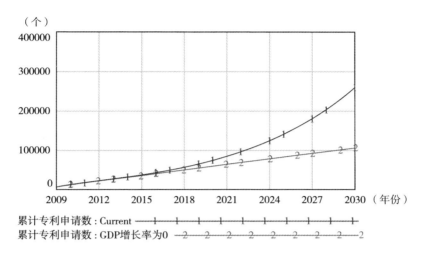

（个）

400000

300000

200000

100000

0

2009　2012　2015　2018　2021　2024　2027　2030　（年份）

累计专利申请数：Current ————|————|————|————|————|————|————|————|

累计专利申请数：GDP增长率为0 —2——2——2——2——2——2——2——2——2—

图 9-6　GDP 增长率为 0 条件下的极端检验 2

从图 9-6 中可看出，在 GDP 增长率为 0 的情况下，区域 GDP 无增长，装备制造业与生产性服务业面临增长放缓甚至停滞的局面，因此企业自身对于研发的投入降低。然而由于政府科技支出的存在，使得在增长率为 0 的情况下，装备制造业与生产性服务业企业依然能够得到资金用于互动融合产品或技术的研发，但由于资金量的减少，因此两产业累计专利申请数也出现大幅减少。模型的极端检验与事实逻辑基本一致，因此可认定模型通过了极端性检验。

（3）敏感性检验。在装备制造业与生产性服务业互动融合的过程中，往往对某些政策是极其敏感的，如税收政策等，此类政策的变化能够对两产业产生较大的吸引或推动作用，这些政策的变化反映到模型中可以通过调整相应参数来实现。值得注意的是，参数的敏感与否并不会影响模型的变化趋势，即上升或下降的趋势是固定的。以下通过降低当前税率的 20% 来检验税收政策对于装备制造业与生产性服务业互动融合影响的灵敏度，结果如图 9-7 所示。

通过图 9-7 可以分析出，税率的变动对于装备制造业与生产性服务业有较大影响，税率降低 20% 使得装备制造业与生产性服务业企业有更多的资金用于互动融合产品及技术的研发，但总体仍呈上升趋势，因此可视为该模型通过了灵敏度检验。

通过运用以上三种模型检验方法对两产业互动融合政策模拟 SD 模型进行检验，结果显示两产业互动融合政策模拟 SD 模型通过了检验，为两产业互动融合政策模拟奠定基础。

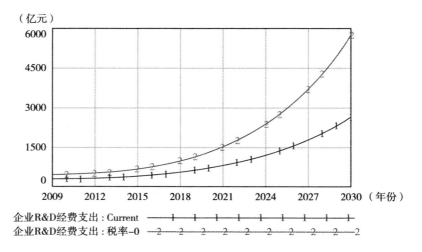

图 9-7　征税税率的灵敏度检验

第四节　装备制造业与生产性服务业互动融合政策设计：以东北地区为例

本章以东北地区为实证研究对象，范围包括辽宁省、吉林省和黑龙江省三省。东北地区老工业基地作为我国重要的工业基地，在全国拥有举足轻重的地位，如何实现对东北老工业基地的振兴，成为当前的重要课题。装备制造业不但是国民经济的支柱产业，同时也是制造业的重点发展对象，是振兴东北老工业基地的重要组成部分，而装备制造业与生产性服务业互动融合发展是装备制造业提升竞争力的重要途径。本章通过分析东北地区两产业互动融合发展现状，对两产业互动融合政策效果进行评价，明确互动融合政策效力，并根据东北地区两产业发展的实际情况及互动融合政策效果的实际情况，进一步优化东北地区的两产业互动融合政策，对东北地区装备制造业与生产性服务业互动融合发展起着重要的指导意义。

一、东北地区装备制造业与生产性服务业互动融合及政策现状

1. 东北地区装备制造业与生产性服务业互动融合现状

装备制造业作为东北老工业基地的支柱产业，已经形成一批具有广泛市场影响力的知名品牌，包括沈阳机床、一重集团、哈电集团、沈飞集团、哈飞集

团、大连船舶重工集团、中国一汽、长客股份等装备制造知名品牌。与此同时形成了具有明显优势的汽车制造业、通用设备制造业、专用设备制造业、铁路船舶航空航天设备制造业等装备制造业。目前，东北地区生产性服务业水平与先进地区相比还有较大差距，两产业互动融合发展还主要依靠装备制造业。东北地区一部分装备制造业企业已经意识到与生产性服务业互动融合发展的模式是提高竞争优势和综合实力的有效途径，并且正逐步实现与生产性服务业的互动融合发展。

沈阳鼓风机集团股份有限公司（简称"沈鼓集团"）是我国重大技术装备行业的支柱企业、战略性领军企业，担负着为石油、化工、空分、电力、冶金、环保、国防等关系国计民生的重大工程项目提供国产装备任务。沈鼓集团正在进行新一轮的战略转型升级，在进一步提升整体研发制造实力的同时，稳步推进信息化升级、打造生产性服务业中心，向系统集成供应商转变。沈鼓集团从生产"心脏"设备，向进行备品备件、检修抢险、机组安装、维保服务、改造测绘、在线监测诊断、交钥匙安装功能等一系列围绕装备生产的生产性服务业方向发展。2015年沈鼓云服务正式上线，提出2小时响应、8小时反馈、24小时提供处理方案的承诺，实现了沈鼓集团全生命周期服务和客户终身价值管理的核心价值，为沈鼓集团成为系统集成供应商奠定基础，实现了装备制造业与生产性服务业的互动融合发展。

中车长春轨道股份有限公司（简称"长客股份"），是我国知名的轨道客车研发、制造、检修及出口基地，是中国地铁、动车组的摇篮。公司主要的业务包括研发服务、新造、检修及运维服务。2015年，长客股份董事长王润提出"单纯靠研发制造很难支撑长远发展"，必须形成成套的服务解决方案，从生产型企业向服务型企业转变。长客股份的研发服务业务主要依托国家工程技术中心和国家工程实验室，为供应商、客户、合作伙伴提供各种试验、分析和测试服务，还建设了轨道客车系统集成工程技术研究中心、高速列车系统集成国家工程实验室、国家级企业技术中心、博士后科研工作站、国家技能大师工作室等研发服务技术创新平台。在企业未来发展中，长客股份将积极拓展城市轨道车辆检修及运维服务业务，努力从装备制造生产向互动融合型的服务制造方向发展。

哈尔滨电气集团有限公司（简称"哈电集团"）是我国最大的发电设备、舰船动力装置、电动驱动设备研究制造基地和成套设备出口基地，是关系国家安全和国民经济命脉的国有重要骨干企业之一。哈电集团的主营业务包括发电设备、驱动及控制设备、通用机环保设备和现代制造服务业。哈电集团作为中国大型电力工程总承包和成套设备出口的龙头企业，早已经将生产型制造向服务型制造转变发展设定为战略目标，于2009年成立了哈电集团现代制造服务产业公司，负责集团产品售后服务、电站设备的检修服务、技术咨询服务、技术改造项目及备品备件等服务工作，以延伸服务产业链为突破口，借助集团强大的技术自主创新能力，充分使用好集团技术专家对新产业的带动和行业引领作用，促进生产性服务业与发电设备制造业互动融合发展。为更好地实现服务型制造的转型，哈电集团与2010年搭建金融业务运作服务平台，成立哈电集团财务公司，为成员单位办理财务和融资顾问、信用鉴证及相关的咨询、代理业务，协助成员单位实现交易款项的收付、代理相关保险业务，对成员单位提供担保、办理票据承兑与贴现、办理成员单位之间的内部转账结算及相应的结算、清算方案设计、吸收成员单位的存款、从事同业拆借等业务。以"整合内部财务资源、强化资金管理、发挥金融优势、促进集团发展"为目标，坚持以"立足集团、依托集团、服务集团"为宗旨，于2010年搭建金融业务运作服务平台，成立哈电集团财务公司，为成员单位办理财务和融资顾问、信用鉴证及相关的咨询等诸多金融服务业务。据此全面贯彻落实哈电集团的发展战略，充分发挥金融机构平台作用，加快实现哈电集团向服务型制造转型目标。

东北地区装备制造业与生产性服务业互动融合发展已经有一些成功的典型案例，并且取得了一定的进展，但东北地区装备制造业与生产性服务业互动融合还存在一些问题。第一，装备制造业与生产性服务业互动融合发展的主体以装备制造业为主。这一现象的形成是由于东北地区作为老工业基地，装备制造业的发展具有一定的历史成因，装备制造业拥有较好的发展基础，而东北地区的服务业发展缓慢，与先进地区服务业发展水平有较大差距，在全国四大板块中服务增长率较低，生产性服务业水平较装备制造业发展水平有明显差距，故在两产业互动融合发展过程中形成以装备制造业为主导的互动融合发展模式。第二，东北地区的装备制造业与生产性服务业互动融合发展不足，仅在部分地区、个别企业较好地实现了互动融合发展，整体的互动融合水平一般。第三，实现两产业互动融合发展的企业，国有龙头企业居多，民营企业参与程度不高。导致上述现象的原因主要与东北地区的地理位置和发展情况有关，东北地区地处我国边境，经济、贸易、信息等都相对不发达，严重制约了装备制造业、生产性服务业的发展，也就直接地影响了两产业的互动融合发展。

2. 东北地区装备制造业与生产性服务业互动融合水平

为进一步对东北地区装备制造业与生产性服务业互动融合发展的现状进行分析，我们在上文定性分析的基础上，运用定量分析的方法，研究东北地区装备制造业与生产性服务业互动融合发展的整体情况，对东北地区装备制造业与生产性服务业互动融合水平进行测度。

关于装备制造业与生产性服务业互动融合水平的测度，本书以投入产出数据为基础，以装备制造业与生产性服务业互动融合度来表示两产业的互动融合水平，对东北地区即辽宁省、吉林省、黑龙江省和我国整体的互动融合度进行测算。根据数据的可得性，装备制造业包括通用设备、专用设备、交通运输设备、电气机械和器材、信息设备计算机和其他电子设备、仪器仪表，生产性服务业包括交通运输仓储和邮政、信息传输软件和信息技术服务、金融、租赁和商务服务、科学研究和技术服务。已知两产业互动融合度测度模型为

$$C = \frac{1}{2}\left(\frac{1}{2}(f_{i \to j} + f_{j \to i}) + \frac{1}{2}(g_{i \to j} + g_{j \to i})\right)$$

对装备制造业与生产性服务业互动融合度进行测度需要使用投入产出表中数据进行分析，本书对学者已有研究成果进行整理，最终得到东北地区装备制造业与生产性服务业互动融合水平，如表 9-1 所示。

表 9-1　东北地区及全国装备制造业与生产性服务业互动融合水平

区域	辽宁省	吉林省	黑龙江省	东北平均	全国平均	全国最高	全国最低
互动融合水平	0.2268	0.1393	0.2043	0.1901	0.2212	0.3782	0.1177

由表 9-1 可以看出，东北地区三省的装备制造业与生产性服务业互动融合水平与全国最高的互动融合水平相距甚远，东北地区只有辽宁省超过了全国平均水平，吉林省和黑龙江省都低于全国平均水平，东北地区装备制造业与生产性服务业互动融合发展还有较大空间。

3. 基于政策文献量化法的东北地区两产业互动融合政策现状分析

政府部门为促进装备制造业与生产性服务业互动融合发展出台了多项政策，在全国层面就出台了多部有代表性的政策。2009 年，国务院办公厅发布《装备制造业调整和振兴规划》，在规划中提出支持装备制造骨干企业在工程承包、系统集成、设备租赁、提供解决方案、再制造等方面展开增值服务，逐步实现由生产型制造向服务型制造转变；2014 年 2 月发布的《国务院关于推进文化创意和设计服务与相关产业互动融合发展的若干意见》中提出，促进工业设计向高端综合设计服务转变，推动工业设计服务领域延伸和服务模式升级；汽车、飞机、船舶、轨道交通等装备制造业要加强产品的外观、结构、功能等设计能力建设。2015 年，政府印发的有关制造业的文件中，在战略任务和重点上提到积极发展服务型制造和生产性服务业，加快制造与服务的协同发

展，推动商业模式创新和业态创新，促进生产型制造向服务型制造转变；大力发展与制造业紧密相关的生产性服务业，推动服务功能区和服务平台建设。2016 年的《中华人民共和国国民经济和社会发展第十三个五年规划纲要》提出，推动制造业由生产型向生产服务型转变，引导制造企业延伸服务链条、促进服务增值。

通过前文对装备制造业与生产性服务业互动融合的相关政策在全国层面上的分析可知，互动融合政策的颁布部门十分广泛，并且发布数量较多，足以说明中央政府对两产业互动融合的重视程度。为更好地研究东北地区互动融合政策问题，现对东北地区装备制造业与生产性服务业互动融合政策进行分析。

（1）数据基础与研究方法。

装备制造业与生产性服务业互动融合政策的制定主体既包括中央政府，也包括地方政府。对东北地区装备制造业与生产性服务业互动融合政策的研究与对中央政府制定的两产业互动融合政策相比，能够展现地方政府对两产业互动融合的针对性和可操作性等特点。本书选取东北地区辽宁、吉林、黑龙江三个省进行装备制造业与生产性服务业互动融合政策分析。基于北大法宝数据库和政府部门网站整理装备制造业与生产性服务业互动融合相关政策，搜索关键为装备制造业、生产性服务业、制造业服务化和服务型制造等，在得到的相关政策中最终确定装备制造业与生产性服务业互动融合相关的政策，其中辽宁省88 件、吉林省 20 件、黑龙江省 13 件，数据包括发文单位、发文时间、政策名称和政策全文。

政策文献计量是一种量化分析政策文献结构属性的研究方法，该方法将文献计量学、社会学数学、统计学等学科方法引入政策分析中，以揭示政策主体、目标与影响，政策主体的合作模式，以及互动融合政策的结构与演进（李江等，2015）。本书分别对装备制造业与生产性服务业互动融合政策的发文时间和发文单位进行分析，关于政策发文时间的分析有利于分析东北地区两产业互动融合政策在时间维度上所处的状态情况，关于政策发文单位的分析有利于分析东北地区两产业互动融合政策的制定部门由哪些组成，明确部门的主导或是协同作用。

（2）互动融合政策发文时间的时序分析。

根据整理的辽宁、吉林、黑龙江三省的装备制造业与生产性服务业互动融合政策文献与前文对中央部门装备制造业与生产性服务业互动融合政策数据，绘制中央政府及东北地区装备制造业与生产性服务业互动融合政策数量分布图，如图 9-8 所示。

由图 9-8 可知，从 2009 年到 2018 年 2 月，对中央政府及东北地区装备制造业与生产性服务业互动融合政策的数量进行统计，发现中央及东北地区两产业互动融合政策发文数量一直呈现上升趋势。由于统计的 2018 年两产业互动融合政策只包括了 1 月、2 月的，因此 2018 年两产业政策数量较少。第一，中央政府、辽宁省、吉林省、黑龙江省的两产业互动融合政策在 2016 年数量有较大幅度提升，2016 年是装备制造业与生产性服务业互动融合政策增长的爆发点；第二，中央政府和辽宁省发布的两产业互动融合政策的数量明显高于吉林省和黑龙江省；第三，吉林省和黑龙江省在 2014 年之前几乎没有发过关于装备制造业与生产性服务业互动融合的政策，从 2014 年开始密集颁布装备制造业与生产性服务业互动融合政策。

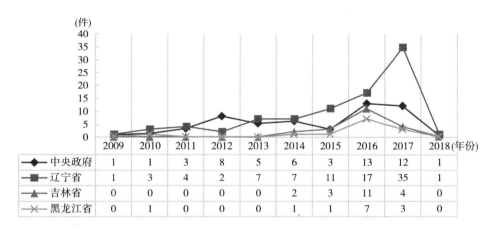

图 9-8　2009~2018 年中央及地方政府两产业互动融合政策发文数量分布

注：图中统计的 2018 年两产业互动融合政策只包括了 1 月、2 月的。

（3）互动融合政策发文单位分布。

关于东北地区装备制造业与生产性服务业互动融合政策发文单位的分布研究，基于前文对中央政府及东北地区两产业互动融合政策文献的整理，得到 2009~2018 年中央政府及东北地区两产业互动融合政策发文单位情况，如图 9-9 所示。

关于中央政府两产业互动融合政策发布单位情况，国家发改委发文 23 件、工业和信息化部发文 21 件、科技部发文 9 件、国务院发文 8 件、国家体育总局发文 4 件、文化部发文 4 件、商务部发文 3 件、国家标准委发文 3 件、财政部发文 3 件、国家质检总局发文 3 件、交通运输部发文 2 件、全国人大发文 2 件、人力资源和社会保障部发文 1 件、教育部发文 1 件、国家旅游局发文 1 件、国家工商行政管理总局发文1件、农业部发文1件、国家国防科工局发文1件，中央政府在发布政策时往往是几个部门联合发布，故以上按照单个部门发布的装备制造业与生产性服务业互动融合政策统计的总数超过了实际中央政府发布的两产业互动融合政策数量。

关于辽宁省两产业互动融合政策发布单位情况，辽宁省人民政府发文10件、辽宁省委发文1件、各市人民政府共发文72件、辽宁省工业和信息化委员会发文2件、辽宁省人民政府金融工作办公室发文1件、大连市委发文1件；关于吉林省两产业互动融合政策发布单位情况，吉林省人民政府发文12件、吉林省委发文1件、各市人民政府发文5件、吉林省工业和信息化委员会发文2件；关于黑龙江省两产业互动融合政策发布单位情况，黑龙江省人民政府发文5件、黑龙江省委发文1件、各市人民政府发文6件、中国保险监督管理委员会黑龙江监管局发文1件。

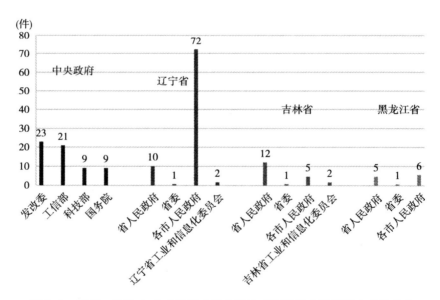

图9-9　2009~2018年中央及地方政府两产业互动融合政策发文单位分布

从装备制造业与生产性服务业互动融合政策发文单位的发布情况看，中央政府层面主导和管理两产业互动融合发展的部门主要是国家发改委、工业和信息化部、科技部和国务院。从地方政府层面看，两产业互动融合政策发布的单位基本都是省政府、省委、市政府、市委、工业和信息化委员会。三个省份存在一定差异，第一，辽宁省下属市政府关于两产业互动融合政策的发文数量远远大于吉林省和黑龙江省；第二，黑龙江省关于两产业互动融合政策的发布单位中并没有工业和信息化委员会，与其他两省有所差别；第三，黑龙江省政府关于两产业互动融合政策的发文数量明显小于辽宁省和吉林省。

二、东北地区装备制造业与生产性服务业互动融合政策模拟

1. 互动融合政策模拟指标

在本书中，装备制造业与生产性服务业互动融合政策分为互动融合产业组织政策、互动融合产业结构政策、互动融合产业布局政策、互动融合产业技术政策以及互动融合产业发展政策。能够说明东北地区产业布局政策实施力度的指标是行业集中度或 E–G 集聚指数，然而在实际数据选择的过程中，无论是行业集中度还是 E–G 集聚指数，指标数据缺失程度均较高。在产业技术政策实施的指标选择上，东北地区内技术专利保护的相关文件或法规数量较少，且吉林省科技成果转化的数据难以获取。因此，在对东北地区进行实证研究时，选择将政府的科技投入作为政府投资并入产业发展政策，模拟产业组织政策、产业结构政策以及产业发展政策对于东北地区装备制造业与生产性服务业互动融合的影响。

在前文构建的装备制造业与生产性服务业互动融合政策模拟模型中，有硕士以上毕业人员比例、高端装备制造业比例、企业贷款比例、征税税率以及政府科研资金支出比例 5 个参数。硕士以上毕业人员比例能够反映整个生产性服务业高端人才数量的变化，在装备制造业与生产性服务业互动融合的实际运行过程中，高端人才供给增多能够促进金融服务业、高技术服务业、信息服务业、商务服务业等生产性服务业的发展，从而形成激烈的市场竞争环境，有利于装备制造业与生产性服务业的互动融合，因此采用硕士以上毕业人员比例代表产业组织政策调整的参数；高端装备制造业是相对于一般装备制造业而言的，在目前 7 个装备制造业子行业的分类中，航空航天装备制造业、卫星及应用装备制造业、轨道交通装备制造业、海洋工程装备制造业及智能装备制造业等可被定义为高端装备制造业，高端装备制造业比例反映的是区域内装备制造业结构的高度化，如果一个区域内高端装备制造业的数量越多，则此区域内装备制造业产业结构越优，因此选择高端装备制造业比例代表产业结构政策调整的参数；企业贷款比例能够表现出银行对企业融资的支持力度，企业贷款越多，则能够在一定程度上说明企业贷款越容易、贷款环境越好、银行对于企业支持力度越大，因而选择企业贷款比例作为描述融资政策变化的参数；征税税率作为国家税收政策变化最直接的表现，能够反映国家对于产业发展的支持力度和方向导向；政府科研资金支出是国家财政投入的一部分，政府科研资金支出比例越大，说明国家对科技发展的重视程度越高，因而选择政府科研资金支

出比例作为投资政策的参数。由于融资政策、税收政策、投资政策均属于产业发展政策的范畴，因此用企业贷款比例、征税税率以及政府科研资金支出比例代表产业发展政策的参数，具体如表 9-2 所示。

表 9-2　政策代表参数说明

互动融合政策类型	互动融合具体政策	代表参数
产业组织政策	—	硕士以上毕业人员比例
产业结构政策	—	高端装备制造业比例
产业发展政策	产业税收政策	征税税率
	产业投资政策	政府科研资金支出比例
	产业融资政策	企业贷款比例

2. 互动融合产业组织政策模拟

在其他参数不变的情况下，通过调整东北地区内装备制造业与生产性服务业硕士以上毕业从业人员的比例，分别模拟东北地区 2009~2030 年装备制造业与生产性服务业互动融合的硕士以上毕业从业人员比重增加 50%、比重增加100% 所对应的区域 GDP、两产业累计专利申请数以及装备制造业与生产性服务业产值的变化，从而考察东北地区互动融合产业组织政策的实施对于两产业互动融合的影响，结果分别如图 9-10、图 9-11、图 9-12 所示。

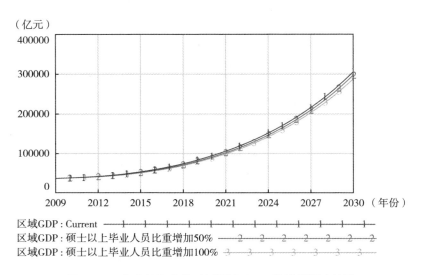

图 9-10　产业组织变化对于区域 GDP 的模拟影响结果

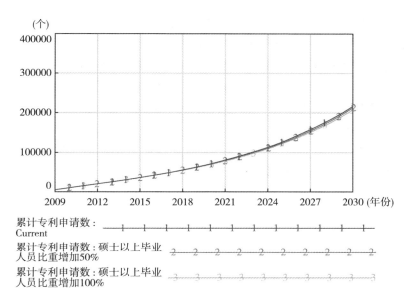

图 9-11 产业组织变化对于两产业累计专利申请数的模拟影响结果

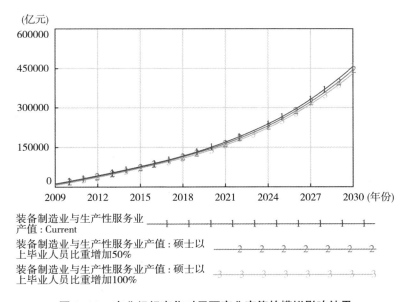

图 9-12 产业组织变化对于两产业产值的模拟影响结果

模拟结果表明，随着硕士以上毕业人员比重的增加，区域 GDP、两产业专利申请量、两产业产值均有不同程度的减少，其中对于区域 GDP 以及两产业产值的影响相较于对专利申请数量的影响较小。考虑到东北地区实行计划经济的时间较早、影响较深，长期以来依靠大型国有企业拉动区域内经济增长，市场机制完善程度较低，区域内装备制造业与生产性服务业无论从数量还是整体规模上来看都不高。因此，单纯地通过实施产业组织政策来营造自由竞争的市场环境可能不适合当前阶段东北地区装备制造业与生产性服务业的发展，不能对区域内的弱小装备制造业及生产性服务业起到保护作用，即使产业组织政策实施力度和市场环境均实现较大变化，发展水平依然难以得到快速提高。这说明东北地区互动融合产业组织政策的实施目前不是影响东北地区装备制造业与生产性服务业互动融合顺利与否的主要政策手段，当东北地区内市场机制完善程度较高、装备制造业与生产性服务业数量较多、总体发展规模较好时，实施产业组织政策才能够达到较为理想的效果。

3. 互动融合产业结构政策模拟

在其他参数不变的情况下，通过调整东北地区内高端装备制造业企业数量所占装备制造业企业总量的比例，分别模拟东北地区 2009~2030 年装备制造业与生产性服务业互动融合高端装备制造业比重增加 50%、比重增加 100% 所对应的区域 GDP、两产业累计专利申请数以及装备制造业与生产性服务业产值的变化，从而考察东北地区互动融合产业结构政策的实施对于两产业互动融合的影响，结果分别如图 9-13、图 9-14、图 9-15 所示。

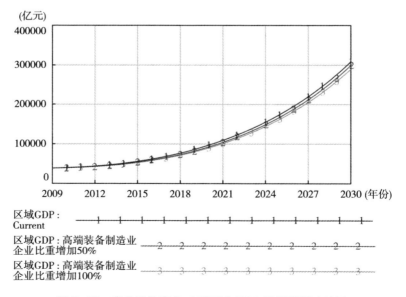

图 9-13　产业结构变化对于区域 GDP 的模拟影响结果

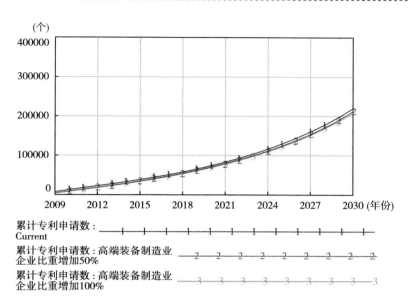

图 9-14　产业结构变化对于两产业累计专利申请数的模拟影响结果

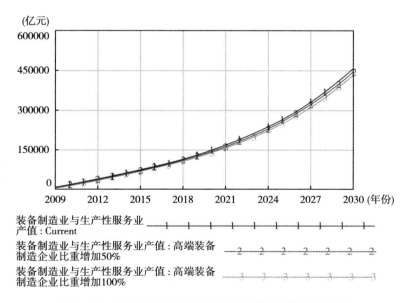

图 9-15　产业结构变化对于两产业产值的模拟影响结果

以上模拟结果显示，在产业结构政策力度分别为当前的 1.5 倍和 2 倍时，区域 GDP、两产业专利申请数以及两产业产值依然出现了不同程度的减少，其中区域 GDP 以及装备制造业与生产性服务业的产值减少程度大于专利申请的减少程度。由于东北地区生产性服务业的发展状况远弱于东部地区发达省市，生产性服务业对装备制造业的支撑不足，因此仅通过产业结构政策调整东北地区高端装备制造业企业的数量或规模，虽然可以使区域内产业结构得到升级，但是实际上高端装备制造业企业的技术消化、自主研发、技术成果转化的能力依然没有得到实际的提高，难以有效促进装备制造业与生产性服务业的互动融合。因此，仅依靠产业结构政策也不是促进东北地区装备制造业与生产性服务业互动融合的主要政策。

4. 互动融合产业发展政策模拟

在其他参数不变的情况下，通过调整企业贷款比例、政府征税税率以及政府科研资金支出比例，模拟两种强度的产业发展政策实施情况：

模拟 2009~2030 年东北地区装备制造业与生产性服务业互动融合企业贷款比重增加 20%、征税税率减少 10%、政府科研资金支出比例增加 30% 所对应的区域 GDP、两产业累计专利申请数以及装备制造业与生产性服务业产值的变化。

模拟 2009~2030 年东北地区装备制造业与生产性服务业互动融合企业贷款比重增加 25%、征税税率减少 15%、政府科研资金支出比例增加 40% 所对应的区域 GDP、两产业累计专利申请数以及装备制造业与生产性服务业产值的变化。具体模拟如图 9-16、图 9-17、图 9-18 所示。

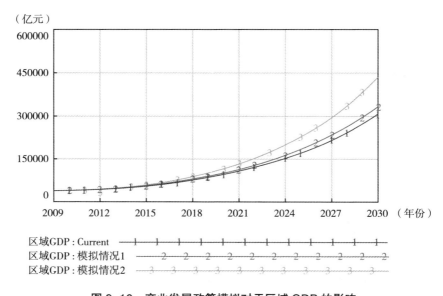

图 9-16　产业发展政策模拟对于区域 GDP 的影响

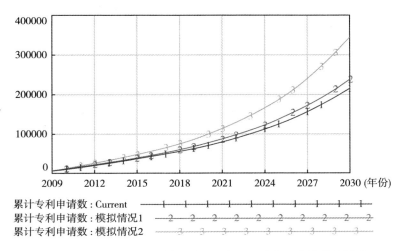

图 9-17　产业发展政策模拟对于两产业累计专利申请数的影响

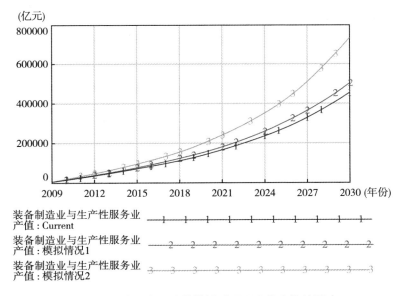

图 9-18　产业发展政策模拟对于两产业产值的影响

　　通过以上模拟结果可看出，在模拟情况 1 和模拟情况 2 的情况下，不同实施力度的产业发展政策对于东北地区装备制造业与生产性服务业互动融合均有显著的促进作用，其中对于两产业产值的促进影响最为明显。这说明降低税率、改善金融贷款环境、增加政府对于地区的科技投入均能通过提高地区内自主研发水平来提高装备制造业与生产性服务业互动融合的水平，较产业组织政策和产业结构政策来说，更加适合目前东北地区的发展水平，对于东北地区装备制造业与生产性服务业的互动融合能够产生更加直接的效果。

三、东北地区装备制造业与生产性服务业互动融合政策设计

1. 东北地区装备制造业与生产性服务业互动融合产业组织政策

目前东北地区实现装备制造业与生产性服务业互动融合发展或实现服务型制造的装备制造业企业多为大型国有企业，由于国有企业在政策、规模、资金等方面具有天然优势，占据了大量资金资源，因此中小型装备制造业与生产性服务业企业难以与之抗衡，长此以往容易形成区域内的垄断。因此，东北地区应注重中小型装备制造业与生产性服务业企业的培育和发展，注重发挥中小企业的作用。一方面，随着东北地区科技型中小企业评价工作的启动，应加快制定针对东北地区中小型装备制造业与生产性服务业企业的互动融合规划及互动融合政策，并利用国家中小企业发展基金对东北地区内评价较好的企业进行资金支持，各省也可设立中小装备制造业与生产性服务业互动融合发展专项基金，用以支持企业申报互动融合项目及申请技术引进补贴等。另一方面，降低东北地区内行政壁垒，整治部分区域政府的地方保护、地区封锁、贸易垄断等问题，开放中小型装备制造业与生产性服务业市场准入，减少企业行政审批流程，为东北地区内中小型装备制造业与生产性服务业企业互动融合发展提供良好的市场环境，增强区域内市场竞争力。

2. 东北地区装备制造业与生产性服务业互动融合产业结构政策

东北地区是我国较早重点建设的老工业基地，受计划经济的影响较早，影响效果也较长远。在当前全球各国产业结构向技术、资本密集型产业升级的情况下，东北地区在装备制造业上的传统比较优势已经不复存在，只有部分地区的装备制造业企业通过观念转变、技术革新、生产流程再造等方式较好地实现了与生产性服务业互动融合，大部分装备制造业企业仍然面临着与生产性服务业互动融合程度不高、配套能力差、产能过剩等问题。第一，以现有发展状况较好的大型装备制造业企业的需求为核心，发展与之对应的生产性服务业；第二，对于东北地区内技术较为落后的装备制造业企业，鼓励其利用生产性服务业再造生产流程，采用外包和长期协议等形式减少非核心制造环节的人力、物力等资源投入，提高资源配置效率；第三，加快完善低效率装备制造业企业市场退出机制，为东北地区装备制造业与生产性服务业互动融合发展提供更多市场空间。

3. 东北地区装备制造业与生产性服务业互动融合产业布局政策

黑龙江、吉林、辽宁三省所处地理位置不同，装备制造业与生产性服务业

发展水平也各不相同，各省应通过分析各自的比较优势，选择最适合本省实际的装备制造业与生产性服务业产业进行重点培育。辽宁在东北三省中地理位置较优、对外开放程度较高、经济发展水平也较高，在促进省内装备制造业与生产性服务业互动融合方向上应坚持"海陆结合"的原则，充分发挥沿海地理优势，重点发展海洋装备制造业及其配套的海洋工程装备技术检测检验、海洋装备安装调试、深海装备设施疲劳强度等检测、承包、集装及分析等生产性服务业；吉林省汽车装备制造业尤其发达，是吉林省的支柱产业，因此吉林省应该在现有基础上，注重与国际汽车制造业的接轨，提高汽车装备制造业上下游特别是电子芯片、发动机及其他关键零部件的协同配套能力，可以以试点示范和平台建设的形式加快大型汽车装备制造企业实现服务型制造速度，为省内其他汽车装备制造业企业提供产业链上相关服务，以此带动相关生产性服务业的发展；黑龙江省地处偏远，但同时又拥有地缘优势，在边界线上分布着黑河、绥芬河等与俄罗斯对接的口岸，这为黑龙江省发展边境对俄贸易、实现全省装备制造业与生产性服务业互动融合提供了机会，例如可先通过承接俄罗斯制造业外包服务壮大省内一批生产性服务业的发展，形成生产性服务业产业集群，改善黑龙江省生产性服务业发展不足的现状，通过增加服务供给反向带动省内装备制造业进行互动融合。

4. 东北地区装备制造业与生产性服务业互动融合产业技术政策

东北地区装备制造业与生产性服务业互动融合产业技术政策的设计主要包含两个方面。一方面是针对东北地区装备制造业与生产性服务业互动融合产业层面的技术需求，设计对于融合型产业产生直接影响的技术政策；另一方面是营造东北地区整体的科学技术环境氛围，促进装备制造业与生产性服务业互动融合发展。

关于东北地区装备制造业与生产性服务业互动融合产业层面技术需求的政策设计，主要包括以下三个方面。第一，由黑龙江、吉林、辽宁三省政府结合当前各省装备制造业与生产性服务业互动融合发展现状以及东北地区未来转型方向，共同选择一批关联程度高、提升空间大的互动融合型技术，由省政府在各自区域内选择试点企业进行互动融合技术研发，并定期组织试点企业间进行考察和交流，发挥东北地区整体作用。第二，加强区域内装备制造业与生产性服务业互动融合企业标准化建设。标准化建设主要应包括两方面：一是管理标准化，这主要针对企业间的互动融合管理而言，管理标准化意味着参与互动融合的企业间信息透明度的增加，有利于创造良好的互动融合环境；二是质量标准化，互动融合产品及互动融合技术必须符合当前国内及国际标准才能赢得市场竞争力。第三，某些企业利用地区内海洋装备制造以及航空航天装备制造方面的企业技术优势发展装备制造业与生产性服务业企业并打造产业集群，加快不同企业主体间技术成果双向转换的步伐。

关于营造良好的东北地区装备制造业与生产性服务业未来互动融合的科学技术环境，两产业互动融合政策应致力于提高省内自主研发水平，尽早实现省内装备制造业关键零部件供给自主化。东北地区拥有吉林大学、大连理工大学、大连海事大学、哈尔滨工业大学、哈尔滨工程大学等优质教育资源，综合科研能力较强，这为东北地区装备制造业与生产性服务业发展提供了源源不断的动力和人才。第一，可由政府组织装备制造业企业、生产性服务业企业、科研机构与高等院校进行合作，共同解决东北地区装备制造业企业普遍面临的技术障碍以及与生产性服务业互动融合时所面对的模式开发和选择问题；第二，东北地区政府可鼓励科研院所和高等院校与企业合作，在国外设立专项技术研发实验室，通过与发达国家实验室的交流合作提升东北地区科研水平以及装备制造业企业、生产服务业企业的技术水平；第三，当前世界各国都在寻找新一轮产业发展的重点，东北地区可以借助这一国际趋势，积极承接相应先进技术产业转移，以此推动区域内装备制造业与生产性服务业产业链升级。

5. 东北地区装备制造业与生产性服务业互动融合产业发展政策

关于东北地区装备制造业与生产性服务业互动融合产业发展政策的设计，由于我国税收制度的约束，地方政府往往无权调整税率，因此东北地区各省级政府在促进装备制造业与生产性服务业互动融合发展方面主要应发挥财政拨款和补贴、政府采购、融资支持等方面的作用。一方面，东北地区多大型国有装备制造业企业，在装备购买、技术引进、项目研发等方面能够得到较多国家级的支持，而中小型装备制造业由于资金和规模等因素的限制，难以实现自主研发，生产性服务业通常又面临着成立时间短、企业规模不大、研发风险高等行业特点，难以争取到金融机构的支持，这不利于东北地区内装备制造业与生产性服务业实现全行业普遍的互动融合，因此省级财政应加大对于两产业互动融合中小型企业在设备购买、项目补贴、直接投入等方面的支持力度。另一方面，重视发挥政府采购的作用。近年来东北三省逐渐增加了政府采购方面的信息透明度，各省政府采购网或政府采购中心的建立为区域内装备制造业与生产性服务业互动融合发展提供了多样化机遇。各省政府应利用好购买、租赁、委托及雇佣等形式购买装备制造业与生产性服务业互动融合产品及服务起到增加市场活力的作用，这有利于中小型装备制造业与生产性服务业企业的互动融合。

从东北地区近年来的发展来看，政府的诚信意识有了明显提高，企业经营环境有了较为明显的改善，但相较于发达的东部地区，东北地区营商环境不够宽松，融资环境不够透明，尤其是在当前急需通过装备制造业与生产性服务业的互动融合来改善东北地区产业经济结构的情况下来看，企业互动融合环境不透明直接影响了外部投资的规模，严重制约着东北地区装备制造业与生产性服务业互动融合的持续发展。第一，应抓住当前东北振兴的机遇，各省政府充分发挥政府的引导作用，承担起投资融资机构与本省内装备制造业与生产性服务业沟通桥梁的作用，政府应尽力促成外来投融资机构与省内装备制造业与生产性服务业企业的合作，对于综合实力强、经济效应稳定的企业可由政府背书担保；第二，目前我国对于振兴东北老工业基地的政策支持力度很大，因此政策性银行可使用信贷倾斜及差别化利率等手段充分发挥其引导作用，使得商业性银行发展多种针对互动融合企业及项目的贷款业务，加大对于东北地区内装备制造业与生产性服务业企业的支持力度；第三，仅依靠政府拉动外部投资是不够的，东北地区应重视区域内融资担保及融资租赁等金融服务业的发展，为区域内装备制造业与生产性服务业的互动融合提供多样化的金融服务。

四、东北地区装备制造业与生产性服务业互动融合政策实施保障建议

1. 地方政府规划引领策略

为了促进东北地区装备制造业与生产性服务业的互动融合发展，各省需要对两产业互动融合状况较好、政策实施较为顺利的地区制订未来装备制造业与生产性服务业互动融合发展的长、中、短各期规划。装备制造业与生产性服务业互动融合规划应与全省国民经济和社会发展规划、城市总体规划以及其他相关战略规划相互衔接，避免产生冲突而不利于互动融合政策的实施。辽宁省拥有沿海经济带，较吉林省和黑龙江省具有地理位置上的优势，因此，在保持现有装备制造业优势地位的情况下，辽宁省装备制造业与生产性服务业互动融合规划可考虑将重点放在发展面向东北三省的金融服务业、商务服务业以及面向国内外的现代物流业，从扶持生产性服务业的角度促进省内两产业的互动融合发展；吉林省装备制造业与生产性服务业互动融合规划应注重发挥示范企业的带头作用，以省内几家大型服务型制造企业的需求为中心，发展与之配套的生产性服务业，而对于一些中小型装备制造业，鼓励其将服务环节外包出去，加快进入装备制造业与生产性服务业关联发展阶段；黑龙江省装备制造业与生产性服务业互动融合规划应顺应区域特点，利用电力装备、航空航天装备、轨道交通装备优势与生产性服务业实现小规模深度互动融合，从而带动其他企业参与互动融合，同时为了与农业发展形成互补优势，也可考虑发展农业机械装备制造业及配套的生产性服务业。

2. 地方政府部门职能策略

通过对东北地区装备制造业与生产性服务业现有互动融合政策发文单位分

布的研究可知，黑龙江、吉林、辽宁三省互动融合政策发文主体多为省政府及各市政府，仅辽宁省和吉林省工业和信息化委员会（厅）各发布过2篇促进两产业互动融合发展的政策文件，黑龙江省工业和信息化委员会及辽宁、吉林、黑龙江三省的发改委均未发布过促进两产业互动融合发展的政策文件，这与国家发改委及工业和信息化部的发布情况差别较大。这能够从一定程度上说明东北地区仅从宏观层面上提出了促进装备制造业与生产性服务业互动融合发展，至于如何结合地区实际具体促进互动融合，各省政府并没有将责任很好地落实到各部门。因此，为保障互动融合政策在东北地区的顺利实施，应强化地方政府各部门职责，明确省级发改委与工业和信息化委员会（厅）等部门在促进两产业互动融合中所扮演的角色和应负责任，同时结合各省实际情况以及任务目标，对互动融合政策进行适度调整和补充并实施。部门之间可成立装备制造业与生产性服务业互动融合发展工作领导小组，有关省内两产业互动融合发展过程中涉及的开发区规划、用地、融资、审批等各方面问题应通过小组会议的形式协调解决，领导小组需要定期向省政府进行关于两产业互动融合进度及互动融合政策实施情况的工作汇报，必要时可成立装备制造业与生产性服务业互动融合发展办公室等。

3. 互动融合参与主体规范策略

东北地区装备制造业与生产性服务业互动融合政策的实施需要各级政府及参与互动融合的各企业共同推动规范发展作为保障。一方面，东北地区参与互动融合的各装备制造业企业、生产性服务业企业及其他机构也要提高公平竞争意识、增强社会责任感、严格规范自身行为，东北地区两产业的互动融合大多依靠国家资源的带动和扶持，如何才能让资源真正用到发展上是一个长期课题；另一方面，两产业互动融合过程中的市场准入、行政审批、土地出让等需要政府参与的环节，各级政府单位应逐渐简化行政手续，严格坚持依法办事、按规定办事，提高行政效率和透明度，这不仅能为装备制造业与生产性服务业互动融合发展创造公平公正、廉洁高效的法制环境，还能够增强政府公信力，为东北地区两产业互动融合吸引更多的外部投资。此外，省级部门可考虑成立专门针对省内各市装备制造业与生产性服务业规范互动融合的督察组不定期进行督察，督察中应坚持问题导向，严格追究地方装备制造业与生产性服务业互动融合发展责任落实情况，重点检查互动融合状况不佳、互动融合政策实施阻力较大的区域及其处理情况，重点督察地方政府及相关部门在促进装备制造业与生产性服务业互动融合发展中工作懈怠、职权实施不规范、不作为、乱作为等情况。

4. 互动融合政策实施考核及评价策略

装备制造业与生产性服务业互动融合政策实施具有长期性和持续性，为了真正体现互动融合政策的连贯性，发挥互动融合政策的效果，并提升东北地区在我国装备制造业与生产性服务业互动融合过程中的地位，东北地区应联合制定一套符合区域实际的针对互动融合政策实施情况的考核及评价机制，从而保障互动融合政策的顺利实施。考核及评价指标应大体包括互动融合政策实施前后区域内装备制造业与生产性服务业参与互动融合的数量变化，享受税收政策的装备制造业与生产性服务业企业数量变化，得到政策性银行支持的装备制造业与生产性服务业企业数量变化，互动融合成果转化数量变化，互动融合项目数量变化，产学研合作数量变化以及装备制造业与生产性服务业产值变化等。针对考评结果，应积极制定相对应的奖惩政策，对于当年考评结果较好、排名靠前的地区，省级政府应给予奖励，奖励形式可以是直接拨款、优先发展或政策红利等形式；对于考评结果较差、排名靠后的地区，省级政府应予以批评和惩戒。在考核和评价过程中，若发现在装备制造业与生产性服务业互动融合政策实施过程中易出现的、普遍性的问题，应及时与省政府及相关部门进行讨论，再由督察组将讨论内容反馈给各区域，加快信息的流通，这有利于互动融合政策的实施及优化。

本章小结

本章阐述了互动融合政策模拟的目的及原则，探究了两产业互动融合政策模拟的理论基础，在此基础上构建两产业互动融合政策模拟 SD 模型，并通过量纲一致性、极端条件、灵敏度等检验方法对两产业互动融合政策模拟 SD 模型进行了检验。

本章还以东北地区为实证研究对象，分析东北地区装备制造业与生产性服务业互动融合现状；基于政策文献量化法对东北地区互动融合政策进行发文时序分析和发文单位分析，探究东北地区互动融合政策现状；对东北地区互动融合政策进行模拟，在此基础上构建东北地区互动融合政策体系，并提出适宜东北地区装备制造业与生产性服务业互动融合政策的实施保障策略。

参考文献

[1] Sammarra A., Biggiero L. Heterogeneity and Specificity of Inter-firm Knowledge Flows in Innovation Networks [J] . Journal of Management Studies, 2008, 45（4）: 800-829.

[2] Akamatsu K. A Theory of Unbalanced Growth in the World Economy [J] . Weltwirtschaftliches Archiv, 1961, 86（2）: 196-217.

[3] Alerssia Sammarra, Lucio Biggiero. Heterogeneity and Specificity of Inter-firm Knowledge Flows in Innovation Networks [J] . Journal of Management Studies, 2008, 45（4）: 800-829.

[4] Baker W.E. The Network Organization in Theory and Practice [M] //Nohria N., Eccles R.G. Networks and Organizations: Structure, Form , and Action. Boston: Harvard Business School Press, 1992.

[5] Berzina A, Dace E, Barzbauers G. Analysis of Ecodesign Implementation and Solutions for Packaging Waste System by Using System Dynamics Modeling [J] . Scientific Journal of Riga Technical University Environmental & Climate Technologies, 2010, 4（1）: 22-28.

[6] Broadman H. G. Reducing Structural Dominance and Entry Barriers in Russian Industry [J]. Review of Industrial Organization, 2000, 17（2）: 155-175.

[7] Browning H. L., Singlemann J. The Emergence of a Service Society: Demographic and Sociological Aspects of the Sectoral Transformation of the Labor Force in the U.S.A. [M] . Washington: U.S.Department of Labor Manpower Administration Office of Research and Development, 1975.

[8] Burt R.S. Structural Holes: The Social Structure of Competition [M] . Cambridge: Harvard University Press, 1992.

[9] Chesbrough H. W. Open Innovation: The New Imperative for Creating and Profiting from Technology [M] . Cambridge: Harvard Business School Press, 2003.

[10] Coffey W.J., Bailly A.S. Producer Services and Systems of Flexible Production [J] . Urban Studies, 1992, 29（6）: 857-868.

[11] Cohen S.S., Zysman J. Manufacturing Matters: The Myth of the Post-industrial

Economy [J] . Southern Economic Journal, 1988, 54 (3): 97–103.

[12] Condon J., Feltenstein A., Plassmann F., et al. A Multiregional Dynamic CGE Model of Growth Oriented State Tax Reforms: An Application to Georgia and Five Comparison States [J] . Japanese Journal of Applied Physics, 2015, 43 (1): 5562–5563.

[13] Van Damme D. Quality Issues in the Internationalisation of Higher Education [J] . Higher Education, 2001, 41 (4): 415–441.

[14] Cetindamar D., Carlsson B. Manufacturing in Decline? A Matter of Definition [J] . Economics of Innovation & New Technology, 1999, 8 (3): 175–196.

[15] Daniels P. W.Service Industries: A Geographical Appraisal [M] . London: Methuen, 1985: 42–58.

[16] Doney P.M., Cannon J.P., Mullen M.R. Understanding the Influence of National Culture on the Development of Trust [J] . Academy of Management Review, 1998, 23 (3): 601–620.

[17] Etzkowitz H. Innovation in Innovation: The Triple Helix of University–Industry–Government Relations [J] . Social Science Information, 2003, 42 (3): 293–337.

[18] Faccio M. Politically Connected Firms [J] . Social Science Electronic Publishing, 2006, 96(1): 369–386.

[19] Fagiolo G., Roventini A. Macroeconomic Policy in DSGE and Agent–Based Models Redux: New Developments and Challenges Ahead [J] . Social Science Electronic Publishing, 2016, 124 (5): 67–116.

[20] Fortuna M., Silva F., Medeiros A. A CGE Approach to Measuring the Impacts of EU Structural Funds in a Small Open Economy [J] . Papers in Regional Science, 2016, 95 (3): 71–76.

[21] Francois J. F. Producer Services, Scale and the Division of Labor [J] . Oxford Economic Papers, 1990, 42 (4): 715–729.

[22] Gambardella A., Torrisi S. Does Technological Convergence Imply Convergence in Markets? Evidence from the Electronics Industry [J] . Research Policy, 1998, 27 (5): 445–463.

[23] Guerrieri P., Meliciani V. Technology and International Competitiveness: The Interdependence between Manufacturing and Producer Services [J] . Structural Change & Economic Dynamics, 2005, 16 (4): 489–502.

[24] Gebauer H., Edvardsson B., Gustafsson A., et al. Match or Mismatch: Strategy–

Structure Configurations in the Service Business of Manufacturing Companies ［J］. Journal of Service Research, 2010, 13（2）: 198–215.

［25］Greenstein S., Khanna T. What does Industry Convergence Mean ［J］. Competing in an Age of Digital Convergence, 1997（5）: 201–226.

［26］Hill P. Tangibles, Intangibles and Services: A New Taxonomy for the Classification of Output ［J］. Canadian Journal of Economics, 1999, 32（2）: 426–446.

［27］Hong S. Chung Y., Kim J., et al. Analysis on the Level of Contribution to the National Greenhouse Gas Reduction Target in Korean Transportation Sector Using LEAP Model ［J］. Renewable & Sustainable Energy Reviews, 2016（60）: 549–559.

［28］Howells J., Green A.E. Location, Technology and Industrial Organisation in U.K. Services ［J］. Progress in Planning, 1986（26）: 83–183.

［29］Huber G. P. Organizational Learning: The Contributing Processes and the Literatures ［J］. Organization Science, 1991, 2（1）: 88–115.

［30］Joe S. Bain. Barriers to New Competition ［M］. Cambridge: Harvard University Press, 1956: 59–72.

［31］Jones C., Dunning J.H., Rugman A.M.Internatinal Production and Multinational Enterprices ［M］. New York: Geoge Allen & Unwin LTD, 1981.

［32］Jones R.W., Kierzkowski H. International Fragmentation and the New Economic Geography ［J］. North American Journal of Economics & Finance, 2005, 16（1）: 1–10.

［33］Joreskog K.G., Sorbom D. Lisrel 8: Structural Equation Modeling With the Simplis Command Language ［M］. Hillsdale: Lawrence Erlbaum, 1993.

［34］Oliva R., Kallenberg R. Managing the Transition from Product to Services ［J］. International Journal of Service Industry Management, 2003, 14（2）: 160–172.

［35］Kraused R. The Antecedents of Huying Firms' Effort to Improve Suppliers ［J］. Journal of Operations Management, 1999, 17（2）: 205–224.

［36］Krugman P. Increasing Returns and Economic Geography ［J］. Journal of Political Economy, 1991, 99（3）: 483–499.

［37］Kucza G., Gebauer H.Global Approaches to the Service Business in Manufacturing Companies ［J］.Journal of Business & Industrial Marketing, 2011, 26（7）: 472–483.

［38］Leiponen A. The Benefits of R&D and Breadth in Innovation Strategies: A Comparison of Finnish Service and Manufacturing Firms ［J］. Industrial &

Corporate Change，2012，21（5）：1255-1281.

［39］Juleff-Tranter L.E. Advanced Producer Services：Just a Service to Manufacturing? ［J］. Service Industries Journal，1996，16（3）：389-400.

［40］Lim. J.，Lee C.，Kim E. Contributions of Human Capital Investment Policy to Regional Economic Growth：An Interregional CGE Model Approach［J］. Annals of Regional Science，2015，55（2-3）：269-287.

［41］Lin F.J.，Lin Y.H.The Determinants of Successful R&D Consortia：Government Strategy for the Servitization of Manufacturing［J］. Service Business,2012,6（4）：489-502.

［42］Liu F.C.，Simon D.F.，Su Y.T.，et al. China's Innovation Policies：Evolution，Institutional Structure and Trajectory［J］. Research Policy，2011，40（7）：917-931.

［43］Macchi M.，Fumagalli L. A Maintenance Maturity Assessment Method for the Manufacturing Industry［J］. Journal of Quality in Maintenance Engineering，2013，19（3）：295-315.

［44］Malhotra A. Firm Strategy in Converging Industries ：An Investigation of U.S. Commercial Bank Responses to U.S. Commercial-Investment Banking Convergence ［D］. Maryland：University of Maryland，College Park，2001.

［45］Markusen J.R. Trade in Producer Services and in Other Specialized Intermediate Inputs［J］. American Economic Review，1989，79（1）：85-95.

［46］Marsal A.，Kaszab L.，Horvath R. Fiscal Policy and the Term Structure of Interest Rates in a DSGE Model［J］. FinMaP-Working Papers，2016，38（1）：141-162.

［47］Mathieu V. Service Strategies Within the Manufacturing Sector：Benefits，Costs and Partnership［J］. International Journal of Service Industry Management，2001，12（5）：451-475.

［48］McDermott J. Technology：The Opiate of the Intellectuals［J］. New York Review of Books，1997，13（2）：25-35.

［49］Miles R.E.，Snow C.C. Causes of Failure in Network Organizations［J］. California Management Review，1992，34（4）：53-72.

［50］Nojedehi P.，Heidari M.，Ataei A.，et al. Environmental Assessment of Energy Production from Landfill Gas Plants by Using Long-range Energy Alternative Planning（LEAP）and IPCC Methane Estimation Methods：A Case Study of Tehran ［J］. Sustainable Energy Technologies & Assessments，2016（16）：33-42.

［51］Melo G., Junqueira J. I., Miyagi F. E., et al. Towards Modular and Coordinated Manufacturing Systems Oriented to Services［J］. Dyna-colombia, 2010, 77（3）: 201-210.

［52］Park S.H., Chan K.S. A Cross-country Input-Output Analysis of Intersectoral Relationships between Manufacturing and Services and Their Employment Implications［J］. World Development, 2006, 17（2）: 199-212.

［53］Podsakoff P.M., Organ D.W. Self-Reports in Organizational Research: Problems and Prospects［J］. Journal of Management, 1986, 12（4）: 531-544.

［54］Park S. H. Intersectoral Relationships between Manufacturing and Services: New Evidence from Selected Pacific Basin Countries［J］. Asean Economic Bulletin, 1994, 10（3）: 245-263.

［55］Ranson S., Hinings B., Greenwood R. The Structuring of Organizational Structures［J］. Administrative Science Quarterly, 1980, 25（1）: 1-17.

［56］Salamon L.M. The Tools of Government: A Guide to the New Governance［M］. Oxford: Oxford University Press, 2002.

［57］Sayles L. R. Matrix Management: The Structure with A Future［J］. Organizational Dynamics, 1976, 5（2）: 2-17.

［58］Starosta G.The Outsourcing of Manufacturing and the Rise of Giant Global Contractors: A Marxian Approach to Some Recent Transformations of Global Valuechains［J］. New Political Economy, 2010, 15（4）: 543-563.

［59］George J. stigler. The Organization of Industry［M］. Chicago: University of Chicago Press, 1983.

［60］Stull W.J., Madden J.F. Post-Industrial Philadelphia: Structural Changes in the Metropolitan Economy［M］. Philadelphia: University of Pennsylvania Press, 1990.

［61］Sturgeon T., Van Biesebroeck J., Gereffi G.Value Chains, Networks and Clusters: Reframing the Global Automotive Industry［J］. Journal of Economic Geography, 2008, 8（3）: 297-321.

［62］Sun S. L., Chen H., Pleggenkuhle G. Moving Upward in Global Valuechains: The Innovations of Mobile Phone Developers in China［J］. Chinese Management Studies, 2010, 4（4）: 305-321.

［63］Ulli-Beer S. Dynamics Interaction Between Citizen Choice and Preferences and Public Policy Initiatives: A System Dynamics Model of Recycling Dynamics in a Typical Swiss locality［C］// Proceedings of the 2003 International Conference of the System Dynamics Society，New York，2003.

［64］Ulaga W.，Reinartz W. Hybrid Offerings：How Manufacturing Firms Combine Goods and Services Successfully［J］. Journal of Marketing，2011，75（6）：5–23.

［65］Coffey W.J. The Geographies of Producer Services［J］. Urban Geography，2000，21（2）：170–183.

［66］Yoffie D.B. Competing in the Age of Digital Convergence［J］. California Management Review，1996，38（4）：31–53.

［67］白清. 生产性服务业促进制造业升级的机制分析——基于全球价值链视角［J］. 财经问题研究，2015（4）：17–23.

［68］白志远. 论政府采购政策功能在我国经济社会发展中的作用［J］. 宏观经济研究，2016，38（3）：3–7.

［69］陈爱贞，刘志彪. 决定我国装备制造业在全球价值链中地位的因素——基于各细分行业投入产出实证分析［J］. 国际贸易问题，2011，37（4）：115–125.

［70］陈爱贞. 中国装备制造业自主创新的制约与突破——基于全球价值链的竞争视角分析［J］. 南京大学学报（哲学·人文科学·社会科学版），2008，54（1）：36–45.

［71］陈欢，王燕. 中国制造业技术进步演进特征及行业差异性研究［J］. 科学学研究，2015，33（6）：859–867.

［72］陈琳琳，金凤君，洪辉. 东北地区工业基地演化路径研究［J］. 地理科学，2016，36（9）：1379–1387.

［73］陈晓峰. 生产性服务业与制造业互动融合：特征分析、程度测算及对策设计［J］. 华东经济管理，2012，26（12）：9–13.

［74］陈晓华，刘慧. 成本上升、外需疲软与制造业技术复杂度演进——基于内外资和要素密集度异质性视角［J］. 科学学研究，2014，32（6）：860–872.

［75］楚明钦. 上海生产性服务业与装备制造业融合程度研究——基于长三角及全国投入产出表的比较分析［J］. 上海经济研究，2015，34（2）：94–100.

［76］楚明钦. 中国生产性服务业与装备制造业融合——基于第三次工业革命的分析［J］. 现代管理科学，2016，35（1）：46–48.

［77］樊士德，姜德波. 劳动力流动、产业转移与区域协调发展——基于文献研究的视角［J］. 产业经济研究，2014（4）：103–110.

［78］樊霞，黄妍，朱桂龙. 产学研合作对共性技术创新的影响效用研究［J］. 科研管理，2018，39（1）：34–44.

［79］方壮志. 社会网研究的基本概念和方法［J］. 华中理工大学学报（社会科学

版），1995（3）：111–115.

［80］冯泰文，孙林岩.制造与服务融合：服务型制造［J］.科学学研究，2009，27（6）：838–844.

［81］傅家骥，姜彦福，雷家骕.技术创新——中国企业发展之路［M］.北京：企业管理出版社，1992.

［82］高传胜.中国生产者服务对制造业升级的提升作用——基于中国投入产出数据的实证研究［J］.山西财经大学学报，2008，30（1）：44–50.

［83］高天辉.高技术产业发展中的政府支持模式研究［D］.大连：大连理工大学博士学位论文，2013.

［84］葛彩虹，季必发.生产性物流服务业与现代制造业互动发展研究：杭州实证［J］.浙江树人大学学报，2014，14（1）：43–50.

［85］顾国达，周蕾.全球价值链角度下我国生产性服务贸易的发展水平研究——基于投入产出方法［J］.国际贸易问题，2010（5）：61–69.

［86］顾海峰.战略性新兴产业发展的金融支持体系及其政策设计［J］.现代财经（天津财经大学学报），2011，31（9）：3–5.

［87］顾乃华，毕斗斗，任旺兵.生产性服务业与制造业互动发展：文献综述［J］.经济学家，2006，18（6）：35–41.

［88］顾乃华，毕斗斗，任旺兵.中国转型期生产性服务业发展与制造业竞争力关系研究——基于面板数据的实证分析［J］.中国工业经济，2006，24（9）：14–21.

［89］郭本红，谷晓芬，周倩倩，等.基于SNA的服务型制造项目治理风险分析［J］.管理评论，2016，28（2）：25–34.

［90］郭树龙，李启航.中国制造业市场集中度动态变化及其影响因素研究［J］.经济学家，2014，26（3）：25–36.

［91］国家发展计划委员会产业发展司.中国装备制造业发展研究总报告（上册）［R］.北京：国家发展计划委员会产业发展司，2002.

［92］何立胜，李世新.产业融合与产业变革［J］.中州学刊，2004，26（6）：59–62.

［93］何哲，孙林岩，朱春燕.服务型制造的产生和政府管制的作用——对山寨机产业发展的思考［J］.管理评论，2011，23（1）：103–113.

［94］何哲，孙林岩.服务与制造的历次大讨论剖析和服务型制造的提出［J］.管理学报，2012，9（10）：1515–1523.

［95］贺俊.中国向世界制造业中心转变过程中装备工业发展的战略选择［J］.产业经济研究，2006，5（3）：1–10.

［96］贺正楚，吴艳.生产服务业与战略性新兴产业互动与融合关系的推演、评价及测度［J］.中国软科学，2013，28（5）：129-143.

［97］黄劲松.产学研合作的混合治理模式研究［J］.科学学研究，2015，33（1）：69-75.

［98］吉海涛.辽宁高端装备制造业协同创新发展研究［J］.长春工业大学学报，2014，26（5）：33-35.

［99］冀刚，黄继忠.外部性、产业结构与产业增长——来自中国装备制造业省级面板数据的门槛效应分析［J］.上海经济研究，2018，37（2）：37-52.

［100］贾若祥.东北地区装备制造业的发展思路［J］.经济管理研究中国发展观察，2015，13（22）：80-84+87.

［101］江飞涛.中国产业组织政策的缺陷与调整［J］.学习与探索，2017，39（8）：118-126.

［102］江志鹏，樊霞，朱桂龙，等.技术势差对企业技术能力影响的长短期效应——基于企业产学研联合专利的实证研究［J］.科学学研究，2018，36（1）：131-139.

［103］江静，刘志彪.生产性服务发展与制造业在全球价值链中的升级——以长三角地区为例［J］.南方经济，2009（11）：36-44.

［104］姜铸，李宁.服务创新、制造业服务化对企业绩效的影响［J］.科研管理，2015，36（5）：29-37.

［105］蒋伏心，季柳.产学研合作对企业技术创新的影响——基于门槛回归的实证研究［J］.华东经济管理，2017，31（7）：132-138.

［106］金凤君，王姣娥，杨宇，等.东北地区创新发展的突破路径与对策研究［J］.地理科学，2016，36（9）：1285-1292.

［107］李方旺.发挥政府采购对战略性新兴产业发展的扶持作用［J］.财政研究，2015，36（12）：61-67.

［108］李江，刘源浩，黄萃，等.用文献计量研究重塑政策文本数据分析——政策文献计量的起源、迁移与方法创新［J］.公共管理学报，2015，12（2）：138-159.

［109］李江帆，江波.论以顾客价值为中心的战略管理模式［J］.现代管理科学，2005（6）：10-12.

［110］李坤，于渤，李清均."躯干国家"制造向"头脑国家"制造转型的路径选择——基于高端装备制造产业成长路径选择的视角［J］.管理世界，2014，30（7）：1-11.

［111］李梅芳，刘国新，刘璐.企业与高校对产学研合作模式选择的比较研究

［J］.科研管理，2012，33（9）：154-160.

［112］李美云.基于价值链重构的制造业和服务业间产业融合研究［J］.广东工业大学学报（社会科学版），2011，11（5）：34-39.

［113］李庆雪，綦良群，于金闯.装备制造业服务化科技政策效率及其影响因素研究——基于 DEA-Tobit 的实证分析［J］.商业研究，2020，63（7）：46-53.

［114］李庆雪，刘德佳，张昊，綦天熠.行业要素错配下企业服务化意愿与企业绩效——基于装备制造业上市公司的经验分析［J］.中国软科学，2021，36（9）：128-136.

［115］李庆雪，徐建中，张昊.装备制造业服务化适应性演进的路径研究［J］.哈尔滨工程大学学报，2021，42（2）：294-300.

［116］李文秀，夏杰长.基于自主创新的制造业与服务业融合：机理与路径［J］.南京大学学报（哲学·人文科学·社会科学），2012，58（2）：60-67+159.

［117］李筱乐.政府规模、生产性服务业与经济增长——基于我国 206 个城市的面板数据分析［J］.国际贸易问题，2014，40（5）：105-112.

［118］厉无畏，王慧敏.国际产业发展的三大趋势分析［J］.上海社会科学院学术季刊，2002，18（2）：53-60.

［119］林凤霞.推动中国装备制造业从传统向高端跃升的思考［J］.中州学刊，2011，33（6）：48-51.

［120］林桂军，何武.中国装备制造业在全球价值链的地位及升级趋势［J］.国际贸易问题，2015，41（4）：3-15.

［121］令狐克睿，简兆权.制造业服务化价值共创模式研究——基于服务生态系统视角［J］.华东经济管理，2017，31（6）：84-92.

［122］刘军.整体网分析：UCINET 软件实用指南［M］.上海：格致出版社，2014.

［123］刘书瀚，张瑞，刘立霞.中国生产性服务业和制造业的产业关联分析［J］.南开经济研究，2010，26（6）：65-73.

［124］刘奕，夏杰长，李奎.生产性服务业集聚与制造业升级［J］.中国工业经济，2017，34（7）：24-42.

［125］刘宇.全球价值链下我国汽车产业升级机理研究［D］.南昌：南昌大学博士学位论文，2012：31-123.

［126］刘志彪.发展现代生产者服务业与调整优化制造业结构［J］.南京大学学报（哲学·人文科学·社会科学），2006，43（5）：36-44.

［127］刘卓聪.先进制造业与现代服务业融合发展研究［J］.科技进步与对策，

2012，29（10）：52-55.

［128］陆小成.制造业与生产性服务业融合的知识链模型研究［J］.情报杂志，2009，28（2）：117-124.

［129］吕劲松.关于中小企业融资难、融资贵问题的思考［J］.金融研究，2015，58（11）：115-123.

［130］马野青，张梦，巫强.什么决定了中国制造业在全球价值链中的地位？——基于贸易增加值的视角［J］.南京社会科学，2017（3）：28-35.

［131］迈克尔·波特.国家竞争优势［M］.李明轩，邱如美，译.北京：华夏出版社，2002.

［132］聂子龙，李浩.产业融合中的企业战略思考［J］.软科学，2003，17（2）：80-83.

［133］彭本红，冯良清.现代物流业与先进制造业的共生机理研究［J］.商业经济与管理，2010，30（1）：18-25.

［134］綦良群，李庆雪.装备制造业与生产性服务业互动融合动力研究［J］.湘潭大学学报（哲学社会科学版），2017，41（1）：80-84.

［135］綦良群，李庆雪.装备制造业与生产性服务业互动融合发展研究［J］.学习与探索，2016，37（11）：99-103.

［136］綦良群，张昊，汤利蒙.制造企业价值链整合效果影响因素研究［J］.中国软科学，2017，32（8）：133-143.

［137］綦良群，张昊.制造业服务化的多主体博弈分析［J］.山东大学学报（哲学社会科学版），2018，68（2）：111-117.

［138］乔军华.战略性新兴产业发展金融环境比较研究——美国、芬兰的公私协作经验及其对中国的启示［J］.科技进步与对策，2013，30（17）：56-60.

［139］秦升.生产性服务业的兴起对产业价值链全球整合的影响分析［J］.当代经济研究，2012（9）：42-47.

［140］邱爱莲，崔日明，杨灵.生产性服务业发展对辽宁省装备制造业竞争力的影响［J］.沈阳工业大学学报（社会科学版），2014，7（1）：46-52.

［141］邱灵，申玉铭，任旺兵.北京生产性服务业与制造业的关联及空间分布［J］.地理学报，2008，75（12）：1300-1308.

［142］屈贤明.我国装备制造业的重要作用［J］.中国机电工业，2000，3（8）：9.

［143］曲婉，穆荣平，李铭禄.基于服务创新的制造企业服务转型影响因素研究［J］.科研管理，2012，33（10）：64-71.

［144］邵骏，张捷.基于拓展 Orr 模型的中国服务业进入壁垒研究［J］.南方经济，2015，33（10）：1-14.

［145］盛龙，陆根尧.中国生产性服务业集聚及其影响因素研究——基于行业和地区层面的分析［J］.南开经济研究，2013，29（5）：115-129.

［146］寿涌毅，王伟娇.制造业产品服务系统的价值链设计与重构——基于杭氧的案例研究［J］.管理评论，2016，28（2）：230-240.

［147］司林波.国内外装备制造业技术创新研究述评［J］.经济问题探索，2016，37（8）：177-184.

［148］W.理查德·斯科特，杰拉尔德·F.戴维斯.组织理论：理性、自然与开放系统的视角［M］.高俊山，译.北京：中国人民大学出版社，2011.

［149］苏东水.产业经济学［M］.北京：高等教育出版社，2005.

［150］苏晶蕾，陈明，银成钺.生产性服务业集聚对制造业升级影响的机理研究［J］.税务与经济，2018，40（2）：41-47.

［151］孙林岩，杨才君，高杰.服务型制造转型——陕鼓的案例研究［J］.管理案例研究与评论，2011，4（4）：257-264.

［152］孙林岩.服务型制造——理论与实践［M］.北京：清华大学出版社，2009.

［153］孙晓华，郭旭."制造业振兴规划"的政策效果评价——基于差分内差分方法的实证检验［J］.管理评论，2015，27（6）：78-88.

［154］孙晓华，田晓芳.装备制造业发展对工业的带动作用及溢出效应——基于两部门模型的实证检验［J］.科研管理，2011，32（8）：98-104.

［155］唐德森.科业变革和互联网渗透下的产业融合［J］.科研管理，2015，36（1）：453-458.

［156］陶锋，李霆，陈和.基于全球价值链知识溢出效应的代工制造业升级模式——以电子信息制造业为例［J］.科学学与科学技术管理，2011，32（6）：90-96.

［157］童洁，张旭梅，但斌.制造业与生产性服务业融合发展的模式与策略研究［J］.软科学，2010，24（2）：75-78.

［158］汪芳，潘毛毛.产业融合、绩效提升与制造业成长——基于1998-2011年面板数据的实证［J］.科学学研究，2015，33（4）：530-538.

［159］汪应洛.创新服务型制造业，优化产业结构［J］.管理工程学报，2010，24（S）：2-5.

［160］王朝阳，夏杰长.制造业与服务业区域融合：对京津冀地区的一项分析［J］.经济与管理研究，2008，29（10）：75-79.

［161］王春芝，严姗姗，金亚南.大连装备制造业服务化发展路径探讨［J］.大连民族学院学报，2011，13（7）：398-401.

［162］王江，陶磊.中国装备制造业"走出去"带动生产性服务业发展的影响研

究——基于 VAR 模型的实证分析 [J]. 国际商务（对外经济贸易大学学报），2016，30（4）：37-45.

[163] 王锰，郑建明. 国内信息化与工业化融合之动力机制分析 [J]. 图书馆学研究，2015，36（1）：8-12.

[164] 王群. 基于全球价值链的辽宁装备制造业集群发展模式研究 [D]. 沈阳：辽宁大学博士学位论文，2009.

[165] 王绒，陈菊红，吴欣. 保障性视角下制造企业服务化战略组织影响因素探索 [J]. 科技进步与对策，2017，34（2）：107-112.

[166] 王爽. 全球价值链下我国生产性服务贸易发展：机理、特征与对策 [J]. 宏观经济研究，2016（10）：53-62.

[167] 王文庚. 政府采购政策功能研究 [D]. 北京：财政部财政科学研究所博士学位论文，2012.

[168] 王小波. 生产性服务业和制造业融合发展水平解构——基于行业差异比较视角 [J]. 求索，2016，36（12）：127-132.

[169] 王晓红，王传荣. 产业转型条件的制造业与服务业融合 [J]. 改革，2013，26（9）：40-47.

[170] 王玉玲. 中国生产性服务业与制造业的互动融合 [D]. 上海：上海社会科学院博士学位论文，2017.

[171] 魏江，周丹. 生产性服务业与制造业互动机理研究——以乐清低压电器产业链为例 [J]. 科学学研究，2010，28（8）：1171-1180.

[172] 文东华，陈世敏，潘飞. 全面质量管理的业绩效应：一项结构方程模型研究 [J]. 管理科学学报，2014，17（11）：79-96.

[173] 吴安波. 中国制造业区域专业化程度的测度、特征及变动趋势 [J]. 数量经济技术经济研究，2009，26（5）：17-29.

[174] 吴福象，蔡悦. 中国产业布局调整的福利经济学分析 [J]. 中国社会科学，2014，35（2）：96-115.

[175] 吴明隆. 结构方程模型——AMOS 的操作与应用 [M]. 重庆：重庆大学出版社，2009.

[176] 吴昀桥，任浩. 模块化组织运行机制探究 [J]. 中国科技论坛，2015，30（1）：47-51.

[177] 武柏宇，彭本红. 服务主导逻辑、网络嵌入与网络平台的价值共创——动态能力的中介作用 [J]. 研究与发展管理，2018，30（1）：138-150.

[178] 肖挺，刘华，叶芃. 制造业企业服务创新的影响因素研究 [J]. 管理学报，2014，11（4）：591-598.

［179］肖文，徐静，林高榜．生产性服务业与制造业关联效应的实证研究——以浙江省为例［J］．学海，2011，22（4）：75-80.

［180］小岛清．对外贸易论［M］．天津：南开大学出版社，1987.

［181］徐建中，赵伟峰，王莉静．基于博弈论的装备制造业协同创新系统主体间协同关系分析［J］．中国软科学，2014，29（7）：161-171.

［182］徐索菲．东北地区生产性服务业与制造业互动发展探析——基于长三角经验的启示［J］．当代经济研究，2014，25（6）：55-59.

［183］徐振鑫，莫长炜，陈其林．制造业服务化：我国制造业升级的一个现实性选择［J］．经济学家，2016，28（9）：59-67.

［184］杨光，朱丽，穆胜．沈阳机床：未来是"云制造"［J］．中外管理，2015，9（25）：40-46.

［185］杨玲丽，万陆．关系制约产业转移吗？——"关系嵌入—信任—转移意愿"的影响研究［J］．管理世界，2017，33（7）：35-49.

［186］杨仁发，刘纯彬．生产性服务业与制造业融合背景的产业升级［J］．改革，2011，24（1）：40-46.

［187］杨永忠，游文城．民营经济进入航空运输业的结构性壁垒分析——基于制度间关系的视角［J］．中国工业经济，2008，26（12）：71-81.

［188］杨志安，张鹏．支持我国文化产业发展的税收政策选择［J］．税务研究，2015，31（3）：28-31.

［189］姚芊．我国制造业工艺创新财政支持政策绩效评价及体系构建［D］．哈尔滨：哈尔滨工程大学博士学位论文，2011.

［190］姚小远．论制造业服务化——制造业与服务业融合发展的新型模式［J］．上海师范大学学报（哲学社会科学版），2014，43（6）：60-70.

［191］姚战琪．全球价值链背景下中国服务业的发展战略及重点领域［J］．国际贸易，2014，33（7）：13-18.

［192］于斌斌，胡汉辉．产业集群与城市化共生演化的机制与路径——基于制造业与服务业互动关系的视角［J］．科学学与科学技术管理，2014（3）：59-68.

［193］于刃刚，李玉红．论技术创新与产业融合［J］．生产力研究，2003，18（6）：175-177.

［194］余东华，巩彦博．供给侧改革背景下的反垄断与松管制——兼论公平竞争审查制度的实施［J］．理论学刊，2017，34（1）：58-65.

［195］袁中华，詹浩勇．生产性服务业集聚、知识分工与国家价值链构建［J］．宏观经济研究，2016（7）：98-104.

［196］詹姆斯・M. 布坎南. 为什么我也不是保守派——古典自由主义的典型看法［M］. 麻勇爱，译. 北京：机械工业出版社，2015.

［197］张峰，王睿. 政府管制与双元创新［J］. 科学学研究，2016，34（6）：938-950.

［198］张昊，王莉静，李庆雪. 中国制造业出口服务化与全球价值链地位的关系［J］. 社会科学战线，2021，44（3）：254-258.

［199］张昊，徐建中，刘晶磊. 装备制造业与生产性服务业互动融合财政政策有效性研究［J］. 商业研究，2020，63（4）：103-110.

［200］张威. 中国装备制造业的产业集聚［J］. 中国工业经济，2002（3）：55-63.

［201］张维今，李凯. 装备制造业与生产性服务业融合水平测度及效率研究［C］// 中国软科学研究会. 第十一届中国软科学学术年会论文集（上），2015.

［202］张艳辉. 全球价值链下长三角产业升级的实证分析——以电子及通讯设备制造业为例［J］. 上海经济研究，2010（3）：51-59+67.

［203］张勇，张卫，徐新胜，等. 基于三阶段博弈的制造服务系统动态演化方法［J］. 计算机集成制造系统，2016，22（11）：2698-2706.

［204］赵珏，张士引. 产业融合的效应、动因和难点分析——以中国推进"三网融合"为例［J］. 宏观经济研究，2015（11）：56-62.

［205］赵勇，齐讴歌，曹林. 装备制造业服务化过程及其保障因素——基于陕鼓集团的案例研究［J］. 科学学与科学技术管理，2012，33（12）：108-117.

［206］郑明高. 产业融合发展研究［D］. 北京：北京交通大学博士学位论文，2010.

［207］植草益. 信息通讯业的产业融合［J］. 中国工业经济，2001（2）：24-27.

［208］仲志源，张梦，马野青. 生产性服务业对中国制造业全球价值链地位的影响研究［J］. 统计与决策，2018（15）：146-150.

［209］周建军. 美国产业政策的政治经济学［J］. 经济社会体制比较，2017（1）：91-92.

［210］周振华. 信息化进程中的产业融合研究［J］. 经济学动态，2002，43（6）：58-62.

［211］周志丹. 信息服务业与制造业融合互动研究［J］. 浙江社会科学，2012（2）：34-38+57.

［212］朱火弟，谷莹. 生产性服务业与制造业互动关系的实证研究——以重庆为例［J］. 重庆理工大学学报（社会科学版），2014，8（12）：48-54.